财务报表分析

肖志源 主 编
尚晓菲 周璐瑶 副主编

清华大学出版社
北 京

内容简介

本书围绕企业的四大财务报表展开讲解，共设计了60多个任务对企业四大报表进行全方位解读，帮助读者认识什么是财务报表分析，如何分析资产负债表、利润表、现金流量表、所有者权益变动表，如何利用财务比率去捕捉财务报表里的变化和隐含信息。本书通过资本市场上的真实案例和大量的图表挖掘隐藏在枯燥数字背后的真实财务信息，内容层层递进，先一一"破解"各报表，再将企业各方面的分析纳入一个有机的分析系统之中，让报表使用者对企业的财务状况有一个从局部到整体的认知。

本书既适合高等院校会计专业、财务管理专业、投资理财专业作为课程教材使用，也适合只是想了解一家公司财务状况的投资者参考。

本书封面贴有清华大学出版社防伪标签，无标签者不得销售。
版权所有，侵权必究。举报：010-62782989，beiqinquan@tup.tsinghua.edu.cn。

图书在版编目(CIP)数据

财务报表分析/肖志源主编. —北京：清华大学出版社，2021.1（2024.8重印）
ISBN 978-7-302-56831-5

Ⅰ.①财… Ⅱ.①肖… Ⅲ.①会计报表—会计分析 Ⅳ.①F231.5

中国版本图书馆 CIP 数据核字(2020)第 226064 号

责任编辑：王　定
封面设计：周晓亮
版式设计：孔祥峰
责任校对：马遥遥
责任印制：杨　艳

出版发行：清华大学出版社
　　　　网　　址：https://www.tup.com.cn，https://www.wqxuetang.com
　　　　地　　址：北京清华大学学研大厦 A 座　　邮　　编：100084
　　　　社 总 机：010-83470000　　邮　　购：010-62786544
　　　　投稿与读者服务：010-62776969，c-service@tup.tsinghua.edu.cn
　　　　质 量 反 馈：010-62772015，zhiliang@tup.tsinghua.edu.cn
印 装 者：三河市铭诚印务有限公司
经　　销：全国新华书店
开　　本：185mm×260mm　　印　　张：17　　字　　数：390 千字
版　　次：2021 年 3 月第 1 版　　印　　次：2024 年 8 月第 2 次印刷
定　　价：58.00 元

产品编号：084628-01

前　言

　　2020年春天，一场肆虐全球的新型冠状病毒肺炎疫情迅速蔓延，就在全球抗疫的关键时刻，2020年4月2日，美股上市公司瑞幸咖啡自曝财务造假，公众一片哗然，瑞幸咖啡当天股价暴跌75.6%，盘中五次熔断，市值缩水至16亿美元。上市公司财务造假屡禁不止，对于投资者而言，是否能通过对一些公开资料的分析，事先发现企业财务造假的行为，避免"踩雷"呢？答案是肯定的，这就是企业财务报表分析。

　　本书共7章，首先介绍了财务报表分析的意义、内容和方法，即为什么要进行财务报表分析，分析什么以及如何分析的问题，在此基础上，设计了60多个任务对四大财务报表——资产负债表、利润表、现金流量表及所有者权益变动表，从基础知识介绍、项目分析、综合分析及比率分析四个方面进行全方位解读。最后介绍财务综合分析法，通过一个综合案例让报表使用者对企业的财务状况有一个从局部到整体的认知。本书的思维导图如下。

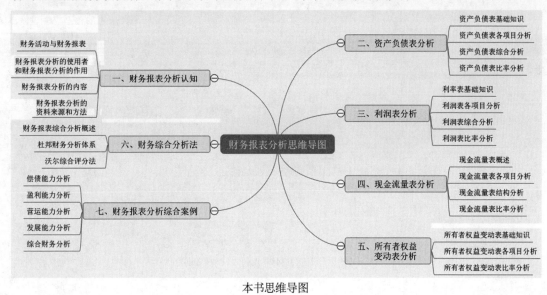

本书思维导图

　　本书通过案例让枯燥的财务报表和数据鲜活起来，案例既包括资本市场的经典案例，如蓝田股份事件，也包括大量广受关注的上市公司案例，如康美药业事件。全书以珠海格力电器股份有限公司财务数据为例，同时借助其他上市公司的数据，通过大量的图表让读者对财务报表分析有一个较清晰的认知，投资基本逻辑的同行业对比法也贯穿全书。

本书免费提供配套的教学资源，读者可扫描二维码获取。

  教学课件   教学大纲   电子教案   习题参考答案

本书由广东科学技术职业学院肖志源全面负责策划和统稿工作，并编写第一章、第二章、第三章、第五章和第七章，尚晓菲编写第四章，周璐瑶编写第六章。广东科学技术职业学院财金学院院长杨智慧教授对本书的编写提出了富有创造性的建议，奚艳燕博士为本书的顺利出版做了大量卓有成效的工作。同时，本书在编写过程中参考了不少专著和教材，得到了有关专家、学者、编者所在院校的领导以及清华大学出版社的大力支持，在此一并表示感谢。由于编者学识水平有限，编写时间仓促，可能存在疏漏或错误，恳请广大读者批评指正。

编 者
2021 年 1 月

目 录

第一章 财务报表分析认知 1
第一节 财务活动与财务报表 4
一、筹资活动与财务报表 7
二、投资活动与财务报表 8
三、经营活动与财务报表 9
第二节 财务报表的使用者和财务报表分析的作用 11
一、财务报表的使用者 11
二、财务报表分析的作用 13
第三节 财务报表分析的内容 14
一、偿债能力分析 14
二、获利能力分析 14
三、资产运用效率分析 14
四、财务状况变动分析 15
第四节 财务报表分析的资料来源和方法 15
一、财务报表分析的资料来源 15
二、财务报表分析的方法 16

知识点总结 23
同步测试 24
实践训练 27

第二章 资产负债表分析 29
第一节 资产负债表基础知识 32
一、资产负债表的编制原理 32
二、资产负债表的格式 32
三、资产负债表分析的作用 34
第二节 资产负债表各项目分析 35
一、流动资产项目分析 37
二、非流动资产项目分析 46

三、流动负债项目分析 ··· 47
　　　四、非流动负债项目分析 ··· 50
　　　五、所有者权益类项目分析 ·· 50
　第三节　资产负债表综合分析 ··· 52
　　　一、总量变动及发展趋势分析 ······································ 52
　　　二、资产结构及合理性分析 ·· 53
　　　三、资本结构及稳健性分析 ·· 54
　　　四、资本结构类型分析 ··· 55
　第四节　资产负债表比率分析 ··· 59
　　　一、短期偿债能力分析 ··· 59
　　　二、长期偿债能力分析 ··· 66
　知识点总结 ··· 76
　同步测试 ··· 77
　实践训练 ··· 80

第三章　利润表分析 ··· 81
　第一节　利润表基础知识 ··· 83
　　　一、利润表的内容 ··· 83
　　　二、利润表的格式 ··· 84
　　　三、利润表的作用 ··· 86
　第二节　利润表各项目分析 ··· 87
　　　一、收入类项目分析 ·· 87
　　　二、成本费用类项目分析 ··· 94
　　　三、税金类项目分析 ·· 98
　　　四、利润类项目分析 ·· 98
　第三节　利润表综合分析 ··· 99
　　　一、利润稳定性分析 ·· 99
　　　二、利润表水平分析 ·· 100
　　　三、利润表结构分析 ·· 102
　第四节　利润表比率分析 ··· 104
　　　一、偿债能力分析 ··· 105
　　　二、盈利能力分析 ··· 106
　知识点总结 ··· 122
　同步测试 ··· 123
　实践训练 ··· 125

第四章 现金流量表分析 ... 127

第一节 现金流量表概述 ... 129
一、现金及现金等价物的概念 ... 129
二、现金流量的分类 ... 132
三、现金流量表的主要内容 ... 132
四、现金流量表的作用 ... 135

第二节 现金流量表各项目分析 ... 136
一、经营活动产生的现金流量分析 ... 137
二、投资活动产生的现金流量分析 ... 141
三、筹资活动产生的现金流量分析 ... 144
四、现金流量净额分析 ... 147

第三节 现金流量表结构分析 ... 149
一、现金流入结构分析 ... 150
二、现金流出结构分析 ... 152
三、现金流入流出比例分析 ... 155

第四节 现金流量表比率分析 ... 155
一、偿债能力分析 ... 156
二、获取现金能力分析 ... 160
三、收益质量分析 ... 165

知识点总结 ... 166
同步测试 ... 168
实践训练 ... 171

第五章 所有者权益变动表分析 ... 173

第一节 所有者权益变动表基础知识 ... 175
一、所有者权益变动表的内容 ... 175
二、所有者权益变动表的格式 ... 177
三、所有者权益变动表的作用 ... 178

第二节 所有者权益变动表各项目分析 ... 178
一、股本 ... 181
二、资本公积 ... 181
三、其他综合收益 ... 181
四、盈余公积 ... 182
五、未分配利润 ... 182

第三节 所有者权益变动表比率分析 ... 185

一、资本保值和增值绩效指标 ·· 185
　　二、股利分配指标 ·· 188
知识点总结 ·· 191
同步测试 ·· 192
实践训练 ·· 195

第六章　财务综合分析法 ·· 197
第一节　财务报表综合分析概述 ·· 201
　　一、财务报表综合分析的概念与内容 ····································· 201
　　二、财务报表综合分析的特点 ··· 202
　　三、财务报表综合分析的作用 ··· 202
第二节　杜邦财务分析体系 ··· 203
　　一、杜邦财务分析体系的产生及意义 ····································· 204
　　二、杜邦财务分析体系的原理 ··· 204
　　三、杜邦财务分析体系的内容 ··· 205
　　四、杜邦财务分析体系的优点和缺点 ····································· 208
　　五、杜邦财务分析体系的应用 ··· 209
第三节　沃尔综合评分法 ··· 214
　　一、沃尔综合评分法的产生及意义 ·· 214
　　二、沃尔综合评分法的原理 ·· 214
　　三、沃尔综合评分法的基本步骤 ··· 215
　　四、沃尔综合评分法的优点和缺点 ·· 216
　　五、沃尔综合评分法的发展与完善 ·· 217
知识点总结 ·· 218
同步测试 ·· 219
实践训练 ·· 221

第七章　财务报表分析综合案例 ··· 223
第一节　偿债能力分析 ·· 226
　　一、短期偿债能力分析 ·· 227
　　二、长期偿债能力分析 ·· 229
第二节　盈利能力分析 ·· 230
　　一、一般企业盈利能力分析 ·· 231
　　二、上市企业盈利能力分析 ·· 234
第三节　营运能力分析 ·· 235
　　一、营运能力分析指标 ·· 235

二、营运能力指标分析的特点……………………………………………………239
第四节　发展能力分析……………………………………………………………243
　　一、与销售相关的发展能力分析……………………………………………244
　　二、与利润相关的发展能力分析……………………………………………244
　　三、与资产相关的发展能力分析……………………………………………247
　　四、与净资产积累相关的发展能力分析……………………………………247
第五节　综合财务分析……………………………………………………………252
知识点总结…………………………………………………………………………256
同步测试……………………………………………………………………………257
实践训练……………………………………………………………………………260

参考文献……………………………………………………………………………261

第一章
财务报表分析认知

【知识目标】
- 认识财务报表及其与企业财务活动的关系；
- 认识财务报表分析的内容及重要性；
- 能运用财务报表分析的基本方法进行简单的财务报表分析。

【能力目标】
- 能够利用现代媒体等手段收集企业报表分析所需资料；
- 能够运用数据统计等方法选取、加工、整理资料；
- 具备一定的文字表达能力，能撰写财务分析报告。

【素质目标】
- 能够与不同的报表使用者进行沟通与协调；
- 能够与企业管理层进行沟通，并能够及时提供其所需要的相关信息；
- 培养良好的团队合作意识。

案例引入

康美药业：300 亿元货币资金一夜消失

康美药业作为中国医药行业的"领头羊"，是 A 股最有名的医药企业之一。康美药业由中药材贸易起家，2001 年在上海证券交易所挂牌上市，主营中药材、西药、保健食品和医疗器械等。经过 20 余年的发展，康美药业已经成长为目前国内中医药业务链条最完整、资源最丰富、整合能力最强的龙头企业之一。截至 2018 年 5 月，康美药业的市值一度达到 1 200 多亿元，仅次于恒瑞医药，超过了复星医药、白云山等公司。

一、事件经过

2018 年 12 月 28 日晚公告，因涉嫌信息披露违法违规，中国证监会对康美药业进行立案调查。此消息一出，公众哗然。2019 年 4 月 29 日晚间，也是年报发布日的最后一天，A 股市场再次炸响一颗重磅"地雷"。凌晨时分,康美药业披露年报显示,公司 2018 年营收 193.56 亿元,同比增长 10.11%;实现净利润 11.35 亿元,同比下滑 47.20%。在发布 2018 年年报的同时,康美药业还发布了一份更正公告,称有 299 亿元的"错误"会计处理。康美药业称通过自查后,对 2017 年的财务报表进行重述,在这份表述里康美药业直接承认了 2017 年多计入货币资金 299 亿元,存货少计入货币资金 195 亿元,坐实财务造假质疑。

那么,投资者是否能通过对财务报表等一些公开资料的分析,事先发现企业财务造假的行为,避免"踩雷"呢?

二、事件分析

首先整理出康美药业 2014—2017 年的财务报表,然后通过资产变动趋势、营业收入变化趋势及运营管理方面的财务指标来分析企业的运营管理是否出现异常。

1. 货币资金的真实性

康美药业发布公告称,2017 年年报中多计货币资金近 300 亿元,于是我们翻阅了 2017 年年报。2017 年年报显示,现金年末余额为 340.63 亿元,其中可随时用于支付的银行存款为 340.45 亿元。银行存款会产生利息,300 亿元的资金就算是活期也会有不少的利息。

那么,会不会多计的这 300 亿元本应产生的利息没有体现在报表里呢?

再来看财务费用,年报中,公司 2017 年的利息收入为 2.7 亿元,简单换算了一下,即银行存款的年利率约 0.8%。也就是说,这 300 亿元的银行存款确实产生了利息收入,如果是活期存款,确实收益不会太高。但是如果按照现在通常的理财收益约 4%的年化收益率计算,0.8%的现金收益就算比较低了。当然,公司也不太可能将账面现金全部用作理财投资,所以暂且从这个角度看,这 300 亿元还真的在账面上。——到此,我们不禁感叹,这财务数据造假是花了真功夫了!

2. 营运管理

企业的营运管理在很大程度上影响企业营业收入,如果营运管理相关衡量指标发生较大变化,而营业收入及其他利润指标没有相应的较大变化,同样也反映报表的虚假性。

公司年报在阐述公司生产模式时,提到库存的周转天数应该在 3 个月左右,约 90 天。但从计算的结果来看,2017 年的存货周转天数为 216 天,要大幅高于 90 天。因此,从这一点来看,公司的经营数据并不符合实际阐述的情况。

3. 利润表分析

2017 年年报显示,康美药业 2017 年营业收入和净利润增长率分别为 22.34%和 22.77%。然而,年报提到,根据国家统计局公布的数据,2017 年 1—12 月,医药制造业规模以上企业实现主营业务收入 2.82 万亿元,同比增长 12.5%,医药制造业仍然保持了快速增长势头。

12.5%的行业增速即为快速增长,而2017年康美药业实现了22.34%的增长,大幅高于同行业增长水平。这或许是值得怀疑的一点,但很难找出直接的证据说明康美药业不能快速增长。而且2017年公司的销售费用和管理费用也有较大的增长幅度,销售和管理费用的大幅投入使营业收入大幅增长也符合基本商业逻辑。

从资产负债表和利润表的分析过程来看,并不能发现财务数据造假的痕迹。也就是说,若公司虚构业务,并由专业人士对财务数据进行细致加工,投资者是很难从资产负债表和利润表的分析中发现破绽的。

4. 现金流量表

能否通过分析现金流量表来判断公司是否存在财务造假行为,或者判断公司是否存在很大的财务隐患和基本逻辑问题呢?

企业的现金流就是企业生存的"血液",特别是经营活动现金流净额,对于企业来说更是命脉。

分析康美药业的现金流量表可以发现,2014—2017年公司经营活动现金流净额占净利润比重分别为49.5%、18.5%、48%、45%,比重偏低,也就是说公司多年来的经营活动占用了大量的现金。同时,从同行业公司2017年度这一指标的对比数据中可以很明显地发现,康美药业的45%明显低于同行业的104.05%。这一现象与康美药业所阐述的行业竞争地位、商业模式并不符合,也就是说虽然公司的营业收入和净利润维持较高增长,但经营活动现金流情况并没有太大的改善。

从估值的角度来看,企业的自由现金流应为企业经营活动现金流量净额扣除资本性支出。该企业各年的自由现金流并不足以支付企业公布的分红金额,也就是说,公司每年通过举债的方式给股东分红。

从公开数据中发现,康美药业最近几年一直进行大量的短期和长期的债务融资行为。但是,公司的资产负债表说明近几年公司的货币资金充足,归还每年的短期有息债务后仍有大量的货币资金,理论上公司不需要每年都进行大量的债务融资。而且,从资金管理的角度来看,公司不会在将大量的资金存为银行活期的同时高息借入债务资金。

没有证据显示近几年公司有特别大的资本性支出。那么,康美药业为什么会有大量的债务融资呢?这些钱究竟拿去做了什么呢?答案是,康美药业账面上实际并没有这么多的货币资金。

虽然在市场各方面的监督下,企业财务数据造假的水平越来越高,甚至可以让传统的利润表和资产负债表分析失效,但时间久了总会暴露端倪。大多数情况下,货币资金是最难造假的科目。

这个案例刷新了财务数据造假的水平。我们可以从现金流量表中发现逻辑错误,虽然企业可以把账面做得很漂亮,但实际上并没有真正的资金流入。然而,企业在实际运营中需要花实实在在的钱,随着时间的推移,资金"窟窿"会越来越大,企业就需要进行大量的融资活动,但是大量的融资活动又与企业的实际经营情况不符,康美药业发布的财务数据纠错公告就可以印证这一点——大量资金消失不见。

通过对现金流量表的分析,发现康美药业在现金流上与企业经营管理、商业逻辑存在很大的出入,可以初步判定公司的财务数据存在一定的问题。

三、结论

本文通过对康美药业案例的分析,向大家揭示了判断企业财务数据造假的分析思路与关键内容,说明对现金流量表的分析的确能够帮助人们有效地发现企业财务数据造假的痕迹。

这也是一直以来众多知名投资者一直强调现金流量表分析的重要性的原因。比如,巴菲特就很偏爱现金流很好的企业。从康美药业的案例发现,现金流,特别是经营活动现金流净额不仅是企业生存和发展的"血液",也是投资者分析企业财务的重要依据。

虽然不能因为企业现金流与企业的经营活动出现不符的现象就认定企业存在财务数据造假的行为,但是有一点是肯定的,这种异常现象的背后一定存在某种消极的问题,作为投资者,至少可以基于这一点而不去投资这样的企业,避免"踩雷"。

(资料来源:https://bbs.pinggu.org/thread-7109290-1-1.html)

思考: 此案例中主要运用了哪些方法来分析企业的资产、利润和现金流,从而揭示康美药业真实的财务状况。

【任务导入】

李英是一名即将毕业的大学生,她来到珠海某会计师事务所实习,指导老师杨经理让她先了解珠海格力电器股份有限公司(以下简称格力电器)的财务状况。杨经理告诉李英,企业公开披露的资料就是公司的定期报告,包括季度报、半年报、年报,这些报告里有企业基本信息、重要事项以及包括四大财务报表在内的财务报告等。如何通过阅读与分析这些定期报告来了解企业的财务状况呢?这就需要对财务报表进行分析,在对四大财务报表进行分析之前,李英需要了解财务报表分析的内容和方法,下面就让我们和李英一起先认识财务报表吧。

第一节 财务活动与财务报表

财务报告是企业向财务报告使用者提供与企业财务状况、经营成果和现金流量等有关会计信息的书面文件,包括财务报表和其他财务报告,如图1-1所示。

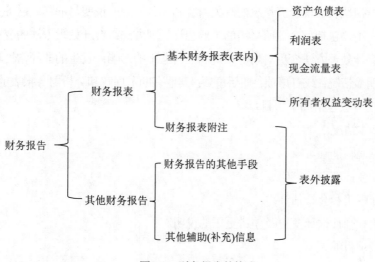

图 1-1 财务报告的构成

财务报表是对企业财务状况、经营成果和现金流量的结构性表述。财务报表至少应当包括下列组成部分：资产负债表、利润表、现金流量表、所有者权益(或股东权益)变动表和财务报表附注。

(一) 资产负债表

资产负债表是反映企业在某一特定日期(如月末、季末、年末)全部资产、负债和所有者权益情况的会计报表，是企业经营活动的静态体现，根据"资产=负债+所有者权益"这一平衡公式。依照一定的分类标准和一定的次序，将某一特定日期的资产、负债、所有者权益的具体项目予以适当的排列编制而成。

(二) 利润表

利润表是反映企业在一定会计期间的经营成果的财务报表。当前国际上常用的利润表有单步式和多步式两种格式。

(三) 现金流量表

现金流量表是财务报表的三个基本报告之一，所表达的是在固定期间(通常是每月、每季或每年)内，一家机构的现金(包含银行存款)的增减变动情形。

(四) 所有者权益变动表

所有者权益变动表是反映企业本期(年度或中期)内至截止期期末所有者权益变动情况的报表。其中，所有者权益变动表应当全面反映一定时期所有者权益变动的情况。

(五) 财务报表附注

财务报表附注旨在帮助财务报表使用者深入了解基本财务报表的内容，以及财务报表制作者对资产负债表、损益表、现金流量表的有关内容和项目所做的说明与解释。财务报表附注中的内容非常重要,主要包括:企业所采用的主要会计处理方法;会计处理方法的变更情况、变更的原因,以及会计处理方法变更对财务状况和经营业绩的影响;发生的非经常性项目;一些重要报表项目的明显情况;或有事项;期后事项;其他有助于理解和分析财务报表的重要信息。

财务报表附注一般包括如下项目:

(1) 企业的基本情况。

(2) 财务报表编制基础。

(3) 遵循企业会计准则的声明。

(4) 重要会计政策和会计估计。

(5) 会计政策和会计估计变更及差错更正的说明。

(6) 重要报表项目的说明。

(7) 其他需要说明的重要事项,如或有和承诺事项、资产负债表日后非调整事项、关联方关系及其交易等。

后面的章节将会对四个财务报表和财务报表附注进行重点分析,此处不再赘述,接下来分析企业财务活动与财务报表的关系。企业财务活动主要包括以下方面:

第一,筹资活动。所谓筹资,是指企业为了满足投资和用资的需要,筹措和集中所需资金的过程。筹资活动包括股权融资、负债融资和其他新型的融资方式。

第二,投资活动。企业投资可以分为广义的投资和狭义的投资两种。广义的投资是指企业将筹集的资金投入使用的过程,包括企业内部使用资金的过程(如购置流动资产、固定资产、无形资产等)和对外投放资金的过程(如投资购买其他企业的股票、债券或与其他企业联营等)。狭义的投资仅指对外投资。

第三,资金营运活动。因企业日常生产经营而引起的财务活动称为资金营运活动。企业的营运资金主要是为满足企业日常营业活动的需要而垫支的资金。

第四,分配活动。企业通过投资或资金营运活动可以取得相应的收入,并实现资金的增值。从广义上说,分配是指对企业各种收入进行分割和分派的过程;而从狭义上说,分配仅指对企业净利润的分配。

下面将通过一个小故事来说明企业财务活动与财务报表的关系。

李英的表弟夏一洛是某学校财金学院大二的学生,虽为在校生,但夏一洛一直都是个有商业头脑的人,在系统地学习了一年的专业知识后,他决定做点什么。那做点什么呢?就在夏一洛一筹莫展的时候,他想起了已实习的表姐李英,于是让李英给支支招:"你们家不是开了家格力电器专营店吗?你爸爸之前一直想拓展小家电网上业务,但苦于分身乏术而且不懂网店运营,这事也就搁置了。你暑假不是参加过大学生创新创业大赛,对你家附近小区做过一个网购调查,那应该对你家附近小区居民的网购习惯有所了解了,加上你在本市上学,每周都可以回家,这都是你的优势呀!你可以找你爸爸谈谈,把小家电网上业务开展起来。"一语点醒梦中人,夏一洛听了李英的建议后,马上开始写计划书。凭借扎实的基本功,夏一洛在最短时间内拿出了一份创业计划书。他爸爸看到夏一洛能将书本学到的知识付诸实践很欣慰,因此大力支持他的创业计划。网上有订单的时候,夏一洛按销售价格的八折拿货,由专营店负责发货。

一、筹资活动与财务报表

开店需要启动资金呀,启动资金从哪来呢?夏一洛的爸爸既然全力支持儿子的计划,自然也给夏一洛提供了 50 000 元启动资金,这样夏一洛格力电器小家电专营店终于在 9 月 13 日成立了。

夏一洛拿到这笔资金后,立马在资产负债表(见表 1-1)和现金流量表(见表 1-2)中进行记录。

表 1-1　夏一洛格力电器小家电专营店资产负债表(一)

2019 年 9 月 13 日　　　　　　　　　　　　　　　单位：元

资产	金额	负债	金额
货币资金	50 000		
		所有者权益	
		实收资本	50 000
资产总计	50 000	负债和所有者权益总计	50 000

表 1-2　夏一洛格力电器小家电专营店现金流量表(一)

2019 年 9 月 12—13 日　　　　　　　　　　　　　单位：元

项目	金额
一、经营活动产生的现金流量	
二、投资活动产生的现金流量	
三、筹资活动产生的现金流量	
吸收投资收到的现金	50 000
四、汇率波动对现金及现金等价物的影响	
五、现金及现金等价物净增加额	
现金及现金等价物净增加额	50 000
加：期初现金及现金等价物	
期末现金及现金等价物余额	50 000

从这个小故事可以看出,企业筹资活动体现在资产负债表的右边和现金流量表中,可以体现出资金是怎么来的,是采用负债筹资还是权益筹资。

二、投资活动与财务报表

夏一洛之前的计算机太旧了,想换新的,夏一洛在9月15日那天出门买了两台计算机,共花费10 000元,又花了2600元买打印机(假设计算机和打印机能用3年,无残值,采用直线法计提折旧),花费500元买各种办公用品,打印传单花了300元。

发生了以上投资支出后,资产负债表(见表1-3)中的货币资金相应减少,存货、固定资产和其他流动资产相应增加,现金流量表(见表1-4)中购买商品、接受劳务支付的现金以及购建固定资产所支付的现金也发生了相应的变动。

表1-3　夏一洛格力电器小家电专营店资产负债表(二)

2019年9月15日　　　　　　　　　　　　　　　　　　　单位:元

资产	金额	负债	金额
货币资金	36 600		
存货	500		
固定资产	12 600		
其他流动资产	300		
		所有者权益	
		实收资本	50 000
资产总计	50 000	负债和所有者权益总计	50 000

表1-4　夏一洛格力电器小家电专营店现金流量表(二)

2019年9月12—15日　　　　　　　　　　　　　　　　　单位:元

项目	金额
一、经营活动产生的现金流量	
购买商品、接受劳务支付的现金	800
二、投资活动产生的现金流量	
购建固定资产所支付的现金	12 600
三、筹资活动产生的现金流量	
吸收投资收到的现金	50 000
四、汇率波动对现金及现金等价物的影响	
五、现金及现金等价物净增加额	
现金及现金等价物净增加额	36 600
加:期初现金及现金等价物	
期末现金及现金等价物余额	36 600

投资活动反映在资产负债表的左边,说明资金是如何使用的。会计恒等式为

$$资产=负债+所有者权益$$

会计恒等式与企业的财务活动结合起来,就是有多少钱办多少事,企业如此,个人亦如此。当然投资活动会造成企业现金流出,体现在企业的现金流量表中。

三、经营活动与财务报表

夏一洛决定开家格力电器小家电网店后,他又找到了在同一所计算机学院就读的好朋友袁华,让袁华帮忙注册、建设网站。好朋友开店,袁华自然全力相助,在短短半个月之内就完成了一系列的操作,夏一洛格力电器小家电专营店终于在10月1日上线了。由于学院宿舍网速太慢,夏一洛在10月1日花了1 200元安装了一条能用一年的网线。

夏一洛趁着"黄金周",开展了一系列的促销活动,10月份实现营业收入8 000元,编制夏一洛格力电器小家电专营店10月份的利润表,如表1-5所示。

表1-5 夏一洛格力电器小家电专营店利润表

2019年10月1—31日　　　　　　　　　　　　　　　　　单位:元

项目	金额	数据说明
营业收入	8 000	
减:营业成本	6 500	备注1
管理费用	450	备注2
销售费用	300	备注3
利润总额	750	
减:所得税费用	0	
净利润	750	

备注1:进货成本6 400元(售价的八折)及每月宽带费用100元。
备注2:办公用品采用直线折旧法摊销3年,每月摊销350元及消耗掉100元的办公用品。
备注3:打印好的传单在这个月的活动中全部使用完。

企业经营了一段时间以后,企业经营者和投资者都需要了解企业是否盈利,所以企业经营活动的结果体现在利润表中。根据表1-5最后一行的净利润可以看出来,夏一洛格力电器小家电专营店盈利750元。夏一洛格力电器小家电专营店为什么会盈利?原因在于:第一,有收入,而且收入还不错。在夏一洛不遗余力地宣传和用心经营下,夏一洛家附近小区的居民都知道夏一洛开了一家专门卖格力电器小家电的网店,而且服务好,送货及时。第二,成本低,因为采用的是线上开店的形式,省去了租门面等费用;有订单的时候直接以售价的八折拿货,相当于把经营风险转嫁给了夏一洛父亲;第三,没有工资支出,所有的事情全部由夏一洛处理,发传单、网上接单等,夏一洛必须把课后全部的空余时间用来打理网店。

根据夏一洛格力电器小家电专营店10月份的运营情况,可以编制10月份的现金流量表(见表1-6)和10月31日的资产负债表(见表1-7)。

表1-6　夏一洛格力电器小家电专营店现金流量表(三)

2019年10月1—31日　　　　　　　　　　　　　　　　　　　　单位：元

项目	金额	数据说明
一、经营活动产生的现金流量		
销售商品、提供劳务收到的现金	8 000	
购买商品、接受劳务支付的现金	7 600	备注1
经营活动产生的现金流量净额	400	
二、投资活动产生的现金流量		
三、筹资活动产生的现金流量		
四、汇率波动对现金及现金等价物的影响		
五、现金及现金等价物净增加额		
现金及现金等价物净增加额	400	
加：期初现金及现金等价物	36 600	备注2
期末现金及现金等价物余额	37 000	

备注1：进货成本6 400元(售价的八折)及宽带支出1 200元。

备注2：50 000元初始投资减去购买商品、接受劳务的800元现金支出和购建固定资产支付的现金12 600元后的余额即为期初现金及现金等价物。

表1-7　夏一洛格力电器小家电专营店资产负债表(三)

2019年10月31日　　　　　　　　　　　　　　　　　　　　单位：元

资产	金额	数据说明
货币资金	37 000	备注1
存货	400	备注2
固定资产	12 250	备注3
其他流动资产	1 100	备注4
资产总计	50 750	
负债		
所有者权益		
实收资本	50 000	
留存收益	750	
负债和所有者权益总计	50 750	

备注1：即表1-6中期末现金及现金等价物余额。

备注2：10月份消耗掉100元的办公用品，因此办公用品的余额为400元。

备注3：固定资产无残值，按直线法计提折旧3年，10月份固定资产折旧350元。

备注4：宽带支出10月份计提了100元折旧，余额为1 100元。

根据表 1-5～表 1-7，可以得出利润表、现金流量表和资产负债表之间的关系。

利润表中的净利润最后体现在资产负债表的所有者权益里。因为企业经营的结果就是为股东创造财富，最后的经营结果净利润属于股东。

现金流量表实际上解释了资产负债表中的货币资金为什么由期初的 36 600 元变为期末的 37 000 元，其变动的原因区分了三种活动并在现金流量表中列示出来，可得到所有者权益变动表，如表 1-8 所示。

表 1-8　夏一洛格力电器小家电专营店所有者权益变动表

2019 年 10 月 1—31 日　　　　　　　　　　　　　　　单位：元

项目	实收资本	资本公积	盈余公积	未分配利润	所有者权益合计
一、上年年末余额	50 000				50 000
二、本年年初余额					
三、本年增减变动金额					
综合收益总额				750	750
四、本年年末余额	50 000			750	50 750

由于企业的各种财务活动的信息已经被资产负债表、利润表、现金流量表这三张报表表达出来了，因此第四张报表——所有者权益变动表总是容易被忽略。所有者权益变动表是股东一定要看的报表，所有者权益变动表可以反映企业是否是一家对股东负责的好公司。

财务报表分析以企业财务报告反映的财务指标为主要依据，对企业的财务状况和经营成果进行评价与剖析，以反映企业在运营过程中的利弊得失、财务状况及发展趋势。财务报表既是对已完成的财务活动的总结和评价，又是对企业发展趋势的财务预测，是报表使用者深刻认识企业财务状况的"探测仪"。

第二节　财务报表的使用者和财务报表分析的作用

财务报表分析又称财务分析，是通过收集、整理企业财务报告中的有关数据，并结合其他有关补充信息，对企业的财务状况、经营成果和现金流量情况进行综合比较和评价，为财务报告使用者提供管理决策和控制依据的管理工作。

在了解为什么要对财务报表进行分析之前，有必要弄清楚是哪些群体在使用财务报表，以及不同的财务报表使用者的关注点有何不同。

一、财务报表的使用者

财务报表分析信息的需求者也就是企业的各利益相关者，主要包括企业的经营者(管理者)、企业投资者、企业债权人、企业员工、企业供应商及政府部门等。不同的财务报表使用者对财务分析数据关注的侧重点各有不同，具体如下。

(一) 企业经营者(管理者)

投资者把企业交给经营者来管理，经营者作为管家，"既当着家，又不能完全当家"，所以为满足不同利益主体的需求，协调各方面的利益关系，企业经营者必须充分关注企业财务分析的各个方面，以便使各个利益主体都能达到平衡。从财务分析的角度来看，经营者需要关注的财务指标包括营运能力、偿债能力、盈利能力及发展能力等全部信息。

(二) 企业投资者

投资者作为企业的所有者或者股东，是企业的老板，必然会高度关心投入资本的保值和增值状况，从财务分析的角度，就是对企业投资的回报率极为关注。如果只是一般投资者，当然会关注企业是否盈利，但最关心的还是企业是否能提高股利、红利的发放金额。而对于拥有企业控股权的大投资者，则更多地考虑如何增强企业的竞争实力，扩大产品的市场占有率，降低企业的财务风险和纳税支出，从而实现长期的高额收益，其最关注的是企业的盈利能力和发展能力。

(三) 企业债权人

债权人并不参与企业利润分配，为决定是否给企业贷款，贷款多少是安全的，就会关注企业贷款的报酬和风险；为了解债务人的短期偿债能力，就会关注其资产的流动能力；为了解债务人的长期偿债能力，就会关注企业的盈利状况和资本结构。

(四) 企业员工

企业员工作为企业生存和发展的主要元素之一，当然希望企业盈利，也希望企业能长期、稳定地发展。但是从财务报表分析的角度来看，员工更关注的是企业的现金流，是企业的支付能力。如果企业连工资都不能如期支付，对于员工来说，就连生存来源都没有了。

(五) 企业供应商

供应商表面上不需要关注企业财务报表，但是由于涉及自身产品销售的实现，同时也关系着自己的应收账款能不能及时收回，所以，为决定是否建立与企业的长期合作关系，供应商会关注企业的长期盈利能力和偿债能力；为决定应收账款的信用政策，供应商需要关注企业的短期偿债能力。

(六) 政府部门

随着市场经济的发展，政府部门直接参与企业管理、干预企业经营的情况已经越来越少，但其在市场经济的发展中仍然兼具多重身份：政府部门既是国家宏观经济的管理者，又是国有企业的所有者，政府采购时，它又是消费者和市场参与者。

政府作为一个"综合单位",政府中不同部门对企业财务报表分析的关注点因其身份的不同而不同。假设政府部门单一地作为国家管理者,为实现其管理职能的财力需求,需要向企业征税。在这样的情况下,从财务报表分析的角度来看,政府部门最关心的就是企业的盈利能力,因为只有企业盈利,税收才有保障,企业的盈利状态直接影响政府财政收入。

二、财务报表分析的作用

财务报表是企业财务状况和经营成果的信息载体,但财务报表所列示的各项目的金额,如果孤立地看,并无多大意义,也不能直接或全面说明企业的财务状况,特别是不能说明企业经营状况的好坏和经营成果的多少,这就需要对财务报表进行分析。

财务报表分析的作用在于能为报表使用者做出决策提供有效依据。财务报表分析能帮助报表使用者正确评价企业的过去,全面了解企业现状,并有效地预测企业的未来发展状况,这就为其做出决策提供了有效的依据。

(一) 财务报表分析对于企业经营者的作用

(1) 财务报表分析能合理评价企业经营者的经营业绩。通过财务报表分析,企业经营者可以确认企业的偿债能力、营运能力、盈利能力和现金流量等状况,合理地评价自己的经营业绩,并促进管理水平的提高。

(2) 财务报表分析是企业经营者实现理财目标的重要手段。企业生存和发展的根本目的是实现企业价值最大化,企业经营者通过财务报表分析,能促进自身目标的实现,确认目前企业的状态,找出差距,从各方面揭露矛盾并不断挖掘潜力,充分认识未被利用的人力、物力资源,促进企业经营活动按照企业价值最大化目标运行。

(二) 财务报表分析对于企业投资者的作用

企业投资者或者潜在投资者通过对企业财务报表的分析,可以了解企业获利能力的高低、营运能力的大小以及发展能力的强弱,进一步确认投资的收益水平和风险程度,从而决定是否投资。

(三) 财务报表分析对于企业债权人的作用

企业债权人通过对企业财务报表的分析,可以了解企业偿债能力的高低、现金流的充足程度,从而确认自己债权的风险程度,并决定是否马上收回债权或要求企业提供担保等。

(四) 财务报表分析对于企业供应商的作用

企业供应商通过对企业财务报表的分析,可以了解企业营运能力的大小、偿债能力的高低,从而确认是否需要与企业长期合作。

(五) 财务报表分析对于政府部门的作用

财务报表分析能为国家政府部门制定宏观政策提供依据。国家作为市场经济的调控者，通过对政府部门核算出的整个国民经济的财务数据进行分析后，可以有效地了解目前经济的发展趋势、存在的不足，从而有针对性地调整税收政策和货币政策等，以促进整个国民经济的平稳发展。

第三节　财务报表分析的内容

不同的财务报表使用者，由于其身份不同，与企业关系不同，对企业财务报表的关注点是不一样的。同样，不同的财务报表使用者出于不同利益的考虑，在对企业进行财务分析时也有不同的要求，这就使得财务报表分析为满足不同使用者的需求，在内容上既有不同的分析重点，又有共同的要求。从总体来看，财务报表分析的基本内容主要包括以下几个方面。

一、偿债能力分析

企业在生产经营过程中周转使用的资金包括从债权人借入和企业自有两部分，是以不同的形态分配和使用。资本结构的合理与否直接关系到企业经济实力的充实与否和经营基础的稳定与否。分析资本结构对企业的经营者、投资者或债权人都具有十分重要的意义。企业经营者通过财务报表分析测定企业的偿债能力，有利于做出正确的筹资决策，而对债权人来说，偿债能力的强弱是其做出贷款决策的基本依据。

二、获利能力分析

获取利润是企业的最终目的，也是投资者投资的基本目的。获利能力的大小体现了企业经营管理的成败，预示了企业未来前景的好坏。在市场经济条件下，产品的价格是市场决定的，企业如果能降低成本、减少费用，就会获得较高的利润，从而在市场竞争中处于有利的地位。

三、资产运用效率分析

资产运用效率又称企业活动能力、经营能力，指企业利用其现有资产的能力。资产运用效率分析的目的就在于测试企业经营的效率。如果企业经营效率高，资产能够得到充分利用，那么只要商品销售利润率稍微提高一点，就可使资产报酬率大幅提高。资产运用效率分析主要衡量平均总资产的运用效率以及现金、应收账款、存货、流动资产、营运资金、固定资产等的运用效率。资产利用效率的高低直接关系到企业获利能力大小，预示着企业未来的发展前景，是企业经营者和投资者进行财务报表分析的一项重要内容。

四、财务状况变动分析

财务状况变动分析主要是通过对财务状况变动表或现金流量表的各项目进行研究和评价，了解企业当期内资金流入的数量及渠道、资金流出的数量及用途，以及期初和期末相比企业资金增加或减少了多少，是什么原因引起的，从而正确评价企业的偿债能力和支付能力，为决策提供充分的依据。

以上几个方面的分析内容互相联系，互相补充，可以综合描述出企业生产经营的财务状况、经营成果和现金流量情况，以满足不同使用者对会计信息的基本需要。

第四节 财务报表分析的资料来源和方法

财务报表分析是在财务数据的基础上，运用专业、系统的方法对数据进行加工整理，通过比较和分析最终得出有用信息的过程。在进行财务报表分析之前，需要了解财务报表分析的资料来源。

一、财务报表分析的资料来源

在根据上市公司财务报表分析其财务及经营成果和现金流量的真实情况前，首先需要收集大量的公开信息和资料。这些信息资料的来源有上市公司定期财务报告、注册会计师的查账报告书和其他数据资料。

(一) 上市公司定期财务报告

《中国证券报》《上海证券报》和《证券时报》会刊登上市公司的年度报告、中期报告、季度报告、董事会公告和其他公告。

上海证券交易所网站(http://www.sse.com.cn)提供1999年以来，沪市上市公司的历年年度报告、中期报告、季度报告、董事会公告和其他公告原文。

深圳证券交易所网站(http://www.szse.cn)提供1999年以来，深市上市公司的历年年度报告、中期报告、季度报告、董事会公告和其他公告原文。

中国上市公司资讯网(http://www.cnlist.com)提供上市公司历年年度报告、中期报告、季度报告、招股说明书和上市公告书的摘要，近期董事会公告或者其他公告。

(二) 注册会计师的查账报告书

查账报告书是中国注册会计师对企业年终决算报表审查验收后提出的一种法律公证文件。由于财务报表的编制者与其使用者之间客观存在着利害关系的冲突，这就要求财务报表必须通过签证，使其能够客观地反映企业真实的财务状况和经营成果，以便得到财务报表使用者的允分信任,并通过它做出正确的判断与决策。为了使财务报表能够公正、客观、真实地表达企业财务状况和经营成果,世界上许多国家的法律都规定了企业对外报送的财务报表必须经过国家承认的职业会计师的审核与签证。我国的会计法、企业会计准则和注册会计师法也对此做出了规定,上市公司对外披露的会计报告要附有查账报告书。

二、财务报表分析的方法

财务报表是建立在会计核算基础上的,是对企业经营活动的综合反映,要对一个企业的财务报表做出比较深刻的、透彻的分析,找出有用的信息,发现隐含的问题,必须具备一定的专业知识。因此,财务报表的使用者应该了解财务报表分析的基本方法,财务报表分析的方法主要有水平分析法、结构分析法、趋势分析法、比率分析法及因素分析法。

(一)水平分析法

水平分析法是指将财务报表各项目报告期的数据与上一期的数据进行对比,分析企业财务数据变动情况。水平分析时,一般不是只对比一两个项目,而是把财务报表报告期的所有项目与上一期进行全面、综合的对比分析,揭示各方面存在的问题,为进一步全面、深入分析企业财务状况打下基础,所以水平分析法是会计分析的基本方法。这种本期与上期的对比分析,既要包括增减变动的绝对值,又要包括增减变动比率的相对值,才可以防止得出片面的结论。

李英从格力电器2018年年度报告中关于公司主要业务介绍的部分了解到,格力电器是一家多元化、科技型的全球工业集团,拥有格力、TOSOT、晶弘三大品牌,产品覆盖空调、高端装备、生活电器、通信设备等四大领域,即以家用空调、商用空调、冷冻冷藏设备、核电空调、轨道交通空调、光伏空调等为主的空调领域;以智能装备、数控机床、精密模具、机器人、精密铸造设备等为主的高端装备领域;以厨房电器、健康家电、环境家电、洗衣机、冰箱等为主的生活电器领域;以物联网设备、手机、芯片、大数据等为主的通信设备领域。格力电器的产品远销160多个国家和地区,仅空调领域已累计为全球超过4亿用户服务。

与2017年相比,格力电器2018年的流动资产是增加还是减少了呢?这就需要对两年的流动资产数据进行对比分析。

【任务实施1-1】李英用水平分析法分析格力电器2017—2018年流动资产的变化情况。

企业的流动资产包括货币资金、应收账款、预付账款、存货、其他流动资产等,用水平分析法计算流动资产中每一项较上年的增减金额和增减百分比,就可以清楚地知道格力电器2017—2018年的流动资产变动情况。

表1-9 格力电器2017—2018年流动资产水平分析表

项目	2018年年末/万元	2017年年末/万元	增减金额/万元	增减百分比
流动资产				
货币资金	11 307 903.04	9 961 043.17	1 346 859.87	13.52%
以公允价值计量且其变动计入当期损益的金融资产	101 247.04	60 204.56	41 042.48	68.17%
衍生金融资产	17 021.61	48 105.56	-31 083.95	-64.62%
应收票据及应收账款	4 361 122.69	3 807 090.52	554 032.17	14.55%
其中：应收票据	3 591 156.79	3 225 641.35	365 515.44	11.33%
应收账款	769 965.90	581 449.16	188 516.74	32.42%
预付账款	216 187.60	371 787.46	-155 599.86	-41.85%
其他应收款	255 368.95	216 107.29	39 261.66	18.17%
其中：应收利息	225 709.89	188 924.80	36 785.09	19.47%
存货	2 001 151.82	1 656 834.72	344 317.10	20.78%
其他流动资产	1 711 092.12	1 034 191.26	676 900.86	65.45%
流动资产合计	19 971 094.88	17 155 418.99	2 815 675.89	16.41%

用报告期(2018年)金额减基期(2017年)金额就可以得到增减金额，即表1-9中第四列数字。数据显示格力电器2018年年末的总流动资产与2017年年末相比增加了2 815 675.89万元，其中货币资金增加最多，增加额为1 346 859.87万元，几乎占到了流动资产增加额的一半。其次，其他流动资产、应收票据、存货、应收账款都增长较多，只有衍生金融资产和预付账款有所减少。

增减金额的数值只能反映格力电器2018年年末的流动资产与2017年年末相比增加或减少的绝对数值，比较意义不大。如果想知道流动资产每一个项目的具体增减变化程度，就需要计算增减百分比，增减百分比是用增减金额除以基期金额得到。格力电器2018年年末流动资产与2017年年末相比增减百分比数值见表1-9最后一列。格力电器2018年年末总流动资产与2017年年末相比增长了16.41%，其中以公允价值计量且其变动计入当期损益的金融资产增长最多，增长幅度为68.17%，这与基期2017年的金额较小有关，其次为其他流动资产，为65.45%。通过计算增减百分比，可以让报表使用者很清晰地了解到不同年度各个项目的增减变化幅度。

(二) 结构分析法

结构分析法又称垂直分析法，是指对同一期间财务报表中的不同科目编制百分比报表进行分析，即将财务报表中的某一重要项目的数据作为100%，然后将其他项目以这一项目的百分比形式做纵向排列，从而揭示各项目的数据在公司财务中的比例关系。一般来说，利润表以营业收入为基数，资产负债表以资产总额为基数。

用结构分析法进行财务报表分析可以分解为以下三步。

(1) 计算确定财务报表中各项目占总额的百分比。

(2) 通过各项目的占比，分析其在企业经营中的重要性。一般项目占比越大，其重要程度越高，对企业总体的影响程度越大。

(3) 将分析期各项目的比重与前期同项目比重对比，研究各项目的比重变动情况，对变动较大的重要项目做进一步分析。

【任务实施1-2】 水平分析法识别不出占流动资产比重最大的是哪一项资产，如果只用水平分析法分析流动资产的变动情况，容易忽视流动资产中重要项目的变动情况。因此，李英用结构分析法分析了格力电器2018年流动资产中各项目的比重变动情况。

表1-10中的数据显示，格力电器的流动资产中占比最大的是货币资金，格力电器2017年的货币资金为9 961 043.17万元，占流动资产的58.06%；2018年的货币资金为11 307 903.04万元，占流动资产的56.62%。从绝对金额来看，2018年的货币资金是增加的，但从占流动资产的比例来看，2018年较2017年减少了1.44%。货币资金过多，一方面表明企业资产的流动性非常强，偿债能力有保障，另一方面也表明资金闲置，因此，格力电器适当地减少货币资金占流动资产的比重是合适的。

表1-10 格力电器2017—2018年流动资产结构分析表

项目	2018年年末		2017年年末		比值差异
	绝对金额/万元	比重	绝对金额/万元	比重	
流动资产					
货币资金	11 307 903.04	56.62%	9 961 043.17	58.06%	-1.44%
以公允价值计量且其变动计入当期损益的金融资产	101 247.04	0.51%	60 204.56	0.35%	0.16%
衍生金融资产	17 021.61	0.09%	48 105.56	0.28%	-0.20%
应收票据及应收账款	4 361 122.69	21.84%	3 807 090.52	22.19%	-0.35%
其中：应收票据	3 591 156.79	17.98%	3 225 641.35	18.80%	-0.82%
应收账款	769 965.90	3.86%	581 449.16	3.39%	0.47%
预付账款	216 187.60	1.08%	371 787.46	2.17%	-1.08%
其他应收款	255 368.95	1.28%	216 107.29	1.26%	0.02%
其中：应收利息	225 709.89	1.13%	188 924.80	1.10%	0.03%
存货	2 001 151.82	10.02%	1 656 834.72	9.66%	0.36%
其他流动资产	1 711 092.12	8.57%	1 034 191.26	6.03%	2.54%
流动资产合计	19 971 094.88	100.00%	17 155 418.99	100.00%	0.00%

此外，占流动资产比重较大的是应收票据、存货和其他流动资产，但应收票据和存货占流动资产的比重并没有发生太大的变动，应收票据较2017年减少0.82%，存货增加0.36%。其他

流动资产变动幅度较大，占流动资产的比重同比增长 2.54%，查阅非流动资产的附注可知其他流动资产包括套期工具、理财产品、结构性存款、待抵扣进项税及预缴税费，其中结构性存款的增长幅度最大。

当然，进行财务报表分析时应注意造成结构百分比变动的原因，因为某一个项目结构百分比提高的原因可能有两个：一是由于这一项目的绝对数值增加，二是由于作为计算共同比基础的绝对数值减少。在比较分析时，如果不参照绝对数值就容易导致误解。

(三) 趋势分析法

趋势分析法是指将两期或连续数期财务报告中的相同指标或比率进行对比，求出它们增减变动的方向、数额和幅度的财务报表分析方法。采用这种方法可以揭示企业财务状况和生产经营情况的变化，分析引起变化的主要原因、变动的性质，并预测企业未来的发展前景。在具体运用趋势分析法时，一般有两种分析的方式。

(1) 绝对数的趋势分析。可以编制比较资产负债表及比较损益表，分析资产总额的变动趋势、净资产的变动趋势、利润总额以及上缴税金的变动趋势等。

(2) 相对数的趋势分析。财务分析中的许多重要指标，如各种周转率指标、偿债能力指标、投资报酬率指标以及资产负债比率、资本负债比率等，可以采用定基动态比率和环比动态比率两种方法。定基动态比率，是以某一时期的数额为固定的基期数额而计算出来的动态比率；环比动态比率，是以每一分析期的前期数额为基期数额而计算出来的动态比率。

采用定基动态比率分析，可以将分析期与基期进行直接对比，以便寻找挖掘潜力的途径和方法。采用环比动态比率分析，可以看出该指标的连续变化趋势。趋势分析法有时为了直观起见，还可在坐标图中绘制出变动曲线，体现变化趋势，寻找变动规律，以利于总结经验，尽量避免受不利因素的影响。

【任务实施 1-3】在反映企业一定期间营业成果的利润表中，李英最关注的是营业收入的增长情况，因为营业收入才是构成企业利润的主要来源。因此，李英分析了格力电器 2014—2018 年在不同基期下的营业收入趋势，如表 1-11 所示。

表 1-11 格力电器 2014—2018 年营业收入趋势表

项目	2014 年	2015 年	2016 年	2017 年	2018 年
营业收入/万元	13 775 035.84	9 774 513.72	10 830 256.53	14 828 645.00	19 812 317.71
以上一年为变动基期	100.00%	70.96%	110.80%	136.92%	133.61%
以 2014 年为固定基期	100.00%	70.96%	78.62%	107.65%	143.83%

格力电器以上一年为变动基期的 2014—2018 年营业收入趋势如图 1-2 所示，除 2015 年营业收入同比下降 29.04%外，其余年份都较上一年有所增长，2017 年和 2018 年的同比增速都维持在 30%以上，营业收入维持了较强的增长态势。如果以 2014 年为固定基期的话，2015 年和 2016 年的营业收入绝对额都低于 2014 年的营业收入，所以 2015 年和 2016 年营业收入较 2014

年下降了29.04%和21.38%。2017年营业收入开始超过2014年，2018年的营业收入是2014年的1.43倍。根据以上简单的趋势分析，李英认为格力电器2014—2018年的5年时间里，虽然过程有所波动，但营业收入整体上维持了上涨的趋势。

图1-2　格力电器 2014—2018年营业收入趋势图

(四) 比率分析法

比率分析法是指以同一期财务报表上若干重要项目的相关数据相互比较，求出比率，用以分析和评价公司的经营活动，以及公司目前和历史状况的财务报表分析方法。比率分析是财务分析最基本的工具，主要有构成比率、效率比率和相关比率三类比率指标。

(1) 构成比率。构成比率又称结构比率，是某项财务指标的各组成部分数值占总体数值的百分比，反映部分与总体的关系，如流动资产占总资产的比率、长期负债占总负债的比率等。

(2) 效率比率。效率比率是某项经济活动中所费与所得的比例，反映投入与产出的关系。利用效率比率指标，可以进行得失比较，考察经营成果，评价经济效益。例如将净利润与营业收入、营业成本、资本金等项目对比，可从不同角度观察、比较企业的获利能力及其增减变化情况。

(3) 相关比率。相关比率是将某个项目和与其有关但又不同的项目加以对比所得的比率，反映有关经济活动的相互关系。利用相关比率指标，财务分析可以考察企业中有联系的相关业务安排得是否合理，以保障企业运营活动顺利进行。例如将流动资产与流动负债加以对比，计算出流动比率，据以判断企业的短期偿债能力等。

注意： 在财务报表分析中，比率分析法用途最广，但也有局限性，突出表现在：比率分析属于静态分析，对于预测未来并非绝对合理、可靠。比率分析所使用的数据为账面价值，难以反映物价水平的影响。可见，在进行比率分析时，应注意以下方面。

(1) 应将各种比率有机联系起来进行全面分析，不可单独考察某种或各种比率，否则难以准确地判断公司的整体情况。

(2) 应审查公司的性质和实际情况,而不仅是着眼于财务报表。

(3) 应结合差额分析,这样才能对公司的历史、现状和将来有一个详尽的了解,达到财务分析的目的。

【**任务实施 1-4**】在康美药业的案例分析中,通过计算经营活动现金流净额占净利润的比重并进行同行业比较,同时结合康美药业近几年的债务融资行为,一步步发现康美药业账面上实际上并没有这么多货币资金的事实。那么,格力电器的情况如何呢?李英利用比率分析法分析了格力电器经营活动现金流净额占净利润的比重并进行了同行业比较,计算结果如表 1-12 所示。

表 1-12　三家企业经营活动现金流净额占净利润的比重

项目	格力电器		美的集团		海尔智家	
	2017 年度	2018 年度	2017 年度	2018 年度	2017 年度	2018 年度
经营活动现金流净额/万元	1 633 808.28	2 694 079.15	2 444 262.30	2 786 108.00	1 608 658.80	1 893 425.29
净利润/万元	2 250 750.68	2 637 902.98	1 861 119.00	2 165 041.90	905 164.92	977 059.99
现金获利能力	72.59%	102.13%	131.33%	128.69%	177.72%	193.79%

格力电器2017年和2018年经营活动现金流净额占净利润的比重分别为72.59%和101.13%,该指标意味着什么呢?经营活动现金流净额占净利润的比重通常认为多少是合适的呢?第四章中对该指标有详细的分析与解读,在此不做过多介绍。格力电器、美的集团、海尔智家号称"家电三巨头",李英通过三家企业对比发现,格力电器经营活动现金流净额占净利润的比重在三家企业中是最低的,至少表明格力电器尚有提升的空间。

(五) 因素分析法

因素分析法又称连环替代法,是在经济活动分析中,确定引起某个经济指标变动的各个因素影响程度的一种计算方法。这种方法是在假定一个因素发生变动时,其他因素保持不变的条件下采用的,故带有一定的假定性。其特点是:在许多因素对某一指标综合发生作用的情况下,顺序把其中一个因素当作可变因素,把其他因素当作不变因素,而后逐个进行替换计算,确定各个因素变动对该指标变动的影响程度。运用因素分析法测定各个因素对综合经济指标的影响程度,有利于判断经济责任,进一步加强企业管理。比如,销售收入取决于销量和单价两个因素,企业提价,往往会导致销量下降,可以用因素分析法来测算价格上升和销量下降对收入的影响程度。

因素分析法的应用过程可描述如下。

(1) 基期 $F_0=A_0 \times B_0 \times C_0$ (A、B、C 之间也可以是加、减、乘、除的关系),实际期 $F_1=A_1 \times B_1 \times C_1$。

(2) 假定替换的顺序是先换 A,再换 B,最后换 C。

(3) 替换 A 因素,得到 $A_1 \times B_0 \times C_0$,是在基期水平上由于 A 因素的变动而引起的,计算 A

因素单独变动带来的影响数是 $A_1×B_0×C_0-A_0×B_0×C_0$。

(4) 替换 B 因素，得到 $A_1×B_1×C_0$，是在基期水平上由于 A、B 因素的变动而引起的，计算 B 因素单独变动带来的影响数是 $A_1×B_1×C_0-A_1×B_0×C_0$。

(5) 替换 C 因素，得到 $F_1= A_1×B_1×C_1$，是在基期水平上由于 A、B、C 因素的变动而引起的，计算 C 因素单独变动带来的影响数是 $A_1×B_1×C_1-A_1×B_1×C_0$。

把以上 A、B、C 三因素变动综合起来，总影响数是 $A_1×B_1×C_1-A_0×B_0×C_0$，也就是 F_1-F_0。

新能企业 2018 年 12 月某种原材料费用的实际值是 6 600 元，而其计划值是 6 000 元。实际比计划增加 600 元，如表 1-13 所示。请运用因素分析法，计算新能企业各因素变动对材料费用总额的影响。

表 1-13　新能企业各因素变动对材料费用总额的影响

项目	单位	计划数	实际数
产品产量	件	100	110
单位产品材料消耗量	千克	6	5
材料单价	元	10	12
材料费用总额	元	6 000	6 600

由于原材料费用是由产品产量、单位产品材料消耗用量和材料单价 3 个因素的乘积构成的，因此，可以将材料费用这一总指标分解为 3 个因素，然后逐个分析它们对材料费用总额的影响方向和程度，只需将表 1-13 中的计划数理解成基期数即可。

基期材料费用总额：100×6×10=6 000(元)

(1) 替换产品产量：110×6×10=6 600(元)，增加产品产量对材料费用总额的影响是 6 600-6 000=600(元)。

(2) 替换单位产品材料消耗量：110×5×10=5 500(元)，节约单位产品材料消耗量对材料费用总额的影响是 5 500-6 600=-1 100(元)。

(3) 替换材料单价：110×5×12=6 600(元)，提高材料单价对材料费用总额的影响是 6 600-5 500=1 100(元)。

把 3 个因素变动综合起来，总影响是 600-1 100+1 100=600(元)。

如果各项因素与某项指标的关系为加或减的关系时，可采用差额分析法，这也属于因素分析法，但只是比较简单的因素分析法。例如，企业利润总额受 3 个因素的影响，其表达式为

利润总额=营业利润+投资损益±营业外收支净额

在分析上年和当年的利润变化时可以分别算出当年利润总额的变化以及 3 个影响因素与上年比较时不同的变化，这样就可以了解当年利润增加或减少是主要由 3 个因素中的哪个因素引起的。

需要注意的是：因素分析法是作为基础分析中的企业财务状况分析的一部分而存在的，其前提是选出关注的指标、分解影响这些指标的因素和确定这些影响因素的变化率，而这三方面

都需要基础分析的其他方面(如宏观分析、行业分析、企业战略分析等)作为依据。

知识点总结

本章主要介绍了财务报表分析，主要内容包括为什么要分析财务报表，具体分析报表的哪些内容以及如何对报表进行分析，图1-3是本章的知识结构体系图。报表的使用者既包括外部债权人、投资者、供应商、政府部门，也包括企业内部员工、企业经营管理者，不同的报表使用者对企业财务状况的关注点也不完全相同，但总体来说，企业的财务报表分析指的是通过阅读与分析四大报表来了解企业偿债能力、盈利能力、营运能力、发展能力等。主要的财务报表分析方法包括水平分析法、结构分析法、趋势分析法、比率分析法、因素分析法等。案例引入中用水平分析法分析了康美药业2017年的营业收入和净利润的增长情况，对康美药业现金流的分析主要使用的是比率分析法，将利润表中的净利润和现金流量表中经营活动产生的现金流量净额联系起来，同时结合同行业对比分析法就可以得知企业盈利质量的好坏以及在行业中处于什么水平。可见，运用一定的方法对财务数据进行加工、整理和分析，就可以发现数字后面隐藏的企业真实财务信息。

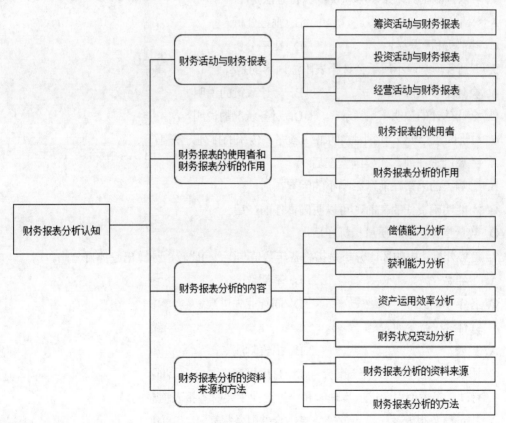

图1-3 财务报表分析认知知识结构体系图

同步测试

一、单项选择题

1. 企业所有者作为投资人，主要进行(　　)。
   A. 盈利能力分析　　　　B. 偿债能力分析
   C. 综合分析　　　　　　D. 运营能力分析

2. 在下列财务分析主体中，必须对企业获利能力、偿债能力、营运能力及发展能力的全部信息予以详尽了解和掌握的是(　　)。
   A. 投资人　　　　　　　B. 债权人
   C. 企业经营管理人员　　D. 税务部门

3. 债权人主要进行(　　)分析。
   A. 盈利能力　　　　　　B. 偿债能力
   C. 财务综合　　　　　　D. 运营能力

4. 可以预测企业未来财务状况的分析方法是(　　)。
   A. 水平分析　　　　　　B. 垂直分析
   C. 趋势分析　　　　　　D. 比率分析

5. 下列各项中，不属于会计报表附注内容的是(　　)。
   A. 会计基本情况　　　　B. 会计政策的说明
   C. 会计估计的说明　　　D. 财务状况的说明

6. 对于因素分析法中各因素的替代顺序，传统的排列方法是(　　)。
   A. 主要因素在前，次要因素在后
   B. 影响大的因素在前，影响小的因素在后
   C. 不能明确责任的在前，可以明确责任的在后
   D. 数量指标在前，质量指标在后

7. 趋势分析法中的环比分析是指将各年数值与(　　)比较，计算出趋势百分比。
   A. 上年数　　　　　　　B. 基期数
   C. 各年平均数　　　　　D. 同行业先进数

8. 所有者权益变动表是(　　)。
   A. 主表　　　　　　　　B. 报表附注
   C. 附表　　　　　　　　D. 月度报表

9. 有助于报表使用者进一步理解和分析企业主要财务报表信息的是(　　)。
   A. 内部财务报表　　　　B. 合并财务报表
   C. 汇总财务报表　　　　D. 财务报表附注

10. 财务分析指标的局限性不包括( )。

A. 财务指标体系不严密

B. 财务指标所反映的情况具有独立性

C. 财务指标的计算口径不一致

D. 财务指标的评价标准不统一

二、多项选择题

1. 财务分析的意义包括( )。

A. 可以判断企业的财务实力

B. 可以评价和考核企业的经营业绩，揭示财务活动存在的问题

C. 可以挖掘企业潜力，寻求提高企业经营管理水平和经济效益的途径

D. 可以评价企业的发展趋势

2. 以下关于比率分析法的说法中，正确的有( )。

A. 构成比率又称结构比率，利用构成比率可以考察总体中某个部分的形成和安排是否合理，以便协调各项财务活动

B. 利用效率比率指标，可以考察企业中有联系的相关业务安排得是否合理，以保障经营活动顺畅进行

C. 销售利润率属于效率比率

D. 相关比率是将某个项目和与其有关但又不同的项目加以对比所得的比率，反映有关经济活动的相互关系

3. 下列各项中，属于相关比率的有( )。

A. 资产负债率　　　　　　　B. 速动比率

C. 销售净利率　　　　　　　D. 流动资产周转率

4. 运用因素分析法进行分析时，应注意的问题有( )。

A. 因素分解的关联性　　　　B. 因素替代的顺序性

C. 顺序替代的连环性　　　　D. 计算结果的准确性

5. 在财务分析中，资料来源的局限性主要包括( )。

A. 报表数据的时效性　　　　B. 报表数据的真实性

C. 报表数据的可靠性　　　　D. 报表数据的完整性

6. 债权人进行财务分析的目的通常包括( )。

A. 是否给企业提供信用　　　B. 提供多少额度的信用

C. 是否要提前收回债权　　　D. 是否投资

E. 改善企业的经营

7. 财务报表分析的基本资料包括( )。

A. 资产负债表　　　　　　　B. 利润表

C. 现金流量表　　　　　　　　D. 所有者权益变动表

E. 报表附注

8. 下列各项中，属于财务报表分析程序的有(　　)。

A. 明确分析目的

B. 设计分析要点

C. 收集、整理并核实相关分析资料

D. 选择恰当、适用的分析方法，进行全方位分析

E. 得出分析结论，提交分析报告

9. 财务报表分析的主体包括(　　)。

A. 企业所有者　　　　　　　　B. 债权人

C. 企业管理者　　　　　　　　D. 政府经济管理机构

E. 商品和劳务供应商

10. 企业财务报告体系包括(　　)。

A. 资产负债表　　　　　　　　B. 利润表

C. 附注　　　　　　　　　　　D. 现金流量表

三、判断题

1. 比率分析法中的比率指标包括构成比率、效率比率、相关比率和定基动态比率。(　　)

2. 财务报表分析是以财务报表为主要依据，运用科学的分析方法和评判方式，对企业的经营活动状况及其成果做出判断，以供相关决策者使用的全过程。(　　)

3. 财务报表分析的基本资料就是资产负债表、利润表、现金流量表三张主表。(　　)

4. 构成比率是指某项财务分析指标的各构成部分数值占总体数值的百分比。(　　)

5. 只要公司处于同一行业，我们就可以对其财务状况进行比较分析。(　　)

6. 不同利益主体进行财务报表分析有着各自的目的和侧重点。(　　)

7. 在财务分析中，通过对比两期或连续数期财务报告中的相同指标，确定其增减变动的方向、数额和幅度，来说明企业财务状况或经营成果的变动趋势的方法称为比率分析法。(　　)

8. 差额计算法只是因素分析法的一种简化形式，两者实质上是相同的。(　　)

9. 企业所有者作为投资人必须对企业经营理财的各个方面，包括运营能力、偿债能力、获利能力及发展能力的全部信息予以详尽地了解和掌握，主要进行各方面综合分析，并关注企业财务风险和经营风险。(　　)

10. 编制财务报表的目的在于提供有助于使用者进行经济决策的财务信息。(　　)

四、计算题

1. 新能公司2018年甲产品实际销售与计划销售的数据如表1-14所示。请采用因素分析法计算各因素对销售收入完成的影响程度。

表 1-14　新能公司 2018 年甲产品销售收入数据

项目	单位	实际数	计划数
产品销售收入	万元	150	144
销售数量	台	500	450
销售单价	元	3 000	3 200

2. 格力电器、美的集团同为家电制造行业的两家企业，2014—2018 年的销售收入如表 1-15 所示。

表 1-15　格力电器、美的集团 2014—2018 年的销售收入

单位：万元

企业名称	2014 年	2015 年	2016 年	2017 年	2018 年
格力电器	13 775 036	9 774 514	10 830 257	14 828 645	19 812 318
美的集团	14 166 818	13 844 123	15 904 404	24 071 230	25 966 482

请计算格力电器、美的集团 2014—2018 年的销售环比增长率并进行简单评价。

实践训练

实训目的：熟悉获取上市公司年度财务报告的途径，熟练掌握财务报表分析方法。

实训资料：上网收集所选上市公司报表及相关资料。

实训要求：每个小组选择一家上市公司，运用趋势分析法计算上市公司近三年的营业收入、净利润环比增长率，并进行同行业比较，对该企业的前景做一个简单的评价。最后形成分析报告，报告包括 PPT 和 Word 电子文档，并在班级演示。

第二章
资产负债表分析

【知识目标】

- 了解资产负债表；
- 能够对资产负债表各项目进行分析；
- 能够对资产负债表进行综合分析，会计算相关比率。

【能力目标】

- 能够利用现代媒体等手段收集企业报表分析所需资料；
- 会运用数据统计等方法选取、加工、整理资料；
- 具备一定的文字表达能力，能根据分析撰写财务分析报告。

【素质目标】

- 学会与不同的报表使用者进行沟通与协调；
- 学会与企业管理层进行沟通，并能够及时提供其所需要的相关信息；
- 培养良好的团队合作意识。

案例引入

中国蓝田：神话的悬念与思考

蓝田股份曾经创造了中国股市中常盛不衰的绩优神话。这家以养殖、旅游和饮料为主的上市公司，一亮相就颠覆了行业规律和市场法则，1996 年发行上市后在财务数字上一直保持着神奇的增长速度：总资产规模从上市前的 2.66 亿元发展到 2000 年年末的 28.38 亿元，增长了 9 倍；历年年报的业绩都在每股 0.60 元以上，最高达到 1.15 元。即使遭遇了 1998 年特大洪灾以后，每股收益也达到了不可思议的 0.81 元，5 年间股本扩张了 360%，创造了中国农业企业历史上罕见的"蓝田神话"。当时，最动听的故事之一就是蓝田的鱼鸭养殖每亩产值高达 3 万元，而同样是在湖北养鱼，武昌鱼的招股说明书的数字显示每亩产值不足 1 000 元，稍有常识的人都能看出这个比同行养殖产值高出几十倍的"奇迹"的破绽。

纸上的辉煌终究抵挡不住市场怀疑的目光,最先挑破这个破绽的是一个叫刘姝威的人,她为此获得了由中央电视台评选的"2002中国经济年度人物",并被称为"中国股市的良心"。2001年10月,她以一篇600字的短文对蓝田神话直接提出了质疑。

十多年过去了,刘姝威对蓝田股份的分析仍然值得细细品味。从文章中可以看出,刘姝威除了运用了一些银行的商业常识以外,所采用的信息全部来源于公开信息,其最主要手段就是进行同行业对比,这也是投资的基本逻辑,不能脱离常识太多。这也是我们重新把这篇文章分享给大家的原因,其参考价值完全不随时间流逝而淡化:她抓住了公司分析的命门。

此处把刘姝威600多字的研究推理短文《应立即停止对蓝田股份发放贷款》的部分观点摘录如下。

"应立即停止对蓝田股份发放贷款"的依据:在对借款企业发放贷款前和发放贷款后,银行必须分析借款企业的财务报告。如果财务分析结果显示企业的风险度超过银行的风险承受能力,那么,银行可以立即停止向企业发放贷款。

一、蓝田股份的偿债能力分析

2000年,蓝田股份的流动比率是0.77,说明蓝田股份短期可转换成现金的流动资产不足以偿还到期流动负债,偿还短期债务能力弱。

2000年,蓝田股份的速动比率是0.35,说明扣除存货后,蓝田股份的流动资产只能偿还35%的到期流动负债。

2000年,蓝田股份的净营运资本是-1.3亿元,说明蓝田股份将不能按时偿还1.3亿元的到期流动负债。

从1997年至2000年,蓝田股份的固定资产周转率和流动比率逐年下降,2000年两者均小于1,说明蓝田股份的偿还短期债务能力越来越弱。

2000年,蓝田股份的主营产品是农副水产品和饮料。蓝田股份"货币资金"和"现金及现金等价物净增加额",以及流动比率、速动比率、净营运资金和现金流动负债比率均位于"A07渔业"上市公司的同行业最低水平,其中,流动比率和速动比率分别低于"A07渔业"上市公司的同行业平均值大约5倍和11倍。这说明,在"A07渔业"上市公司中,蓝田股份的现金流量是最短缺的,短期偿债能力是最低的。

2000年,蓝田股份的流动比率、速动比率和现金流动负债比率均处于"C0食品、饮料"上市公司的同行业最低水平,分别低于同行业平均值的2倍、5倍和3倍。这说明,在"C0食品、饮料"行业上市公司中,蓝田股份的现金流量是最短缺的,短期债务偿还能力是最低的。

二、蓝田股份的资产结构分析

蓝田股份的流动资产逐年下降,应收款逐年下降,截至2000年,流动资产主要由存货和货币资金构成,在产品占存货的82%。蓝田股份的资产逐年上升主要由于固定资产逐年上升,截至2000年,资产主要由固定资产构成。

2000年，蓝田股份的流动资产占资产百分比位于"A07渔业"上市公司的同行业最低水平，低于同行业平均值约3倍；存货占流动资产百分比位于"A07渔业"上市公司的同行业最高水平，高于同业平均值约3倍。

2000年，蓝田股份的固定资产占资产百分比位于"A07渔业"上市公司的同行业最高水平，高于同行业平均值1倍多。

2000年，蓝田股份的在产品占存货百分比位于"A07渔业"上市公司的同行业最高水平，高于同行业平均值1倍；产品绝对值位于同行业最高水平，高于同行业平均值3倍。

2000年，蓝田股份的存货占流动资产百分比位于"C0食品、饮料"上市公司的同行业最高水平，高于同行业平均值1倍。

2000年，蓝田股份的在产品占存货百分比位于"C0食品、饮料"上市公司的同行业最高水平，高于同行业平均值约3倍。

根据以上分析，我研究推理：蓝田股份的在产品占存货百分比和固定资产占资产百分比异常高于同业平均水平，蓝田股份的在产品和固定资产的数据是虚假的。

三、我的研究推理

根据以上分析，我研究推理：蓝田股份的偿债能力越来越恶化；扣除各项成本和费用后，蓝田股份没有净收入来源；蓝田股份不能创造足够的现金流量以便维持正常经营活动和保证按时偿还银行贷款的本金和利息；银行应该立即停止对蓝田股份发放贷款。

文章在对蓝田的资产结构、现金流向情况和偿债能力做了详尽分析后，得出的结论是蓝田股份的业绩有虚假成分，而业绩完全依靠银行贷款支撑，蓝田股份根本无力偿还20亿元贷款。一篇短文好似一根银针扎在了蓝田股份这个巨大的肥皂泡上。一幕股市丑剧由此被揭开，蓝田股份的贷款黑洞公布于众。此后不久，国家有关银行相继停止对蓝田股份发放新的贷款。由此，蓝田赖以生存的资金链条断裂。2002年1月21日、22日生态农业的股票突然被停牌，2003年5月23日终止上市。

（资料来源：https://finance.qq.com/zt2010/fyjjltsh/index.htm）

思考：蓝田事件给我们带来哪些启示？债权人在借款之前和银行在发放贷款之前，如何根据资产负债表对企业的偿债能力进行判断？

【任务导入】

对财务报表分析有了一定的认知后，李英的指导老师杨经理交给她一项任务——分析格力电器的偿债能力，同时杨经理告诉李英，由于资产负债表是反映企业在某一特定日期的资产、负债及所有者权益的总量、构成及其相互关系的财务报表，分析资产负债表就能了解企业的偿债能力。因此，李英马上下载了格力电器2016—2018年的年度报告，以便更好地了解格力电器的偿债能力。让我们跟着李英一起对格力电器的资产负债表进行分析，探索资产负债表里所隐藏的"小秘密"吧。

第一节　资产负债表基础知识

资产负债表是企业财务报告三大主要财务报表之一，选用适当的方法和指标来阅读、分析企业的资产负债表，以正确评价企业的财务状况、偿债能力，对于一个理性的或潜在的投资者而言是极为重要的。

一、资产负债表的编制原理

资产负债表又称财务状况表，表示企业在一定日期(通常为各会计期末)的财务状况(即资产、负债和所有者权益状况)的主要会计报表，资产负债表利用会计平衡原理，将合乎会计原则的"资产""负债""股东权益"交易科目分为"资产"和"负债和所有者权益"两大部分，经过分录、转账、分类账、试算、调整等会计程序后，以特定日期的静态企业情况为基准浓缩成一张报表。资产负债表可让所有阅读者在最短时间内了解企业经营状况。

二、资产负债表的格式

资产负债表一般包含表首、正表两部分。其中，表首概括地说明报表名称、编制单位、编制日期、报表编号、货币名称、计量单位等。正表是资产负债表的主体，列示了用以说明企业财务状况的各个项目。资产负债表正表的格式一般有两种：账户式资产负债表和报告式资产负债表。

(一) 账户式资产负债表

账户式资产负债表又称为平衡式资产负债表，分左右两方，左方为资产项目，大体按资产的流动性强弱排列，流动性强的资产如"货币资金""交易性金融资产"等排在前面，流动性弱的资产如"长期股权投资""固定资产"等排在后面。右方为负债及所有者权益项目，一般按要求清偿时间的先后顺序排列，"短期借款""应付票据""应付账款"等需要在一年以内或者长于一年的一个正常营业周期内偿还的流动负债排在前面，"长期借款"等一年以上才需偿还的非流动负债排在中间，在企业清算之前不需要偿还的所有者权益项目排在最后。

账户式资产负债表中，"资产"各项目的合计等于"负债和所有者权益"各项目的合计，即资产负债表左方和右方平衡。账户式资产负债表可以反映资产、负债、所有者权益之间的内在关系，即"资产=负债+所有者权益"。账户式资产负债表如表2-1所示。

表2-1 资产负债表(账户式)

编制单位：　　　　　　　　　　　　年　　月　　日　　　　　　　　　　　　　　单位：元

资产	期末余额	期初余额	负债和所有者权益	期末余额	期初余额
流动资产：			流动负债：		
货币资金			短期借款		
交易性金融资产			……		
……			流动负债合计		
流动资产合计			非流动负债：		
非流动资产：			长期借款		
可供出售金融资产			……		
持有至到期投资			非流动负债合计		
……			负债合计		
非流动资产合计			所有者权益(或股东权益)：		
			实收资本(或股本)		
			……		
			所有者权益合计		
资产合计			负债和所有者权益合计		

(二) 报告式资产负债表

报告式资产负债表又称为垂直式资产负债表，是上下结构，上半部列示资产，下半部列示负债和所有者权益。报告式资产负债表的具体排列形式又有两种：一是按"资产=负债+所有者权益"的原理排列；二是按"资产-负债=所有者权益"的原理排列。报告式资产负债表便于编制比较资产负债表，而且易于用括弧旁注的方式注明某些项目的计价方式等。缺点是资产、负债及所有者权益之间的恒等关系不能够一目了然。报告式资产负债表如表2-2所示。

表2-2 资产负债表(报告式)

编制单位：　　　　　　　　　　　　年　　月　　日　　　　　　　　　　　　　　单位：元

资产	期末余额	期初余额
流动资产：		
……		
流动资产合计		
非流动资产：		
……		
非流动资产合计		

(续表)

资产	期末余额	期初余额
资产总计		
负债和所有者权益		
流动负债：		
……		
流动负债合计		
非流动负债：		
……		
非流动负债合计		
负债合计		
所有者权益(或股东权益)：		
……		
所有者权益(或股东权益)合计		
负债和所有者权益合计		

三、资产负债表分析的作用

(1) 判断企业的资产质量。资产负债表反映了企业拥有或控制的能用货币表现的经济资源，即资产的总规模及具体的分布形态。由于不同形态的资产对企业的经营活动有不同的影响，因而对企业资产结构的分析可以对企业的资产质量做出一定的判断。

(2) 评价企业的资源利用情况。通过对资产负债表与损益表有关项目的比较，可以对企业各种资源的利用情况做出评价，如可以考察资产利润率、存货周转率、债权周转率等。

(3) 评价企业的短期偿债能力。把流动资产(一年内可以或准备转化为现金的资产)、速动资产(流动资产中变现能力较强的货币资金、债权、短期投资等)与流动负债(一年内应清偿的债务责任)联系起来分析，可以评价企业的短期偿债能力，这种能力对企业的短期债权人尤为重要。

(4) 评价企业的长期偿债能力。通过对企业债务规模、债务结构及与所有者权益的对比，可以对企业的长期偿债能力及举债能力(潜力)做出评价。一般而言，企业的所有者权益占负债和资产的比重越大，企业清偿长期债务的能力越强，企业进一步举借债务的潜力也就越大。

(5) 判断企业财务状况的发展趋势。通过对企业不同时点资产负债表的比较，可以对企业财务状况的发展趋势做出判断。可以肯定地说，企业某一特定日期(时点)的资产负债表对信息使用者的作用极其有限，只有把不同时点的资产负债表结合起来分析，才能把握企业财务状况的发展趋势。同样，将不同企业同一时点的资产负债表进行对比，还可对不同企业的相对财务状况做出评价。

第二节 资产负债表各项目分析

格力电器 2018 年的合并资产负债表如表 2-3 所示。

表 2-3 合并资产负债表
2018 年 12 月 31 日

编制单位：格力电器　　　　　　　　　　　　　　　　　　　　　　　　单位：万元

项目	2018 年 12 月 31 日	2017 年 12 月 31 日
资产		
流动资产		
货币资金	11 307 903.04	9 961 043.17
以公允价值计量且其变动计入当期损益的金融资产	101 247.04	60 204.56
衍生金融资产	17 021.61	48 105.56
应收票据及应收账款	4 361 122.69	3 807 090.52
其中：应收票据	3 591 156.79	3 225 641.35
应收账款	769 965.90	581 449.16
预付账款	216 187.60	371 787.46
其他应收款	255 368.95	216 107.29
其中：应收利息	225 709.89	188 924.80
应收股利		
买入返售金融资产		
存货	2 001 151.82	1 656 834.72
其他流动资产	1 711 092.12	1 034 191.26
流动资产合计	19 971 094.88	17 155 418.99
非流动资产		
发放贷款及垫款	907 133.28	667 342.94
可供出售金融资产	221 619.50	217 494.15
长期股权投资	225 073.25	11 039.14
投资性房地产	53 758.93	51 663.01
固定资产	1 838 576.15	1 748 211.43
在建工程	166 393.90	102 070.93
无形资产	520 450.02	360 446.73
商誉	5 180.44	

(续表)

项目	2018年12月31日	2017年12月31日
长期待摊费用	423.76	220.86
递延所得税资产	1 134 957.37	1 083 869.71
其他非流动资产	78 754.26	101 012.81
非流动资产合计	5 152 320.85	4 343 371.72
资产总计	25 123 415.73	21 498 790.71
负债和所有者权益		
流动负债		
短期借款	2 206 775.00	1 864 609.50
吸收存款及同业存放	31 587.98	26 694.48
衍生金融负债	25 736.49	61 577.78
应付票据及应付账款	4 982 279.98	4 431 981.59
预收款项	979 204.14	1 414 303.82
应付职工薪酬	247 320.45	187 672.89
应交税费	484 834.77	390 887.40
其他应付款:	474 713.93	280 129.42
其中：应付利息	13 374.69	19 610.39
应付股利	70.79	70.79
其他流动负债	6 336 159.88	6 091 222.02
流动负债合计	15 768 612.60	14 749 078.89
非流动负债		
长期应付职工薪酬	13 084.02	11 270.90
递延收益	16 629.36	12 621.60
递延所得税负债	53 618.58	40 348.77
非流动负债合计	83 331.96	64 241.27
负债合计	15 851 944.55	14 813 320.16
所有者权益(或股东权益)		
实收资本(或股本)	601 573.09	601 573.09
资本公积	9 337.95	12 488.06
减：库存股		
其他综合收益	-55 080.61	-9 170.07
盈余公积	349 967.16	349 967.16
一般风险准备	32 941.76	32 734.76

(续表)

项目	2018年12月31日	2017年12月31日
未分配利润	8 193 970.16	5 573 898.39
归属于母公司股东权益合计	9 132 709.51	6 561 491.39
少数股东权益	138 761.67	123 979.17
所有者权益(或股东权益)合计	9 271 471.17	6 685 470.56
负债和所有者权益(或股东权益)总计	25 123 415.73	21 498 790.71

一、流动资产项目分析

企业流动资产包括货币资金、应收票据、应收账款、其他应收款、存货以及其他流动资产等，接下来一一对这些项目进行分析。

(一) 货币资金项目分析

货币资金是指企业在报表出报日，以货币形式存在的所有货币资金，包括库存现金、银行存款、其他货币资金。一般来说，货币资金占总资产比重越高，说明企业的资金储备率越高，经营风险越小，偿债能力也越强。如果货币资金占总资产比重较低，则说明企业的资金链有一定风险，且偿债能力也较弱。但货币资金也有其两重性，如果货币资金过多也说明企业资金利用率不高，势必影响企业盈利能力，因此通常认为货币资金占总资产的比重为15%～25%比较合理，过低则企业会有一定的资金压力，过高则盈利能力有保守趋向，当然对于稳健的投资者来说，货币资金占总资产比重高一些的企业还是可以关注的，同时应观察其与上年相比的增减情况、净资产比重的变化情况，以及与同行业平均值的对比情况。

货币资金应与应付账款和其他应付款两个项目相结合进行分析，因为有个别企业在报表日出报时，货币资金量较大，但应付账款金额也很大，报表日披露后有可能货币资金大幅减少，从而形成出报时货币资金大幅增加而下一财季货币资金又大幅减少的现象。

【任务实施2-1】李英分析格力电器2016—2018年的货币资金变化情况，如表2-4所示。

表2-4 格力电器2016—2018年货币资金比较表

项目	2016年年末	2017年年末	2018年年末
货币资金/万元	9 561 313.07	9 961 043.17	11 307 903.04
本年较上年增长比例	7.65%	4.18%	13.52%
资产总额/万元	18 236 970.50	21 498 790.71	25 123 415.73
货币资金占资产总额的比重	52.43%	46.33%	45.01%

对货币资金的分析主要是利用水平分析法分析货币资金的增减变动情况，用结构分析法分析货币资金占资产总额的比重。

由表 2-4 可以看出格力电器 2016—2018 年的货币资金量一直在增长，2018 年的增幅更是高达 13.52%，账上货币资金总量从 2016 年的 9 561 313.07 万元增长到 2018 年的 11 307 903.04 万元；货币资金占公司资产总额的比重一直维持在 50%左右，也就是说货币资金占公司资产总额的近一半，虽然该比例从 2016 年年末的 52.43%下降到 2018 年年末的 45.01%是因为资产增长速度远快于货币资金的增速，但 45.01%这个比重也是非常高的，通常认为货币资金占总资产的比重为 15%~25%是比较合理的。

那么，货币资金的构成情况如何呢？李英又翻看了格力电器货币资金附注，得出格力电器货币资金构成情况，如表 2-5 所示。

表 2-5 格力电器货币资金构成情况表

项目	2018 年年末/万元	所占比重	2017 年年末/万元	所占比重
现金	167.84	0.00%	305.86	0.00%
银行存款	6 441 841.68	56.97%	5 917 136.25	59.40%
其他货币资金	360 831.95	3.19%	863 146.59	8.67%
存放中央银行款项	304 751.90	2.70%	294 296.37	2.95%
存放同业款项	4 200 309.65	37.14%	2 886 212.55	28.97%
合计	11 307 903.04	100.00%	9 961 097.63	100.00%
其中：存放在境外的存款总额	81 985.91	0.73%	245 029.16	2.46%

由表 2-5 可以看出，格力电器的货币资金主要是银行存款和存放同业款项，两者占货币资金的比重高达 94.11%。货币资金比重过高，说明企业的财务风险小，但同时也意味着资金闲置，资金不能变为资本，就不能实现增值的功能。格力电器 11 307 903.04 万元的货币资金的具体来源详见后续对格力电器现金流量表的分析。

(二) 应收票据项目分析

应收票据是指公司在采用商业汇票结算方式时，因销售商品、产品或提供劳务而收到的商业汇票，包括商业承兑汇票和银行承兑汇票。应收票据与应收账款一样，都是企业因购买材料、商品而欠别人的货款，但是票据的法律效力更强一些，与应收账款相比，可靠性更高些。根据企业现金需求的变化，可以将有关商业汇票背书，向银行或其他金融机构贴现。已贴现的应收票据则是公司的一项或有负债。

需要注意的是，资产负债表上的"应收票据"是扣除了已经贴现的应收票据，即反映的是企业未到期收款也未向银行申请贴现的应收票据。为了充分反映企业潜在债务责任，对于已贴现的应收票据，应在资产负债表的补充资料中加以说明。

(三) 应收账款项目分析

应收账款是由于企业采取赊销方式而形成的。企业采取赊销方式的好处如下：①扩大销售，增加企业市场份额，赊销是企业扩大销售的最有效手段之一；②减少存货积压，控制成本费用，存货积压过多在很大程度上会导致仓储费、保险费等费用的相应增加。

应收账款的出现会导致以下两个问题。

第一，降低了企业的资金使用效率，使企业效益下降。由于企业的物流与资金流不一致，虽然在利润表中已经确认了营业收入和利润，但是在现金流量表中没有收回货款，同时企业需要垫交税款，比如随着收入确认上交增值税，随着利润确认上交所得税，甚至是根据利润进行的现金分红，占用了大量的流动资金，久而久之必将影响企业资金的周转。因此，几乎所有企业现金流出问题都是从这里开始的。

第二，夸大了企业经营成果，加大了应收账款管理难度。由于我国企业实行的记账基础是权责发生制，发生的当期赊销全部计入当期收入。因此，企业账上利润的增加并不表示能如期实现的现金流入，同时会计制度要求企业按照应收账款余额的百分比来提取坏账准备，坏账准备率一般为3%~5%。如果实际发生的坏账损失超过提取的坏账准备，会给企业带来很大的损失。因此，企业应收账款的大量存在虚增了账面上的销售收入，在一定程度上夸大了企业经营成果，增加了企业的风险成本。

那么，如何对应收账款进行分析呢？一般是对应收账款进行数量分析和质量分析。

(1) 应收账款数量分析。如果一家企业的应收账款出现了异常增长，就值得留意了。什么是异常增长呢？一般来说，应收账款的增幅与营业收入增幅这两者应该是同比例增长，尤其是对于成长股来说，如果应收账款的增幅大于营业收入的增幅，那么往往存在公司牺牲应收账款来增加收入的可能性。这几年，很多公司的财务造假或粉饰问题都是因为应收账款异常增长，如乐视网。

乐视网2016年年报中关于应收账款、营业收入、净利润的财务数据如表2-6所示。

表2-6 乐视网2016年财务数据

项目	2016年年末/万元	2015年年末/万元	增减幅度
应收账款	868 586	335 968	158.53%
营业收入	2 195 095	1 301 673	68.64%
归属于母公司所有者的净利润	55 476	57 303	-3.19%

在2016年年报中，乐视网的应收账款余额与2015年相比增长了158.53%，乐视网对此给出的解释是：主要是销售收入增加导致了应收账款的相应增加。但实际上呢，乐视网2016年的营业收入只不过增长了68.64%而已，而归属于母公司所有者的净利润反而下降了3.19%。这就是应收账款增速远大于营业收入增幅的情况，值得报表使用者关注。

(2) 应收账款质量分析。应收账款的质量是依据应收账款收回来的比例来判断的。因为应收账款是需要计提坏账准备的，如果应收账款质量不好，那么可能需要计提大额的资产减值损失。应收账款质量分析就是对应收账款的账龄进行分析，账龄越短，应收账款占全部应收账款比例越高，则应收账款质量越好。

乐视网2017年半年报中的应收账款账龄显示，大于1年账龄的应收账款高达16.63亿元，占应收账款的比例高达16.46%，这个比例已经预示应收账款出大问题了，乐视网也在2017年年底计提了大额的资产减值。再比如中联重科2016年的应收账款明细显示，其1~3年账龄的应收账款高达93亿元，但是坏账准备根据政策计提的余额约为8亿元，覆盖率明显偏低，于是2017年计提坏账损失60亿元。

应收账款的质量还应结合应收账款周转率进行分析，在后续章节里会介绍应收账款周转率的计算和分析。

【任务实施2-2】李英开始对格力电器的应收账款进行数量分析和质量分析。

应收账款数量分析指的是对比分析应收账款和营业收入的增长情况，通常应收账款的增幅应与营业收入增幅一致，如果应收账款的增幅超过营业收入的增幅，则往往存在公司牺牲应收账款来增加收入的可能性。那么，格力电器的应收账款数量如何？格力电器应收账款数量分析如表2-7所示。

表2-7 格力电器应收账款数量分析

项目	2018年年末/万元	2017年年末/万元	增长幅度
应收账款	769 965.90	581 449.16	32.42%
营业收入	19 812 317.71	14 828 645.00	33.61%

格力电器2018年年末应收账款为769 965.90万元，较2017年年末增长32.42%；2018年全年实现营业收入19 812 317.71万元，较2017年年末增长33.61%，应收账款的增长幅度与营业收入的增幅一致。格力电器2018年应收账款账龄分析如表2-8所示。

表2-8 格力电器2018年应收账款账龄分析

账龄	期末余额			
	应收账款/万元	比重	坏账准备/万元	计提比例
1年以内	710 239.10	98.97%	355 119 549.05	5.00%
1~2年	4698.72	0.65%	9 397 447.87	20.00%
2~3年	1992.07	0.28%	9 960 362.41	50.00%
3年以上	696.43	0.10%	6 964 308.56	100.00%
合计	717 626.33	100.00%	381 441 667.89	5.32%

由应收账款的账龄分析可以看出，格力电器2018年1年以内的应收账款占98.97%，3年以上的应收账款只占到0.10%。结合应收账款数量分析的结果，李英认为格力电器有明确的应收账款管理制度，对应收账款管理严格。

李英还发现,格力电器2017年、2018年的应收款项(包括应收票据和应收账款)呈现明显的季节性特点,如图2-1所示。每年9月是应收账款的高峰期,其余月份相对处于低位,这与第三季度经销商在销售旺季加大提货有关。

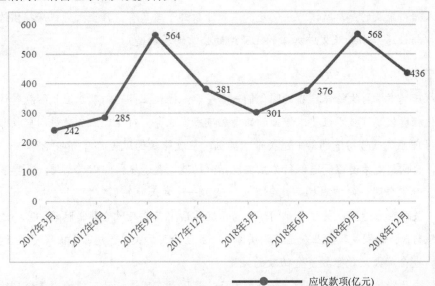

图2-1　格力电器2017年、2018年报告期应收款项

📖 资料阅读2-1

伪造合同虚构7.6亿元应收账款案件引发思考

一家连续8年销售收入超百亿元,资产总额超230亿元的海外建厂企业——大连机床集团有限公司(以下简称大连机床),曾经是美国金属协会"世界机床500强"排名第八、中国机床行业中排名第一的龙头企业。作为新中国成立初期全国机床业十八罗汉之一,大连机床却在2016年9月至11月,因国际机床行业遇冷,急需资金却融资受阻,通过虚构应收账款、伪造合同和公章等方式,从信托机构中江信托处"骗取"资金6亿元,涉嫌经济犯罪。该案件再次提醒大家应收账款真实性审核的重要性。

案件描述

2016年9月,一款名为"中江国际·金鹤189号大连机床产业投资集合资金信托计划"(以下简称"金鹤189号")的产品由中江国际信托股份有限公司(以下简称中江信托)发起。相关信息显示,"金鹤189号"融资主体是大连机床集团有限责任公司,还款来源为大连机床集团的经营业务收入和担保方大连高金科技发展有限公司(以下简称大连高金科技)的经营业务收入。风控措施除了管理层控股的投资公司大连高金科技提供担保、大连高金科技实际控制人及其配偶提供连带责任担保、其他保证以外,还包括约7.59亿元的应收账款质押及其他财产的抵质押担保。其中,大连高金科技是上市公司的华东数控号称"工业4.0第一股"的第一大股东,旗下分别拥有数控股份、资源集团、中拥集团等子公司。

看起来如此"靠谱"的"金鹤189号"信托计划,却在很短时间里出现了公募债违约的情况,接着就出现到期的信托产品利息无法兑付的问题。尽管中江信托留有后手——大连机床申请信托融资时提供了惠州比亚迪电子有限公司(以下简称比亚迪)所欠其7.59亿元应收账款做质押。但令人始料未及的是,所谓7.5亿元的应收账款却子虚乌有,甚至大连机床提供给中江信托的《债权转让通知书》及文件加盖的比亚迪的公章均属伪造。

事件警示

大连机床的案件再次给保理界的同仁们一个警示:保理业务是一项以应收账款转让为前提的、专业化程度较高、技术性要求较强的新型短期融资业务。对保理业务来讲,应收账款真实性审核是保理业务风险防范的第一道关卡。那么,应收账款的风险都有哪些呢?

第一,合同、发票造假。造假行为主要包括:伪造、变造发票;旧票新用;一票多用;虚假合同等。如果合同、发票虚构,就会直接导致第一还款来源的落空。

第二,关联企业造假。关联企业间的交易情况复杂,其潜在风险非常隐蔽,容易造成联合造假和欺骗行为。如果关联企业属上下游关系,一旦互为买卖关系,就容易出现货款互抵现象。如此一来,也会加大应收账款资金回款的风险。

第三,应收账款具有不确定性。如果卖方产品品质存在不达标的可能性,就会导致退货或交易延期,从而导致延期付款的风险。另外,如付款方拖款,也会造成回款风险。

了解了应收账款的风险之后,可采取的风控办法又包括哪些呢?

第一,要加强对商品交易背景及合同真实性的审查,包括商品交易合同条款审查,如审查对商品有关描述、合同金额、付款方式、付款日期、交货时间等是否有明确规定。

第二,要核查发票的真实性,包括发票的主要内容是否与商品交易合同及货运单据一致,发票开出时间是否合理等,防止开票后注销或交易双方合谋先开票后退货骗取资金的行为。

第三,要审核生产单、采购单、入库单、出库单等是否相符,最好能多方印证。如果是一家企业,则造假成本很低;但如果是多家企业,则造假成本会高很多。

第四,要通过对买卖双方交易行为的审查,判断其上下游企业之间的交易及结算方式是否正常,并应尽量选择非关联企业交易的客户。

第五,要加强对回款账户的管理。获取多次付款记录,判断供应商付款习惯,并通过监控分析指定的银行账户是否有划款的能力。

第六,借助风控工具提升审核能力。众所周知,应收账款的审核工作专业化程度高、技术性要求强,通常需要借助一些特殊渠道和科技手段。这些风控工具如果由企业内部完成,往往会耗费大量的人工成本和经营费用。因此,如果有一个综合性服务平台可以提供各项风控服务,那么这些问题就迎刃而解了。

(资料来源:http://www.sinotf.com/GB/136/1362/2018-03-27/5MMDAwMDMwOTE5MQ.html)

(四)其他应收款项目分析

其他应收款是指企业对其他单位和个人应收的款项,其他应收款之所以在资产结构分析中列出,是因为其他应收款项存在关联企业对公司资金占用的可能,因此需要投资者重点关注,观察其是否属于正常水平,判断其他应收款是否正常,是否设有特定标准。投资者主要应把握两条标准,首先是其他应收款金额不应大于应收账款金额。如果其他应收款大于应收账款,说明企业经营管理不正常,有关联企业资金占用嫌疑,报表使用者应对其财务报表其他应收款的注解进行查看。其次看其他应收款单项金额与上年比是否有大幅增加现象,如果增长幅度过大则也会存在类似问题。对于一个正常运作的企业来说,其他应收款项目的金额应很小,否则就会出现企业交易对投资者不公允的现象,如果出现其他应收款大幅增加的现象,投资者应谨慎对待。

(五) 存货项目分析

存货是一个企业赖以生存的支撑,足够多的存货,能够保证企业的正常运转,但同时也会加大企业的持有成本和持有风险,而存货比重过低又会造成缺货风险。所以,将存货持有量保持在一个合适的范围内,既能够保证企业正常的生产经营,又能够最大限度地降低持有成本,就变得尤为重要。对企业存货的分析主要包括存货比较分析和存货结构分析。

(1) 存货比较分析。存货与企业运营直接相关,所以存货的绝对值的变化也在一定程度上映射出企业的经营成果、经营方式等的变化。当然,分析存货绝对值需要与财务报表的其他数据有效结合,需将存货的变化与营业收入的变化加以比较。一般来说,存货与营业收入规模存在一定的正相关。企业的营业收入规模越大,存货的规模越大;企业的营业收入规模越小,存货的规模越小。因此,如果存货的增长率明显大于营业收入的增长率,则说明存货过多。

(2) 存货结构分析。将企业存货占总资产的比例与同行业其他企业的情况加以比较。一般来说,每一个行业都有其独特的存货结构,如果企业的存货占总资产的比例显著超过同行业的一般水平,则往往说明存货过多。

【任务实施 2-3】 李英对格力电器的库存进行了分析。

对存货的分析与应收账款分析一样,需结合营业收入的增减变动进行分析,通过比较存货的增长率与营业收入增长率的大小来判断企业存货是否过多,格力电器 2016—2018 年存货分析如表 2-9 所示。

表 2-9 格力电器 2016—2018 年存货分析

项目	2016 年年末	2017 年年末	2018 年年末
存货/万元	902 490.52	1 656 834.72	2 001 151.82
存货增长率	-4.74%	83.58%	20.78%
营业收入/万元	10 830 256.53	14 828 645.00	19 812 317.71
营业收入增长率	10.80%	36.92%	33.61%

由表 2-9 可以看出，格力电器 2016 年年末和 2018 年年末的存货增长率显著低于营业收入增长率，但 2017 年年末存货较 2016 年年末增长率高达 83.58%，而 2017 年的营业收入只增长 36.92%，那么是否可以认为格力电器 2017 年的库存存在大量的积压呢？不能简单地这样认为，必须结合资产负债表中的其他项目、利润表中的利润项目以及格力电器 2017 年的分红政策才能得出结论，感兴趣的读者可以自行收集格力电器 2017 年的相关财务数据进行分析。同时还需要注意，资产负债表中的存货反映的是格力电器 2017 年 12 月 31 日这一时点的存货，营业收入是 2017 年整年实现的营业收入，将两个时点的存货增长率和营业收入全年的增长率做比较，这种分析方法有一定的局限性。

格力电器 2016—2018 年存货快速增长，存货占资产的比重会如何变化呢？整个家电行业的存货占资产的比重是否偏高？这是否与家电行业的价格战有关呢？带着这些疑问，李英对格力电器的存货进行了结构分析和同行业比较。

格力电器 2016—2018 年存货结构分析如表 2-10 所示。

表 2-10 格力电器 2016—2018 年存货结构分析

项目	2016 年年末	2017 年年末	2018 年年末
存货/万元	902 490.52	1 656 834.72	2 001 151.82
资产总额/万元	18 236 970.50	21 498 790.71	25 123 415.73
存货占资产的比重	4.95%	7.71%	7.97%

同行业企业 2016—2018 年年末存货占总资产的比重对比如图 2-2 所示。

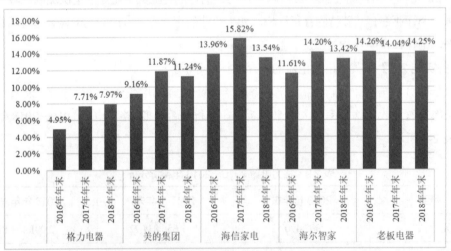

图 2-2 同行业企业 2016—2018 年年末存货占总资产的比重对比

格力电器 2016—2018 年年末存货占总资产的比重分别为 4.95%、7.71% 和 7.97%，年末存货占总资产的比重呈逐年增长趋势。2017 年年末的存货虽然较 2016 年年末增长较快，但占总资产的比重只是较 2016 年年末的比重增长 2.76%。再来对比同行业的其他四家企业 2016—2018

年年末存货占总资产的比重，2016—2018年，同行业其他四家企业的存货占总资产的比重都有不同程度的增长，由此可以看出整个家电行业近几年都面临去库存压力，也就不难理解家电行业打价格战的原因。以空调市场为例，由于受外部经济、房地产等宏观环境不利的影响，空调市场步入下行空间。国家信息中心数据显示，截至2018年12月，空调整体市场销售量下降10.6%，销售额下降7.6%。增速放缓以及前两年的零售量集中式爆发使商家对市场预期过于乐观，大量备货转换为大量库存。国家信息中心数据显示，2018年给行业留存4800万台库存，预计2019年空调市场将步入去库存周期。格力电器于2019年11月9日晚间在其微博发布消息称，将在"双11"活动期间启动让利活动，其中变频空调最低1599元，定频空调最低1399元，总让利高达30亿元。美的集团迅速跟进，美的空调的新价格紧紧咬住格力空调：小1匹定频空调1249元、大1匹定频空调1299元、小1.5匹定频空调1399元、1.5匹定频空调1499元、1匹变频空调1499元、2匹变频空调1699元。美的集团宣布此次降价从2019年11月10日开始，持续两天，总让利达到60亿元，让利金额达格力电器的2倍。

资料阅读2-2

2019年36家公司存货增长明显快于营收

2019年8月8日，股价逆势下跌的红星发展当天交出净利润下滑超34%的中报，值得注意的是，营收微增4.08%而存货却大增31%以上。红星发展只是存货增长明显超过营收者之一。

截至2019年8月8日收盘，据Wind统计显示，240家公司已发布2019年中报，剔除金融、地产公司后，165家有可比数据的公司上半年存货出现增长，占比达68.75%。中环环保是目前存货增幅最高的公司，上半年存货6363.97万元，较上年的141.20万元猛增4407%。整体来看，目前95家公司存货明显增长，增幅超过20%，其中42家高于50%。

资深财务人士宋家明向大众证券报记者表示，存货过快增长，容易造成资金占用增加，也会带来存货跌价或者减值计提风险，进而会对上市公司未来的业绩带来隐忧。

不过宋家明进一步称，存货出现较明显增长并非一定就是问题，有些公司存货猛增有季节性因素，更关键的是，如果存货增长与营收增长基本同步甚至低于营收增速，大体属于良性增长甚至还可能存在供不应求；反之，则应警惕，可能意味着公司产品卖不动了。

涪陵榨菜便有点"榨菜卖不动了"的意味。2019年中报显示，涪陵榨菜上半年存货高达3.93亿元，同比增长23.21%，同期营收仅增长了2.11%。而且，涪陵榨菜存货周转天数出现明显上升，上半年存货周转天数达到144.62天，较上年同期的106.70天增加了近38天。而且，涪陵榨菜上半年的存货金额创上市以来最高，已相当于同期营收的36.22%，考虑到袋装榨菜的保质期，存货如果持续高企，减值计提风险也不容忽视。这意味着，近年持续提价的涪陵榨菜目前面临着营收增长乏力、存货增长较快、周转时间变长的不利局面。

情况与涪陵榨菜类似甚至可能更糟糕的还有不少。进一步梳理2019年上半年存货增长超过20%的公司发现，包括涪陵榨菜在内的36家公司的存货增速高于营收增速20个百分点以上，并且存货金额占营收超过10%。

从存货周转天数来看，36 家公司中，31 家出现增加。威帝股份上半年存货周转天数猛增 259.47 天后，高达 878.22 天，意味着当前存货要一年以上才能消化。绿茵生态存货周转也明显恶化，上半年周转天数为 340.52 天，增加了 101.64 天。威华股份等 24 家公司上半年存货周转天数增加也超过了 20 天。

这些公司中，有 8 家存在上半年营收负增长情况，包括 ST 厦华、威帝股份、新泉股份、威华股份、诚志股份、陇神戎发和超华科技等。其中 ST 厦华上半年营收大降 92.53%，威帝股份、新泉股份营收降幅也超过 20%。

此外，与涪陵榨菜一样，云海金属、经纬辉开、佩蒂股份、晶瑞股份、乐凯新材、索通发展、红星发展、通达股份和嘉澳环保的上半年存货明显增长，营收增速只有个位数。

营收增长明显低于存货增长的局面下，36 家公司中的佩蒂股份、克明面业等 12 家公司上半年净利润还出现下滑，例如主业为宠物食品的佩蒂股份，上半年净利润大降 66.36%，营收增长只有 1.61%，而存货同比增长 73.40%。挂面第一股的克明面业上半年净利润则下滑 9.45%，被市场认为不及预期，背后可以看到存货增长了 89.97%，远超 17.55% 的营收增速。

值得注意的是，除了涪陵榨菜，36 家公司中还出现海康威视、汤臣倍健等白马股，以及佩蒂股份、克明面业、海辰药业、梅花生物、北陆药业等农林牧渔或者大消费领域公司。保健品龙头汤臣倍健上半年存货猛增 88.55% 至 6.62 亿元，增幅超过营收增速 51.67 个百分点，而来自阿里的渠道监测数据显示，2019 年以来国内保健品销售额增速连续 5 个月出现下滑，直到 6 月才有所回暖。而海康威视上半年存货增长 56.36% 的背后，营收增速仅为 14.6%，创下了上市以来最低。

(资料来源：http://finance.sina.com.cn/stock/relnews/cn/2019-08-08/doc-ihytcitm7861654.shtml)

二、非流动资产项目分析

(一) 长期股权投资项目分析

长期股权投资项目反映企业对外进行长期投资的资金实力，对外投资多，说明企业资金充足。但如果企业对外投资过多，可能意味着自身发展潜力的缺乏，这种情况不能一概而论。

(二) 固定资产项目分析

固定资产是指企业房屋、设备等资产的总值，通常分为生产经营使用、非生产经营使用和闲置等几类。传统财务分析理论认为，固定资产占总资产比重越大，说明企业抗风险和经营能力也越强。但随着经营思想的不断变化，市场竞争的不断加剧，产品生命周期的不断缩短，股东资产占总资产比重越大，会存在较大的经营和折旧压力，同时折旧率又是目前对企业净利润权重影响逐渐增大的一个调控指标，因此固定资产本身的资产结构、折旧率年限等问题是一个非常复杂的分析体系。在分析固定资产项目时，应重点参考同行业值比较，观察与同行业值是否比较接近，如过低或过高应再参考其他能力的分析。

(三) 长期待摊费用项目分析

长期待摊费用项目反映企业已经发生但应由本期或以后各期负担的,分摊期限在一年以上的各项费用。长期待摊费用在总资产中不应占比过大。分析长期待摊费用项目应注意企业是否存在人为将长期待摊费用作为企业利润调节器的情况,若结合相关业务如经营租入固定资产的改良业务等分析会更明了。

三、流动负债项目分析

企业流动负债包括短期借款、应付票据及应付账款、预收账款、其他流动负债等,接下来一一对这些流动负债项目进行分析。

(一) 短期借款项目分析

短期借款是指企业向银行或其他金融机构借入的期限在一年以下的各种借款。企业借入短期借款的目的一般是维持正常的生产经营活动。具有一定数量的短期借款表明企业拥有较好的商业信用,获得了金融机构的有力支持。

分析短期借款的规模时应注意以下问题。

(1) 与流动资产规模相适应。从财务角度观察,短期借款筹资快捷、弹性较大,任何一个企业在生产经营中都会发生或多或少的短期借款,企业借入短期借款的目的就是维持企业正常的生产经营活动,因此,短期借款必须与当期流动资产,尤其是存货项目相适应。一般而言,短期借款应当以流动资产的数额为上限。

(2) 与企业当期收益相适应。经营卓越的企业并不在乎短期借款数额绝对数的高低,而注重其产出是否大于投入,即运营效率是否高于借款利率。对此可利用财务杠杆进行分析。

(二) 应付票据及应付账款项目分析

应付票据是指企业因购买材料、商品等而开出、承兑的商业汇票,包括银行承兑汇票和商业承兑汇票。应付票据是由出票人签发的,委托付款人在指定日期无条件支付确定金额给收款人或者持票人的票据。

应付票据是一种信用行为。在商业承兑汇票方式下,承兑人应为付款人,承兑人对这项债务在一定时期内支付的承诺作为企业的一项负债;在银行承兑汇票方式下,承兑人为银行。但是,由银行承兑的银行承兑汇票只是为收款人按期收回债权提供了可靠的信用保证,对付款人来说,不会由于银行承兑而使这项负债消失。因此,即使是由银行承兑的汇票,付款人的现存义务依然存在,应将其作为一项负债。我国票据法规定,商业汇票的偿付期限最长不得超过六个月,因此此项负债在付款时间上具有法律约束力,是企业一种到期必须偿付的"刚性"债务。

应付账款是指企业因赊购材料、商品或接受劳务供应等而应付给供应单位的款项。应付账款是企业在采购业务中较普遍的一项流动负债,亦是一种商业信用行为,与应付票据相比,应付账款是以企业的商业信用作保证的。

分析应付账款的规模应注意以下问题。

(1) 应付账款的质量界定。判断企业应付账款的质量应与存货相联系。企业应付账款的产生主要是因为赊购生产经营所需的原材料，所以应付账款一般不应高于存货。同时，还应当结合行业和企业生产经营规模、企业经营生命周期以及企业的信用政策来分析。一般而言，成长型企业的应付账款较少，而成熟型企业的应付账款较多。

(2) 应付账款的运营。应付账款形成于商品交易或与企业主营业务有关的劳务交易，企业的其他交易所产生的欠款不得采用应付账款的形式。表面上看，企业利用商业信用大量赊购、推迟付款有"借鸡生蛋"之利，但隐含的代价是提高了筹资成本，降低了企业信誉。因此，企业应谨慎处理应付账款的运营。

【任务实施2-4】李英对格力电器的应付票据及应付账款进行了分析。

对企业的应付票据及应付账款进行分析时，应将应收票据及应收账款结合起来进行分析，格力电器 2014 年 3 月—2019 年 9 月的应付款项与应收款项对比如图 2-3 所示。

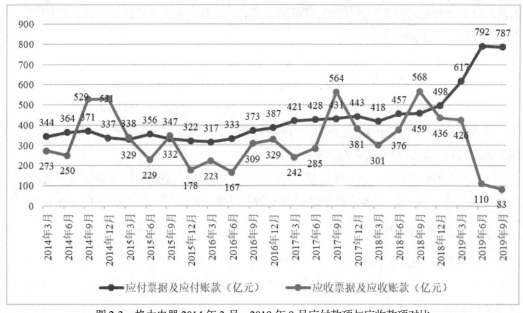

图 2-3　格力电器 2014 年 3 月—2019 年 9 月应付款项与应收款项对比

由图 2-3 可以看出，格力电器从 2014 年开始，应付款项基本上处于稳定增长趋势，从 344 亿元增长到 2019 年 9 月的 787 亿元，说明格力电器对上游材料供应商的强势地位。值得注意的是，从 2014 年 9 月到 2016 年 6 月，期间应付款项状况经历了先下降再回升的过程，应付款项从 371 亿元下降到了 317 亿元，而这段时间正是格力电器营收大幅下降的时期，2015 年 12 月正是最严峻的时候。直到 2016 年 9 月以后，格力的应付款项才开始超过 2014 年 9 月，重新开始新一轮扩张。

2018年以来，格力电器应付款项从 418 亿元增长到了 2019 年 9 月的 787 亿元，从应付款项来看，格力电器这段时间非常强势，尤其是 2019 年前 2 个季度，短短 6 个月时间，应付款项从 498 亿元猛增到了 792 亿元，增加额达 294 亿元。说明经济不景气期间，格力电器对供应商更加强势了。

从应收款项和应付款项对比分析来看，除 2014 年 9 月、12 月，2015 年 3 月、9 月，2017 年 9 月，2018 年 9 月外，格力电器的应付款项大于应收款项，表明格力电器当前经营形势良好。

(三) 预收账款项目分析

预收账款是指企业按照销货合同规定，在交付商品前向购货单位预收部分或全部货款的信用方式。

分析预收账款的规模应注意以下问题。

(1) 预收账款的质量界定。企业预收账款的质量主要依据企业经营的生命周期进行衡量。如果企业正处于初生期、成长期或者衰退期，预收账款过多，显然有"做账"之嫌。在实际工作中，一些企业违反会计制度，往往利用预收账款项目调整企业的当期损益、逃避流转税等，对此，应严加关注和防范。

(2) 预收账款是一种"良性"债务。一般而言，预收账款是一种"主动"的债务，表明收款企业的产品结构和销路较好，所生产的产品供不应求，也意味着该企业未来具有较好的盈利能力和偿债能力。

(3) 实物清偿。预收账款是一种特殊的债务，其清偿方式为实物清偿。

(四) 其他流动负债项目分析

其他流动负债反映的是企业除上述流动负债之外的流动负债，此项目金额一般较少或额度固定。

【任务实施 2-5】 李英对格力电器的其他流动负债进行了分析。

格力电器 2016—2018 年年末其他流动负债主要是销售返利，销售返利占其他流动负债的比重均保持在 97% 以上，从 2016 年年末的 582 亿元增加到了 2018 年年末的 619 亿元，对经销商的销售返利均在不断增加。结合格力电器的营业额，李英分析了其他流动负债占营业收入比重，如图 2-4 所示，格力电器 2016—2018 年年末其他流动负债占营业收入的比重分别为 55.18%、41.08% 和 31.98%，呈逐年下降趋势。

结合上述分析，李英认为格力电器中短期内经营形势良好，长期经营形势要根据整个经济环境、全球化及格力电器的多元化转型情况来判断。

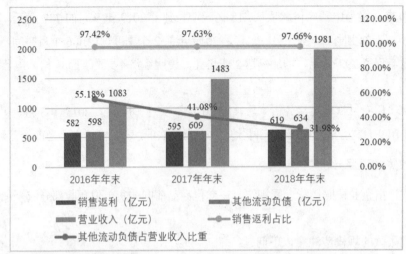

图 2-4　格力电器 2016—2018 年年末其他流动负债占营业收入的比重

四、非流动负债项目分析

(一) 长期借款项目分析

相对于流动负债，长期负债的偿还期限较长，但资产成本较高。若企业的长期负债较高，长期利息负担和未来偿还本金的压力较大，将增加企业长期财务风险；反之，企业借助长期债务资金的程度较小，偿债压力也较小。企业长期借款变动的原因主要有企业对长期资金的需求、银行借贷政策变化、资金市场的资金供求关系、企业调整资本结构及财务风险等。

(二) 预计负债项目分析

预计负债项目反映企业确认的对外提供担保、未决诉讼、产品质量保证、重组义务、亏损性合同等原因产生的预计负债，一般企业不会经常发生。

五、所有者权益类项目分析

所有者权益是指企业资产扣除负债后，由所有者享有的剩余权益，又称为企业的净资产，包括实收资本(股本)、资本公积、盈余公积、未分配利润等。

(一) 实收资本项目分析

实收资本是指投资者按照企业章程或合同、协议的约定，实际投入企业的资本，是企业注册登记的法定资本总额的来源，表明所有者对企业的基本产权关系。实收资本是企业永久性的资金来源，是保证企业持续经营和偿还债务的最基本的物质基础，是企业抵御各种风险的缓冲器。对实收资本进行分析主要是分析资本金有无抽逃现象及期末实收资本有无增加，如有增加，意味着股东对企业发展前途的信心较强。

(二) 资本公积项目分析

资本公积是指由投资者投入的，但不能计入实收资本的资产价值，或从其他来源取得、由投资者享有的资金。资本公积主要包括资本溢价或股本溢价、接受捐赠资产、股权投资准备、拨款转入、外币资本折算差额和其他资本公积等。

资本公积从来源上看，不是由企业实现的利润转化而来，本质上属于投入资本的范畴。尽管资本公积与实收资本都属于投入资本范畴，但两者又有区别。实收资本一般是指投资者投入的、为谋求价值增值的原始投资，而且属于法定资本，与企业的注册资本相一致，因此，对实收资本的来源和金额都会有比较严格的限制。而资本公积在金额上并没有严格的限制，而且在来源上也相对比较多样。

在对资本公积项目进行分析的时候，应分析资本公积数量的变化及变化的原因，有无因要调整资产负债率而进行虚假资产评估的现象。按照会计制度的规定和谨慎原则，企业的潜亏应当依照法定程序，通过利润表予以体现。然而，一些企业往往在股份制改组、对外投资、租赁、抵押时，通过资产评估，将坏账、滞销和损毁存货、长期投资损失、固定资产损失及递延资产等潜亏确认为评估减值，冲抵"资本公积"，从而达到粉饰会计报表，虚增利润的目的。

例如，一家国有企业于2004年改组为上市公司时，2001年、2002年和2003年报告的净利润分别为2 850万元、3 375万元和4 312万元。审计发现：2001年、2002年和2003年应收账款中，账龄为3年以上，无望收回的款项计7 563万元；过期变质的存货，其损失约3 000万元；递延资产中，含逾期未摊销的待转销汇兑损失为1 150万元。若考虑这些因素，则该企业2001—2003年并没有连续盈利，根本不符合上市条件。为此，该企业以股份制改组所进行的资产评估为"契机"，将这些潜亏全部作为资产评估减值，与固定资产和土地使用权的评估增值18 680万元相冲抵，使其2001—2003年体现高额利润，从而达到顺利上市的目的。

(三) 盈余公积项目分析

盈余公积是指企业从税后利润中提取形成的、存留于企业内部、具有特定用途的收益积累。盈余公积根据用途不同分为公益金和一般盈余公积两类。一般盈余公积分为两种：一是法定盈余公积。上市公司的法定盈余公积按照税后利润的10%提取，法定盈余公积累计额已达注册资本的50%时可以不再提取。二是任意盈余公积。任意盈余公积主要是上市公司按照股东大会的决议提取。法定盈余公积和任意盈余公积的区别就在于其各自计提的依据不同。前者以国家的法律或行政规章为依据提取，后者则由公司自行决定提取。

在分析盈余公积时，要注意本项目在各年是否平稳增加，本项目平稳增加说明企业经营平稳。

(四) 未分配利润项目分析

未分配利润是指企业实现的净利润经过弥补亏损、提取盈余公积和向投资者分配利润后留存在企业的、历年结存的利润。未分配利润有两层含义：一是留待以后年度处理的利润；二是未指明特定用途的利润。相对于所有者权益的其他部分来说,企业对于未分配利润的使用有较大的自主权。未分配利润增加,表明企业经营情况稳健;未分配利润减少,则意味着企业经营可能发生了亏损或者分配了以往留存的未分配利润。具体仍须结合附注分析。

第三节 资产负债表综合分析

资产负债表的数据很多,怎样才能从中归纳出对决策有用的信息呢?拥有多年工作经验的杨经理认为,在分析资产负债表时,可以先抓住最主要的信息,即资产、负债和所有者权益的总额。资产总额反映企业的生产结构和经营规模,即企业生产经营能力的集中反映。负债总额表明企业承担债务的多少,是企业利用外部资金情况的反映。所有者权益是企业的自有资金,是企业自主经营、自负盈亏能力的反映。财务分析首要对企业这三方面的总量有一个基本的了解,弄清企业资产有多少,负债有多少,自有资金有多少,这三个方面的组成是掌握企业财务状况的起点,也是进一步分析企业资金结构、偿债能力的基础。

一、总量变动及发展趋势分析

资产负债表总量变动分析可以对企业资产的总体规模有一个大致认识,此外还应该对资产总额在年度内的变化情况进行分析,以对企业所拥有或控制的资源规模的变化情况(是越来越雄厚而得以持续发展,还是越来越萎缩等)有一个初步认识。

【任务实施2-6】李英对格力电器2018年的资产总量变动及发展趋势进行了分析。

总量变动是通过水平分析法计算增减金额和增减百分比,先对企业的资产、负债、所有者权益总量有一个大概的认知,较上一年是同比增加还是减少了。格力电器2018年的资产总量变动情况如表2-11所示。

表2-11 格力电器2018年的资产总量变动情况

项目	2018年年末/万元	2017年年末/万元	增减金额/万元	增减幅度
资产	25 123 415.73	21 498 790.71	3 624 625.02	16.86%
负债	15 851 944.55	14 813 320.16	1 038 624.39	7.01%
所有者权益	9 271 471.17	6 685 470.56	2 586 000.61	38.68%

注:表中数字四舍五入至两位小数,合计数字略有差异(下同)。

由表2-11可以看出,格力电器2018年年末的资产、负债、所有者权益都较2017年年末有所增长但增长幅度有差异,2018年年末资产总量为25 123 415.73万元,较2017年年末增加3 624 625.02万元,增幅为16.86%;负债总量较2017年年末增加1 038 624.39万元,增幅7.01%;所有者权益总量较2017年年末增加2 586 000.61万元,增幅为38.68%,所有者权益增长最快,当然这也与所有者权益总量最小有关。要对企业的财务状况做出准确、客观的判断和评价,还要做出进一步的深入分析。

二、资产结构及合理性分析

资产结构是指企业流动资产与非流动资产各主要项目占资产总额的比重。企业的资产要最大限度地发挥其功能,就必须有一个合理的配置,资产结构分析就是通过分析资产负债表中各类资产占总资产的比重,以及各类资产之间的比例关系,来反映企业各种经济资源的配置情况。

对资产结构的合理性进行分析,可以看出企业的行业特点、经营特点和技术装备特点,工业企业的非流动资产往往大于流动资产,而商品流通企业的情况正好相反。在同一行业中,流动资产和流动负债较高的企业稳定性差,却较灵活;而那些非流动资产和自有资本占较大比重的企业底子较厚,但灵活性差;长期投资规模较大的企业,金融风险和利润都高;无形资产持有多、增长快的企业,开发能力和创新能力强;固定资产折旧比例较高的企业,技术更新换代快。

【任务实施2-7】李英对格力电器2018年年末的资产结构进行了分析。

资产结构分析指的是分析企业的资产中流动资产和非流动资产所占的比重,通过比较流动资产和非流动资产占资产的比重来判断企业资产的流动性。格力电器的资产结构见表2-12。

表2-12 格力电器资产结构分析表

项目	2018年年末/万元	2017年年末/万元	2018年年末资产结构	2017年年末资产结构	变动
流动资产	19 971 094.88	17 155 418.99	79.49%	79.80%	-0.31%
非流动资产	5 152 320.85	4 343 371.72	20.51%	20.20%	0.31%
资产合计	25 123 415.73	21 498 790.71	100.00%	100.00%	0.00%

2018年年末流动资产比重=19 971 094.88/25 123 415.73×100%=79.49%

2018年年末非流动资产比重=5 152 320.85/25 123 415.73×100%=20.51%

2017年年末流动资产比重=17 155 418.99/21 498 790.71×100%=79.80%

2017年年末非流动资产比重=4 343 371.72/21 498 790.71×100%=20.20%

根据表2-12的计算结果可知,格力电器2018年年末流动资产和非流动资产占总资产的比重分别为79.49%和20.51%;2017年年末流动资产和非流动资产占总资产的比重分别为79.80%和20.20%。

流动资产和非流动资产占总资产的比重并没有发生很大的变化,维持在一个比较稳定的比例。但格力电器的流动资产和非流动资产占总资产的比重是否合适呢?这就需要收集行业相关数据来进行深入分析。因为不同行业差别较大,如房地产行业就与传统制造业的资产结构有很大的不同(一般来说,房地产行业的流动资产占总资产的比重大)。即使是同一行业,由于经营特点与发展重点不同也会造成资产结构的差异比较大。李英把格力电器的资产结构与同属电器制造行业的美的集团、老板电器的资产结构做了一个比较，如表2-13所示。

表2-13 同行业资产结构对比分析表

2018年年末资产结构	格力电器	美的集团	老板电器
流动资产占总资产的比重	79.49%	69.28%	84.40%
非流动资产占总资产的比重	20.51%	30.72%	15.60%

2018年年末流动资产、非流动资产占总资产的比重：格力电器为79.49%和20.51%，美的集团为69.28%和30.72%，而老板电器为84.40%和15.60%。格力电器的流动资产、非流动资产占总资产的比重介于美的集团和老板电器之间，符合一般家电行业的资产结构特点，资产结构合理。

三、资本结构及稳健性分析

资本结构反映的是各种资本的构成及其比例关系，资本结构分析主要是分析企业是否合理地组织了资金来源，使不同来源的资金保持一个最佳的比例关系。

资本结构对于所有者、债权人及经营者来说，都是值得关注的项目。企业的资本结构主要反映企业可能面临的财务风险。对于债权人，可以通过评价企业的偿债能力，判断企业债权的保障程度，从而对是否继续向企业提供资金或者是否提前收回资金做出决策；对于经营者，可以判断企业是否面临着比较大的财务风险，对是否要采取一定措施来改善财务资金结构做出决策；对于投资者，可以判断其投资所承担的财务风险大小，以及负债对投资报酬的影响，从而为投资决策服务；对于所有者，可以明确自身资金所承担的风险，对自身的利益是否有比较大的影响，对是否需要进行结构调整做出决策。

【任务实施2-8】李英对格力电器2018年年末的资本结构进行了分析。

格力电器2018年年末和2017年年末的负债、所有者权益数据如表2-14所示，据此可以计算出负债和所有者权益占总资产的比重，从而了解格力的资本构成情况。

表2-14 格力电器2018年年末和2017年年末的负债、所有者权益数据

项目	2018年年末/万元	2017年年末/万元	2018年年末资本结构	2017年年末资本结构	变动
负债	15 851 944.55	14 813 320.16	63.10%	68.90%	-5.81%
所有者权益	9 271 471.17	6 685 470.56	36.90%	31.10%	5.81%
资产合计	25 123 415.73	21 498 790.71	100.00%	100.00%	0

2018年年末负债占总资产的比重=15 851 944.55/25 123 415.73×100%=63.10%

2018年年末所有者权益占总资产的比重=9 271 471.17/25 123 415.73×100%=36.90%

2017年年末负债占总资产的比重=14 813 320.16/21 498 790.71×100%=68.90%

2017年年末所有者权益占总资产的比重=6 685 470.56/21 498 790.71×100%=31.10%

格力电器2018年的资金来源里，63.10%来自负债，36.90%来自所有者权益；与2017年的资本结构相比，负债所占比重减少了5.81%，企业自有资金增加了5.81%。格力电器的资本结构是否合理？资金来源里负债所占的比例是否偏高呢？这就需要收集同行业相关数据来进行深入分析。因为不同行业差别较大，如2017年的行业数据显示，金融业中负债所占的比重高达91.59%，而食品饮料行业负债所占资金的比例最低，为34.44%。即使是同一行业，由于经营特点与发展重点不同，也会造成资本结构的差异比较大。李英把格力电器的资本结构与同属电器制造行业的美的集团、老板电器资本结构做了一个比较，如表2-15所示。

表2-15 同行业资本结构对比分析

2018年年末资本结构	格力电器	美的集团	老板电器
负债占总资产的比重	63.10%	64.94%	35.16%
所有者权益占总资产的比重	36.90%	35.06%	64.84%

通过对比三家企业的资本结构，格力电器与美的集团的资本结构差异不大，格力电器2018年的资金来源里负债占63.10%，美的集团负债占总资产的比重为64.94%，老板电器的资金来源里负债所占比重最低，只有35.16%，所有者权益占总资产的比重为64.84%。那么格力电器的负债比重是否偏高呢？统计数据显示，2017年家电行业的负债占总资产的比重平均为62.99%，表明格力电器的资本结构符合家电行业的资本结构特点，资本结构合理。

四、资本结构类型分析

企业的资本结构除了需要进行同行业比较外，还需要将资本结构与资产结构结合起来做一个匹配度分析，判断企业的资本结构类型。

如何将企业的资本结构与资产结构结合起来分析呢？一般情况下，企业筹集资金的用途决定了筹集资金的类型：企业增加永久性流动资产或增加长期资产，应当通过长期资金来源(包括所有者权益和非流动负债)来解决；企业由于季节性、临时性原因造成的流动资产中的短缺部分，则应通过短期资金来源来解决。如果企业的资金来源不能与资金的用途相匹配，在用长期资金来源来支持短期波动性流动资产的情形下，由于企业长期资金来源的资本成本相对较高，企业的效益将会下降；在企业用短期资金来源来支持长期资产和永久性流动资产的情形下，由于企业的长期资产和永久性流动资产的周转时间相对较长，企业可能会经常出现急迫的短期偿债压力。这就是说，企业资金来源的期限构成与企业资产结构相适应时，企业的资本结构质量较好；反之，企业的资本结构质量较差。

实践中，存在保守结构、稳健结构、平衡结构和风险结构四种资本结构类型。

(一) 保守结构

在保守结构中，无论资产负债表左边的资产结构如何，资产负债表右方的资金来源方式全部是长期资金，长期负债与所有者权益的比例高低不影响这种结构形式。保守结构的资金特点如表 2-16 所示。

表 2-16 保守结构的资金特点

资产结构(资金用途)		资本结构(资金来源)
流动资产	临时性占用流动资产	长期负债
	永久性占用流动资产	
长期资产		所有者权益

由表 2-16 可以看出，保守结构的主要标志是企业全部资产的资金需要依靠长期资金来源满足。保守结构的特点如下。

(1) 企业风险极低。从风险分析可知，筹资风险是建立在经营风险的基础上的，只要企业资产经营不存在风险，其偿债风险就会消除。由于保守结构中的偿债风险极低，因此，即使提高长期资产比例，资产风险加大，两方综合起来，也会形成一方较大的风险被另一方极小的风险中和，而使企业风险降低，不至于导致企业被迫清算资产来偿还到期债务。

(2) 资金成本较高。相对于其他结构形式，保守结构的资金成本最高，但前提是短期债务成本低于长期债务成本。

(3) 筹资结构弹性弱。一旦企业进入用资淡季，不易对资金存量做出调整，尽管企业可以通过将闲置资金投资于短期证券市场来调节，但必须以存在完善的证券市场为前提，而且这种投资的收益也不一定足以抵补这种高成本的差异。

实务中，这种资产和权益对称的结构很少被企业采用。

(二) 稳健结构

在稳健结构中，长期资产的资金需要依靠长期资金来解决，短期资产的资金需要则使用长期资金和短期资金共同解决，长期资金和短期资金在满足短期资产的资金需要方面的比例不影响这种结构形式。稳健结构的资金特点如表 2-17 所示。

表 2-17 稳健结构的资金特点

资产结构(资金用途)		资本结构(资金来源)
流动资产	临时性占用流动资产	流动负债
	永久性占用流动资产	长期负债
长期资产		所有者权益

由表 2-17 可以看出，稳健结构的主要标志是企业流动资产的一部分资金需要由流动负债来

满足,另一部分资金需要则由长期负债来满足。稳健结构的特点如下。

(1) 能够使企业保持相当优异的财务信誉,通过流动资产的变现足以满足偿还短期债务的需要,企业风险较小。

(2) 企业可以通过调整流动负债与长期负债的比例,使负债成本达到企业目标标准。相对保守结构而言,稳健结构的负债成本相对要低,并具有可调性。

(3) 无论是资产结构还是资本结构,都具有一定的弹性,特别是当临时性资产的资金需要降低或消失时,可通过偿还短期债务或进行短期证券投资来调整;一旦临时性资产的资金需要产生时,又可以通过重新举借短期债务或出售短期证券来满足。

稳健结构是一种能为所有企业普遍采用的资产与权益对称的结构。

(三) 平衡结构

在平衡结构中,以流动负债满足流动资产的资金需要,以长期负债及所有者权益满足长期资产的资金需要,长期负债与所有者权益之间的比例如何不是判断是否是平衡结构的标志。平衡结构的资金特点如表 2-18 所示。

表 2-18 平衡结构的资金特点

资产结构(资金用途)	资本结构(资金来源)
流动资产	流动负债
长期资产	长期负债
	所有者权益

平衡结构的主要标志是流动资金的资金需要全部依靠流动负债来满足。平衡结构的特点如下。

(1) 同样高的资产风险与筹资风险中和后,使企业风险均衡。

(2) 负债政策要依据资产结构的变化进行调整,与其说负债结构制约负债成本,不如说资产结构制约负债成本。

(3) 存在潜在的风险。平衡结构以资金变现的时间和数量与偿债的时间和数量相一致为前提,一旦两者出现时间上的差异或数量上的差异,例如销售收入未能按期取得现金,应收账款没能足额收回,短期证券以低于购入成本出售等,就会使企业产生资金周转困难,并有可能陷入财务危机。

平衡结构只适用于经营状况良好,具有较好成长性的企业。企业对平衡结构的非稳定性特点应给予足够重视。

(四) 风险结构

在风险结构中,流动负债不仅用于满足流动资产的资金需要,而且还用于满足部分长期资产的资金需要,风险结构不因为流动负债在多大程度上满足长期资产的资金需要而改变。风险结构的资金特点如表 2-19 所示。

表 2-19 风险结构的资金特点

资产结构(资金用途)	资本结构(资金来源)
流动资产	流动负债
长期资产	长期负债
	所有者权益

风险结构的主要标志是以短期资金来满足部分长期资产的资金需要。风险结构的特点如下。

(1) 财务风险较大，较高的资产风险与较高的筹资风险不能匹配。流动负债和长期资产在流动性上并不对称，如果通过变现长期资产来偿还短期内到期的债务，必然给企业带来沉重的偿债压力，从而要求企业极大地提高资产的流动性。

(2) 相对于其他结构形式，其负债成本最低。

(3) 企业存在"黑字破产"的潜在危险。由于企业时刻面临偿债的压力，一旦市场发生变动或发生意外事件，就可能引发企业资产经营风险，使企业资金周转不灵而陷入财务困境，造成企业因不能偿还到期债务而发生"黑字破产"。

风险结构只适用于处在发展壮大时期的企业，而且只能在短期内采用。

4 种资本结构类型对比如表 2-20 所示。

表 2-20 4 种资本结构类型对比

类型	含义	标志	结果	适用企业
保守结构	资本结构中主要采取主权资本融资，且负债融资的结构中又以长期负债融资为主	企业全部资产的资金来源都依靠长期资金来满足	企业风险极低；资金成本较高；筹资结构弹性弱	理论上适用于任何企业，但在实务中很少被企业采用
稳健结构	非流动资产资金需要依靠长期资金来解决，流动资产的资金需要使用长期资金和短期资金共同解决	企业流动资产的一部分资金需要由流动负债来满足，另一部分资金需要由长期负债来满足	较强的短期偿债能力和企业风险；负债成本相对较低；无论是资产结构还是资本结构，都具有一定的弹性	各种企业
平衡结构	以流动负债满足流动资产的资金需要，以非流动负债和所有者权益满足非流动资产的资金需要	流动资产的资金需要全部依靠流动负债来满足	企业风险均衡；负债政策要依据资产结构变化进行调整；存在潜在的风险	经营状况良好，具有成长性的企业

(续表)

类型	含义	标志	结果	适用企业
风险结构	在资金结构中主要(甚至全部)采用负债融资,并且流动负债被大量长期资产所占用	以短期资金来满足部分长期资产的资金需要	财务风险较大;负债成本较低;企业存在"黑字破产"的潜在危险	只能由企业在某一段较短的时间内使用,并要有准确的市场预测和良好的信用状况及环境

【任务实施 2-9】李英对格力电器 2018 年年末的资本结构类型进行了分析。

判断企业属于哪种类型的资本结构,既可以比较流动资产和流动负债的绝对金额,也可以比较流动资产占总资产的比重和流动负债占总资产的比重。

表 2-21　格力电器 2018 年年末资本结构类型分析

项目	金额/万元	资产结构	项目	金额/万元	资本结构
流动资产	19 971 094.88	79.49%	流动负债	15 768 612.60	62.76%
非流动资产	5 152 320.85	20.51%	非流动负债	83 331.96	0.33%
资产合计	25 123 415.73	100.00%	所有者权益	9 271 471.17	36.90%
			资产	25 123 415.73	100.00%

由表 2-21 可知,格力电器的流动资产为 19 971 094.88 万元,流动资产占总资产的 79.49%,而流动负债为 15 768 612.60 万元,流动负债占资产的 62.76%,可知流动资产的一部分资金需要由流动负债来满足,另一部分资金需要由长期负债和企业自有资金来满足。因此,格力电器的资本结构属于稳健结构。

第四节　资产负债表比率分析

比率分析法是指将同一期财务报表上若干重要项目的相关数据相互对比,求出比率,用以分析和评价公司的经营活动,以及公司目前和历史状况的一种方法,是财务分析最基本的工具。资产负债表利率分析主要是将资产负债表中的资产和负债相关项目进行比较,以分析企业的短期偿债能力和长期偿债能力。

一、短期偿债能力分析

流动资产和流动负债是短期偿债能力分析的两个要素,将流动资

视频 1　短期偿债能力分析

产和流动负债进行对比,可以看出企业的短期偿债能力。在对比分析中采用的指标主要有营运资本、流动比率、速动比率、现金比率。

(一)营运资本

营运资本指的是企业的流动资产总额减去各类流动负债后的余额,也称净营运资本,主要在研究企业的偿债能力和财务风险时使用。企业营运资本的持有状况和管理水平直接关系到企业的偿债能力和财务风险两个方面。

$$营运资本 = 流动资产 - 流动负债$$

营运资本是用于计量短期偿债能力的绝对指标。流动资产大于流动负债,营运资本出现溢余,数额越大,不能偿债的风险越小;流动资产小于流动负债,数额为负,营运资本出现短缺,不能偿债的风险越大。

【任务实施 2-10】 李英计算并分析了格力电器 2016—2018 年年末的营运资本。

营运资本等于流动资产减流动负债,格力电器 2016—2018 年的流动资产和流动负债数据如表 2-22 所示,据此可以计算出 2016—2018 年的营运资本金额。

表 2-22 格力电器 2016—2018 年年末的营运资本

单元:万元

项目	2016 年年末	2017 年年末	2018 年年末
流动资产	14 291 078.35	17 155 418.99	19 971 094.88
流动负债	12 687 627.97	14 749 078.89	15 768 612.60
营运资本	1 603 450.38	2 406 340.10	4 202 482.28

2016 年年末营运资本=14 291 078.35-12 687 627.97=1 603 450.38(万元)

2017 年年末营运资本=17 155 418.99-14 749 078.89=2 406 340.10(万元)

2018 年年末营运资本=19 971 094.88-15 768 612.60=4 202 482.28(万元)

格力电器 2016—2018 年的营运资本都大于 0 且呈逐年增长态势,说明格力电器的偿债能力在不断增强。但营运资本是用流动资产与流动负债的绝对数值相减得到的,因此该指标很难用于不同规模、不同时期、不同企业之间的比较。

(二)流动比率

流动比率是指企业的流动资产与流动负债的比例关系,表示一个企业每百元的流动负债能够有多少流动资产来抵偿。用来衡量企业流动资产在短期债务到期以前,可以变为现金用于偿还负债的能力。流动比率的计算公式为

$$流动比率 = 流动资产/流动负债 \times 100\%$$

从债权人角度来看,流动比率越高,则短期偿债能力越强。但流动比率高的企业并不一定

偿还短期债务的能力就很强,因为虽然流动资产中的现金、有价证券、应收账款变现能力很强,但是存货、待摊费用等也属于流动资产的项目则变现时间较长,特别是存货很可能发生积压、滞销、残次等情况,流动性较差。国际上一般认为流动比率保持在 200%左右才能显示财务状况比较稳固。

从经营者角度来看,过高的流动比率意味着机会成本的增加和获利能力的下降。

流动比率的局限性在于以下几方面。

(1) 无法评估未来资金流量。流动性代表企业运用足够的现金流入以平衡所需现金流出的能力。而流动比率各项要素都来自资产负债表的时点指标,只能表示企业在某一特定时刻一切可用资源及需偿还债务的状态或存量,与未来资金流量并无因果关系。

(2) 未反映企业资金融通状况。在一个注重财务管理的企业中,持有现金的目的在于防范现金短缺现象。然而,现金属于非获利性或获利性极低的资产,一般企业均尽量减少现金数额。事实上,通常有许多企业在现金短缺时转向金融机构借款,此项资金融通的数额未能在流动比率的公式中得到反映。

(3) 应收账款的偏差性。应收账款额度的大小往往受销货条件及信用政策等因素的影响,企业的应收账款一般具有循环性质,除非企业清算,否则应收账款应保持相对稳定的数额,因而不能将应收账款作为未来现金净流入的可靠指标。在分析流动比率时,如果把应收账款的多寡视为未来现金流入量的可靠指标,而未考虑企业的销货条件、信用政策及其他有关因素,则难免会发生偏差。

(4) 存货价值确定的不稳定性。经由存货而产生的未来短期现金流入量,常取决于销售毛利的大小。一般企业均以成本表示存货的价值,并据以计算流动比率。事实上,经由存货而发生的未来短期内现金流入量,除了销售成本外,还有销售毛利,然而流动比率未考虑毛利因素。

(5) 粉饰效应。企业管理者为了显示出良好的财务指标,会通过一些方法粉饰流动比率。例如,对以赊购方式购买的货物,故意把接近年终要进的货推迟到下年年初再购买,或年终加速进货,将计划下年年初购进的货物提前至年内购进等,都会人为地影响流动比率。

在下列情况下,流动比率往往不能正常反映偿债能力:季节性经营、销售不均衡、大量使用分期付款结算方式、大量的销售为现销、年末销售大幅上升或下降。

【任务实施 2-11】李英计算并分析了格力电器 2016—2018 年的流动比率。

表 2-23 是格力电器 2016—2018 年的流动资产和流动负债数据,根据流动比率的公式,可以计算格力电器 2016—2018 年的流动比率并分析其发展趋势。

表 2-23 格力电器 2016—2018 年的流动比率

项目	2016 年年末	2017 年年末	2018 年年末
流动资产/万元	14 291 078.35	17 155 418.99	19 971 094.88
流动负债/万元	12 687 627.97	14 749 078.89	15 768 612.60
流动比率	112.64%	116.32%	126.65%

2016 年年末流动比率=14 291 078.35/12 687 627.97×100%=112.64%

2017 年年末流动比率=17 155 418.99/14 749 078.89×100%=116.32%

2018 年年末流动比率=19 971 094.88/15 768 612.60×100%=126.65%

格力电器 2016—2018 年年末的流动比率分别为 112.64%、116.30%、126.65%，如图 2-5 所示。

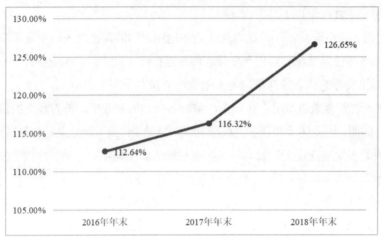

图 2-5　格力电器 2016—2018 年年末的流动比率趋势图

流动比率在逐年提高说明格力电器有一定的短期偿债能力，但该指标远远没有达到 200%，那么电器制造行业的平均流动比率情况如何呢？李英接下来计算了同行业的美的集团、老板电器、海信家电、海尔智家 2018 年的流动比率，如图 2-6 所示。

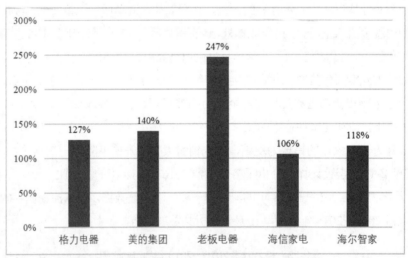

图 2-6　同行业企业 2018 年年末流动比率对比

由图 2-6 可知，老板电器的流动比率最高，为 247%；美的集团次之，流动比率为 140%；格力电器排第三，流动比率为 127%；海尔智家和海信家电的流动比率最低，分别为 118%和 106%。格力电器的短期偿债能力如何？李英接着往下分析。

(三) 速动比率

速动比率是指一个企业速动资产与流动负债的比例关系,是衡量企业流动资产中可以立即变现用于偿还流动负债的能力。速动比率的计算公式为

$$速动比率 = 速动资产/流动负债 \times 100\%$$

速动资产是指那些可以迅速用于支付流动负债的流动资产,对于速动资产所包括的范围较为一致的意见就是在计算速动比率时把存货从流动资产中剔除。另一种意见认为,计算速动比率时除了剔除存货之外,还应该剔除预付费用,因为预付费用尽管在资产负债表中被列入流动资产项目,但是实际上只是依据权责发生制的原则在以后各期加以分摊,不包括预付费用的速动资产被称为保守的速动资产。

国际上一般认为速动比率为100%为宜。

通常情况下,速动比率越高,企业偿还流动负债的能力越强。如果流动比率较高,但流动资产的流动性却很低,则企业的短期偿债能力仍然不高,而速动比率就避免了这种情况的发生,但会因企业现金及应收账款占用过多而大大增加企业的机会成本。

速动比率主要有以下两个方面的局限性。

(1) 静态指标。速动比率只说明了某一时点上用于偿还流动负债的流动资产,不能说明未来现金流入的多少,而未来现金流入是反映流动资产的流动性的最好指标。

(2) 未考虑坏账的影响。速动资产中包含了应收账款,反映的偿债能力受到限制,若有大量不良应收账款,那么企业的短期偿债能力会减弱。

【任务实施2-12】李英计算并分析了格力电器2016—2018年的速动比率。

表2-24是格力电器2016—2018年的财务数据,因存货的流动性较差,因此在计算速动比率时,应从流动资产中剔除存货再除流动负债。

表2-24 格力电器2016—2018年的速动比率

项目	2016年年末	2017年年末	2018年年末
流动资产/万元	14 291 078.35	17 155 418.99	19 971 094.88
流动负债/万元	12 687 627.97	14 749 078.89	15 768 612.60
存货/万元	902 491.00	1 656 835.00	2 001 152.00
速动比率	105.52%	105.07%	113.96%

2016年年末速动比率=(14 291 078.35-902 491)/ 12 687 627.97×100%=105.52%

2017年年末速动比率=(17 155 418.99-1 656 835)/14 749 078.89×100%=105.07%

2018年年末速动比率=(19 971 094.88-2 001 152)/15 768 612.60×100%=113.96%

格力电器2016—2018年年末的速动比率分别为105.52%、105.07%、113.96%,如图2-7所示。

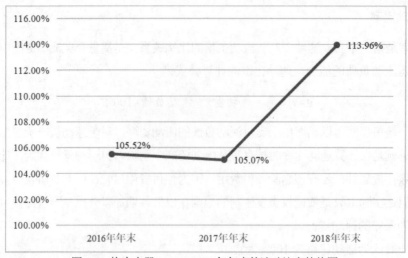

图 2-7 格力电器 2016—2018 年年末的速动比率趋势图

2017 年的速动比率与 2016 年持平，维持在速动资产是流动负债的 1.05 倍，2018 年的速动比率较 2017 年有所提高，说明 2018 年的短期偿债能力较 2017 年有所增强。格力电器 2018 年的流动比率为 127%，速动比率为 114%，两个比率相差 13%，从这两个指标的差异可以看出格力电器的存货不多。格力电器 2016—2018 年的速动比率都在 100% 以上，在行业内处于什么水平呢？李英接下来计算了同行业的美的集团、老板电器、海信家电、海尔智家 2018 年的速动比率，如图 2-8 所示。

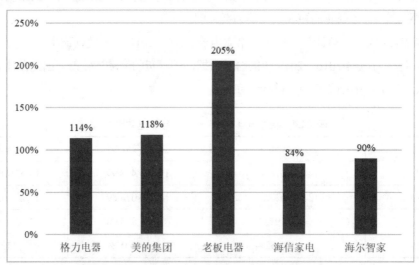

图 2-8 同行业企业 2018 年年末速动比率对比

这五家同行业企业的速动比率排名与流动比率排名一样，老板电器排第一，速动比率为 205%；美的集团排第二，速动比率为 118%；格力电器排第三，这三家企业的速动比率均大于 1；排名较后的海尔智家和海信家电速动比率分别为 90% 和 84%。

(四) 现金比率

现金比率是指一定时期内企业现金类资产与流动负债的比值，表明企业随时支付流动负债能力的程度，也就是即刻偿债能力。现金类资产指库存现金、银行存款、其他货币资金和现金等价物，现金等价物是指企业拥有的持有期限短、流动性强、易于转换为已知金额的现金及价值变动风险很小的投资，具体指的是自购买之日起，三个月内到期的有价证券。现金比率的计算公式为

$$现金比率 = (货币资金+有价证券)/流动负债 \times 100\%$$

现金比率高，说明企业支付能力强，但也可能反映该企业不善于充分利用现金资源，没有把现金投入经营以赚取更多的利润。通常现金比率保持在30%左右为宜。

营运资本、流动比率、速动比率和现金比率是从流动资产和流动负债对比关系上来评估企业短期偿债能力的4个主要指标，分析时不能孤立地看某一个指标，而应该综合考虑，才能全面和客观地判断企业短期偿债能力的大小。

【任务实施2-13】李英计算并分析了格力电器2016—2018年的现金比率。

现金比率只量度所有资产中相对于当前负债最具流动性的项目，因此它也是三个流动性比率中最保守的一个。格力电器2016—2018年的货币资金和流动负债数据如表2-25所示，根据现金比率的公式可以分析格力电器2016—2018年的即刻偿债能力。

表2-25 格力电器2016—2018年的现金比率

项目	2016年年末	2017年年末	2018年年末
货币资金/万元	9 561 313.00	9 961 043.00	11 307 903.00
流动负债/万元	12 687 627.97	14 749 078.89	15 768 612.60
现金比率	75.36%	67.54%	71.71%

2016年年末现金比率=9 561 313/12 687 627.97×100%=75.36%

2017年年末现金比率=9 961 043/14 749 078.89×100%=67.54%

2018年年末现金比率=11 307 903/15 768 612.60×100%=71.71%

格力电器2016—2018年年末的现金比率分别为75.36%、67.54%、71.71%，如图2-9所示。

2017年的现金比率比2016年下降7.82%，2018年有所回升，较2017年增长4.17%。整体来看，格力电器的现金比率较高，较高的现金比率一方面说明格力电器的即刻偿债能力较强，但另一方面也意味着资金的闲置。与同行业相比，格力电器的现金比率如何呢？李英接下来计算了同行业的美的集团、老板电器、海信家电、海尔智家2018年的现金比率，如图2-10所示。

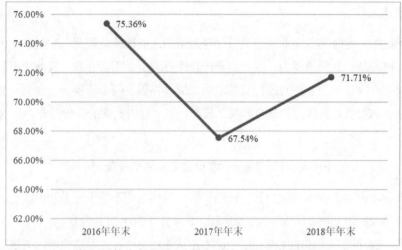

图 2-9 格力电器 2016—2018 年年末现金比率趋势图

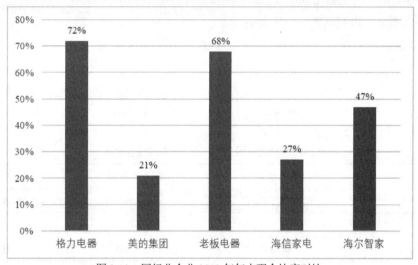

图 2-10 同行业企业 2018 年年末现金比率对比

图 2-10 显示，格力电器 2018 年的现金比率最高，为 72%；老板电器的现金比率为 68%，排第二；接下来依次是海尔智家 47%、海信家电 27% 以及美的集团 21%。

基于以上指标分析，李英认为格力电器的短期偿债能力较强。

二、长期偿债能力分析

视频 2 长期偿债能力分析

长期偿债能力是指企业偿付长期债务的能力。对企业进行长期偿债能力分析，主要考虑两个方面：一是企业的资本结构，资本结构是指企业各种长期筹资来源的构成和比例关系，长期资本来源包括权益筹资和负债筹资。资本结构对企业长期偿债能力的影响主要体现在权益资本是承担长期债务的基础，资本结构影响企业的财务风险进而影响企业的偿债能力。二是获利能力，长期偿债能力与获利能力密切相关。企业能否有充足的现金流入偿还长期负债,在很大程度上取决于企业的获利能力。一般来说,企业的获利能力越强,长期偿债能力越强;反之,则越弱。

长期偿债能力指标主要包括资产负债率、所有者权益比率、权益乘数、产权比率和有形净值债务比率。

(一) 资产负债率

资产负债率是负债总额除以资产总额的百分比,也就是负债总额与资产总额的比例关系。资产负债率反映总资产中有多大比例是通过借债来筹资的,也可以衡量企业在清算时保护债权人利益的程度。资产负债率的计算公式为

$$资产负债率 = (负债总额/资产总额) \times 100\%$$

资产负债率是从总体上反映企业偿债能力的指标。资产负债率越低,则股东或所有者权益所占的比例就越大,说明企业的实力越强,债权的保证程度越高;反之,资产负债率越高,则股东或所有者权益所占比例就越小,说明企业的经济实力较弱,偿债风险越高,债权的保证程度相应越低,债权人的安全性越差,企业的潜在投资人越少。

各利益主体往往因不同的利益驱动而从不同的角度来评价资产负债率。

(1) 从债权人的立场来看,他们最关心的是贷给企业款项的安全程度,也就是能否按期收回本金和利息。如果股东提供的资本与企业资本总额相比只占较小的比例,则企业的风险将主要由债权人负担,这对债权人是不利的。因此,债权人希望债务比率越低越好,企业偿债有保证,贷款不会有太大的风险。

(2) 从股东的角度来看,由于企业通过举债筹措的资金与股东提供的资金在经营中发挥同样的作用,所以股东所关心的是全部资本利润率是否超过借入款项的利率,即借入资本的代价。在企业所得的全部资本利润率超过因借款而支付的利息率时,股东所得到的利润就会加大;反之,如果运用全部资本所得的利润率低于借款利息率,则对股东不利,因为借入资本的多余的利息要用股东所得的利润份额来弥补。因此,对于股东来说,在全部资本利润率高于借款利息率时,负债比例越大越好;反之,则相反。

(3) 从经营者的立场来看,如果举债很多,超出债权人心理承受程度,则认为是不保险的,企业就借不到钱。如果企业不举债,或负债比例很小,说明企业畏缩不前,对前途信心不足,利用债权人资本进行经营活动的能力很差。借款比率越大(当然不是盲目地借款),越是显得企业活力充沛。

(4) 从财务管理的角度来看,企业应当审时度势全面考虑,在利用资产负债率制定借入资本决策时,必须充分估计预期的利润和增加的风险,在两者之间权衡利害得失,做出正确决策。

【任务实施 2-14】李英计算了格力电器 2016—2018 年年末的资产负债率,并进行了同行业比较。

对债权人而言，通过计算资金来源里负债所占的比重，可以分析企业的长期偿债能力。格力电器 2016—2018 年的资产总额、负债总额数据如表 2-26 所示，用负债总额除资产总额就可以得出资产负债率。通过判断资产负债率的变化趋势可以分析偿债能力的变动情况，和同行业对比分析可以得知在同行业中处于什么水平。

表 2-26　格力电器 2016—2018 年的资产负债率

项目	2016 年年末	2017 年年末	2018 年年末
资产总额/万元	18 236 971	21 496 800	25 123 416
负债总额/万元	12 744 610	14 813 320	15 851 945
资产负债率	69.88%	68.91%	63.10%

2016 年年末资产负债率=12 744 610/18 236 971×100%=69.88%
2017 年年末资产负债率=14 813 320/21 496 800×100%=68.91%
2018 年年末资产负债率=15 851 945/25 123 416×100%=63.10%
格力电器 2016—2018 年的资产负债率分别为 69.88%、68.91% 和 63.10%，如图 2-11 所示。

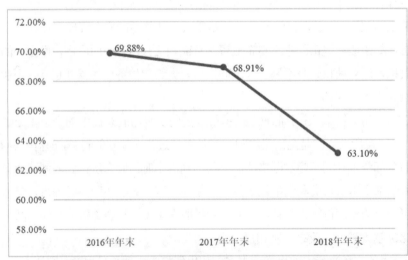

图 2-11　格力电器 2016—2018 年年末的资产负债率趋势图

从趋势上来看，资产负债率呈下降趋势，逐年降低。2017 年资产负债率较 2016 年下降 0.97%，下降幅度较小；2018 年资产负债率较 2017 年有较大幅度下降，下降了 5.81%。但格力电器的资产负债率是否符合电器制造行业的特点，还有待进一步分析。李英接下来计算了同行业的美的集团、老板电器、海信家电、海尔智家 2018 年的资产负债率，如图 2-12 所示。

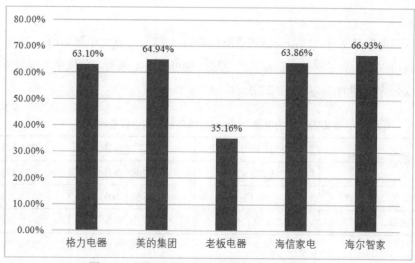

图2-12 同行业企业2018年年末资产负债率对比

五家企业中,老板电器的资产负债率最低,为35.16%,说明老板电器的长期偿债能力最强,但过低的资产负债率也意味着企业没有充分利用财务杠杆作用。其他四家企业的资产负债率维持在60%以上,海尔智家资产负债率最高,为66.93%,接下来为美的集团64.94%、海信家电63.86%、格力电器63.10%。格力电器的资产负债率排第四,长期偿债能力排第二。

(二) 所有者权益比率

所有者权益比率又称股东权益比率、主权比率、净值比率等,表明主权资本在全部资产中所占的份额。所有者权益比率的计算公式为

$$所有者权益比率 = (所有者权益总额/资产总额) \times 100\%$$

所有者权益比率与资产负债率之和按同口径计算应等于1。所有者权益比率越大,资产负债率就越小,企业的财务风险也就越小。所有者权益比率是从另一个侧面来反映企业长期财务状况和长期偿债能力的。

所有者权益比率是表示长期偿债能力保证程度的重要指标,从偿债能力来看,该指标越高,说明企业资产中由投资人投资所形成的资产越多,债权人的利益也越有保障。所有者权益比率越高,说明企业的融资结构和所有者对企业的控制越稳固。但是,对于一个利润稳定增长或经营状况好的企业,所有者权益比率过高,则所有者不能充分利用债务的杠杆作用,因此,所有者权益比率也应适度。

所有者权益比率的分析与资产负债率分析的侧重点不同,对所有者权益比率的分析可以参考对资产负债率的分析。资产负债率分析中应注意的问题,在此也应引起关注。

【任务实施2-15】李英计算了格力电器2016—2018年的所有者权益比率,并进行了同行业比较。

所有者权益比率是所有者权益总额占资产总额的比重,计算格力电器2016—2018年的所有者权益比率时可以用所有者权益总额除资产总额,也可以用1减资产负债率,因为所有者权益比率和资产负债率之和为1,如表2-27所示。

表2-27 格力电器2016—2018年的所有者权益比率

项目	2016年年末	2017年年末	2018年年末
资产总额/万元	18 236 971	21 496 800	25 123 416
所有者权益总额/万元	5 492 360	6 683 480	9 271 471
所有者权益比率	30.12%	31.09%	36.90%

2016年年末所有者权益比率=5 492 360/18 236 971×100%=30.12%
2017年年末所有者权益比率=6 683 480/21 496 800×100%=31.09%
2018年年末所有者权益比率=9 271 471/25 123 416×100%=36.90%

格力电器2016—2018年的所有者权益比率分别为30.12%、31.09%和36.90%,如图2-13所示。

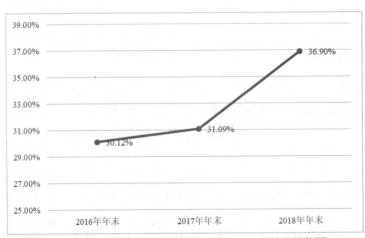

图2-13 格力电器2016—2018年的所有者权益比率趋势图

所有者权益比率呈逐年递增趋势,表明格力电器的资金来源里股东提供的资金占比越来越大,债权人提供的资金占比越来越小,企业的长期偿债能力越来越强。同时,李英将格力电器的所有者权益比率做了同行业比较,结果如图2-14所示。老板电器的所有者权益比率最高,为64.84%,表明老板电器资金的64.84%由股东提供,财务风险最小。其他四家企业的所有者权益比率维持在30%~40%,格力电器的所有者权益比率排第二,表明格力电器的所有者权益比率维持在一个较合理的区间。

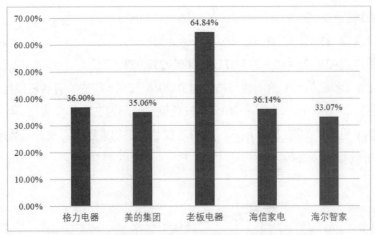

图 2-14 同行业企业 2018 年所有者权益比率对比

(三) 权益乘数

所有者权益比率的倒数称为权益乘数,又称股本乘数,是指资产总额相当于股东权益的倍数,表示企业的负债程度。权益乘数越大,说明股东投入的资本在资产中所占比重越小,企业负债程度越高,一般用来衡量企业的财务风险。权益乘数的计算公式为

$$权益乘数 = (资产总额/所有者权益总额) \times 100\% = 1/(1-资产负债率) \times 100\%$$

权益乘数较大,表明企业负债较多,一般会导致企业财务杠杆率较高,财务风险较大,在企业管理中就必须寻求一个最优资本结构从而实现企业价值最大化。借入资本成本率小于企业的资产报酬率时,借入资金首先会产生避税效应(债务利息税前扣除),同时杠杆扩大,使企业价值随债务增加而增加。但杠杆扩大也使企业破产的可能性上升,而破产风险又会使企业价值下降等。

【任务实施 2-16】李英计算了格力电器 2016—2018 年的权益乘数,并进行了同行业比较。

权益乘数是资产总额与所有者权益总额的比重,计算企业的权益乘数时,可以有三种算法:第一种算法是用资产总额除所有者权益总额;如果已经计算过企业的所有者权益比率,则权益乘数的第二种算法是 1 除以所有者权益比率;第三种算法是用 1 除以 1 减去资产负债率的得数。资产负债率、所有者权益比率、权益乘数都是衡量企业长期偿债能力的指标,只是分析的侧重点有所不同。格力电器 2016—2018 年的权益乘数是用第一种算法计算出来的,如表 2-28 所示。同学们可以自行用后两种方法验算结果,验算的过程可以帮助大家更好地掌握三个指标之间的关系。

表 2-28 格力电器 2016—2018 年的权益乘数

项目	2016 年年末	2017 年年末	2018 年年末
资产总额/万元	18 236 971	21 496 800	25 123 416
所有者权益总额/万元	5 492 360	6 683 480	9 271 471
权益乘数	332.04%	321.64%	270.98%

2016 年权益乘数=18 236 971/5 492 360×100%=332.04%
2017 年权益乘数=21 496 800/6 683 480×100%=321.64%
2018 年权益乘数=25 123 416/9 271 471×100%=270.98%

权益乘数为所有者权益比率的倒数，格力电器 2016—2018 年的所有者权益比率逐年提高，则权益乘数逐年下降，格力电器 2016—2018 年权益乘数分别为 332.04%、321.64%和 270.98%，2018 年下降的幅度更大，如图 2-15 所示。所有者权益比率越来越大、权益乘数越来越小都表明企业的长期偿债能力越来越强。

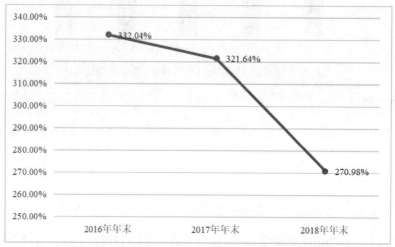

图 2-15　格力电器 2016—2018 年的权益乘数趋势图

如图 2-16 所示，格力电器 2018 年的权益乘数在五家企业中排第四，与美的集团、海信家电和海尔智家的权益乘数差异不大，维持在一个较合理的区间。

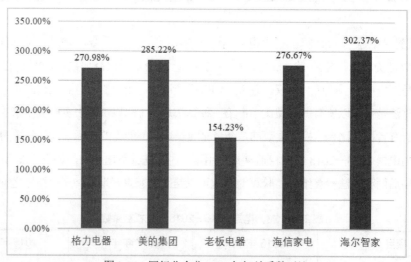

图 2-16　同行业企业 2018 年权益乘数对比

(四) 产权比率

产权比率是负债总额与所有者权益总额(净资产)之间的比率，反映了由债权人提供的资本与股东提供的资本的相对比率关系、企业基本财务结构是否稳定、债权人投入资本受到所有者权益保障的程度或企业清算时对债权人利益的保障程度。产权比率的计算公式为

$$产权比率 = (负债总额/所有者权益总额) \times 100\%$$

公式中的"所有者权益"在股份有限公司是指"股东权益"。

产权比率高,说明企业是高风险、高报酬的财务结构;反之,则相反。产权比率与资产负债率都是用于衡量长期偿债能力的指标,产权比率只是资产负债率的另一种表示方法,两者可以相互换算,具有相同的经济意义。但两个指标的侧重不同,产权比率侧重揭示债务资本与权益资本的相互关系,说明财务结构的风险性和所有者权益对偿债风险的承受能力。资产负债率侧重反映总资产中有多少是靠负债取得的,说明债权人利益的保障程度。

【任务实施 2-17】李英计算了格力电器 2016—2018 年的产权比率,并进行了同行业比较。

产权比率是企业债务资本与权益资本的比重,通过计算格力电器 2016—2018 年的产权比率,可以判断格力电器的财务结构是否稳定,计算结果如表 2-29 所示。

表 2-29　格力电器 2016—2018 年的产权比率

项目	2016 年年末	2017 年年末	2018 年年末
负债总额/万元	12 744 610	14 813 320	15 851 945
所有者权益总额/万元	5 492 360	6 683 480	9 271 471
产权比率	232.04%	221.64%	170.98%

2016 年产权比率=12 744 610/5 492 360×100%=232.04%

2017 年产权比率=14 813 320/6 683 480×100%=221.64%

2018 年产权比率=15 851 945/9 271 471×100%=170.98%

如图 2-17 所示,格力电器的产权比率逐年下降,由 2016 年的 232.04%下降至 2018 年的 170.98%,表明所有者权益对偿债风险的承受能力越来越强。

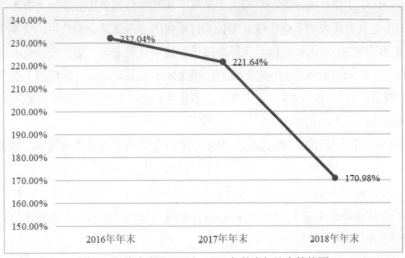

图 2-17　格力电器 2016—2018 年的产权比率趋势图

资产负债率、所有者权益比率、权益乘数、产权比率从不同的侧面衡量企业的长期偿债能力。如图 2-18 所示,产权比率的同行业比较结果与其他指标结果一致,格力电器的产权比率排第四,和海信家电、美的集团、海尔智家维持在同一水平但略低于这三家企业。产权比率越低表明企业的长期偿债能力越强,因此同行业比较的结果显示格力电器的长期偿债能力仅次于老板电器。

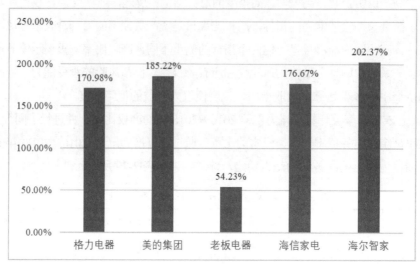

图 2-18 同行业企业 2018 年产权比率对比

(五) 有形净值债务比率

有形净值债务比率是将无形资产、长期待摊费用从所有者权益中扣除,从而计算企业负债总额与有形净值之间的比率。该指标实际上是一个更保守、更谨慎的产权比率。有形净值债务比率的计算公式为

$$有形净值债务比率 = 负债总额/(所有者权益总额-无形资产-长期待摊费用) \times 100\%$$

所有者权益代表了企业的净资产,减去无形资产和长期待摊费用后被称为有形净资产。因为无形资产的价值具有很大的不确定性,而长期待摊费用本身就是企业费用的资本化,无形资产和长期待摊费用往往不能用于偿债。有形净值债务比率是更谨慎、更保守地反映债权人利益保障程度的指标,揭示了负债总额与有形资产净值之间的关系,能够计量债权人在企业处于破产清算时能获得多少有形财产保障。有形净值债务比率越低,债权人资金保障程度越高,企业有效偿债能力越强;反之,则越弱。

【任务实施 2-18】李英计算了格力电器 2016—2018 年的有形净值债务比率,并进行了同行业比较。

计算有形净值债务比率时,从所有者权益中扣除无形资产和长期待摊费用。格力电器 2016—2018 年的有形净值债务比率如表 2-30 所示,可以通过有形净值债务比率的变化趋势来分析企业偿债能力的变化。

表 2-30 格力电器 2016—2018 年的有形净值债务比率

项目	2016 年年末	2017 年年末	2018 年年末
负债总额/万元	12 744 610	14 813 320	15 851 945
所有者权益总额/万元	5 492 360	6 683 480	9 271 471
无形资产/万元	335 528	360 447	520 450
长期待摊费用/万元	105	221	424
有形净值债务比率	247.15%	234.28%	181.15%

2016 年有形净值债务比率=12 744 610/(5 492 360-335 528-105)×100%=247.15%

2017 年有形净值债务比率=14 813 320/(6 683 480-360 447-221)×100%=234.28%

2018 年有形净值债务比率=15 851 945/(9 271 471-520 450-424)×100%=181.15%

不考虑无形资产和长期待摊费用的有形净值债务比率能更保守地反映债权人利益的保障程度。如图 2-19 所示,格力电器 2016—2018 年的有形净值债务比率逐年下降,与产权比率指标变化趋势一致,表明格力电器的有形净资产对偿债风险的承受能力越来越强。但从数值上来看,格力电器 2018 年的有形净值债务比率为 181.15%,产权比率为 170.98%,两个指标数值差异不大,说明格力电器的无形资产和长期待摊费用占所有者权益的比重并不大。

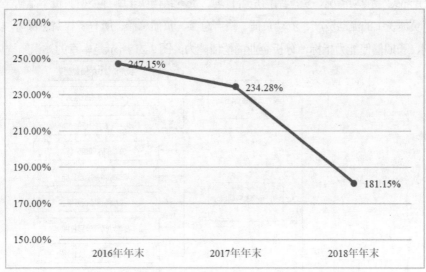

图 2-19 格力电器 2016—2018 年的有形净值债务比率趋势图

电器制造行业的五家企业 2018 年有形净值债务比率的排名与产权比率的排名一致,格力电器的有形净值债务比率高于老板电器,低于其他三家企业,排第四,如图 2-20 所示。有形净值债务比率越低,说明企业的长期偿债能力越强。

综合以上几个指标的分析结果,李英认为格力电器的长期偿债能力较强。

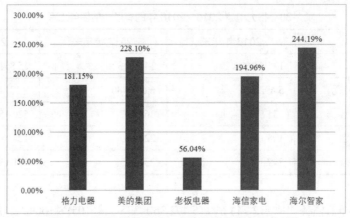

图 2-20　同行业企业 2018 年有形净值债务比率对比

知识点总结

本章主要介绍了如何对企业的资产负债表进行分析，要想读懂企业的资产负债表，首先就要了解资产负债表的相关基础知识，包括资产负债表的编制原理、格式和资产负债表分析的作用等，然后对资产负债表各项目进行分析，对资产负债表各项目有一个大概的认知，在此基础上进行综合分析，分析资产的总量变动情况、资产结构是否合理、资本结构属于哪种类型、资本结构是否稳健。最后将资产负债表中的流动资产、流动负债、资产总额、负债总额、所有者权益总额等项目对比，计算出短期、长期偿债能力指标，分析企业的偿债能力。图 2-21 所示是本章的知识结构体系图。

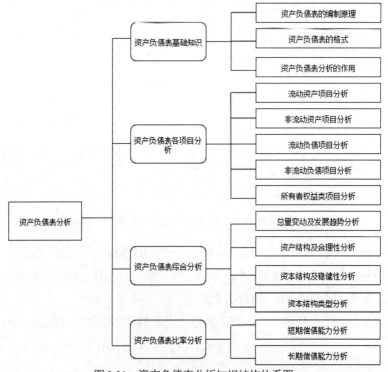

图 2-21　资产负债表分析知识结构体系图

本章的偿债能力指标较多，短期偿债能力的指标有营运资本、流动比率、速动比率、现金比率，长期偿债能力指标有资产负债率、所有者权益比率、权益乘数、产权比率、有形净值债务比率，如表 2-31 所示。

表 2-31 偿债能力指标总结

偿债能力指标		计算公式
短期	营运资本	营运资本=流动资产-流动负债
	流动比率	流动比率=流动资产/流动负债×100%
	速动比率	速动比率=速动资产/流动负债×100%
	现金比率	现金比率=(货币资金+有价证券)/流动负债×100%
长期	资产负债率	资产负债率=负债总额/资产总额×100%
	所有者权益比率	所有者权益比率=所有者权益总额/资产总额×100%
	权益乘数	权益乘数=资产总额/所有者权益总额×100%
	产权比率	产权比率=负债总额/所有者权益总额×100%
	有形净值债务比率	有形净值债务比率=负债总额/有形净值×100%

李英通过阅读格力电器 2018 年的资产负债表，计算相关偿债能力指标的变动趋势并与同行业优秀企业进行比较，认为格力电器的偿债能力较强，虽个别时点负债过高但并不值得过分担心，尤其在行业整体负债率偏高的情况下，只要财务保持相对稳健即可。

同步测试

一、单项选择题

1. 若流动比率大于 1，则下列结论成立的是(　　)。
   A. 速动比率大于 1　　　　　B. 营运资本大于 0
   C. 短期偿债能力绝对有保障　D. 资产负债率大于 1

2. 短期借款的特点是(　　)。
   A. 风险较大　　　　　　　　B. 利率较低
   C. 弹性较差　　　　　　　　D. 满足长期资金需求

3. 以下各项中，属于经营性资产项目的是(　　)。
   A. 货币资金　　　　　　　　B. 应收账款
   C. 应收票据　　　　　　　　D. 其他应收款

4. 存货发生减值是因为(　　)。
   A. 采用先进先出法　　　　　B. 采用后进先出法

C. 可变现净值低于账面成本　　　　D. 可变现净值高于账面成本

5. 在通货膨胀条件下，存货采用先进先出法对利润表的影响是(　　)。

A. 利润被低估　　　　　　　　　　B. 利润被高估

C. 基本反映当前利润水平　　　　　D. 利润既可能被低估也可能被高估

6. 不随产量和销售规模变动而变动的资产项目是(　　)。

A. 货币资金　　　　　　　　　　　B. 应收账款

C. 存货　　　　　　　　　　　　　D. 固定资产

7. 如果资产负债表中的存货项目反映的是存货的实有数量，则说明采用了(　　)。

A. 永续盘存法　　　　　　　　　　B. 定期盘存法

C. 加权平均法　　　　　　　　　　D. 个别计价法

8. 在物价上涨的情况下，使存货余额最高的计价方法是(　　)。

A. 加权平均法　　　　　　　　　　B. 移动加权平均法

C. 成本与可变现净值孰低法　　　　D. 先进先出法

9. 如果按成本与市价孰低法计价，资产负债表中的长期投资项目反映的是(　　)。

A. 投资发生时的账面价值　　　　　B. 投资发生时的市值

C. 决算日的账面价值　　　　　　　D. 决算日的市值

10. 某企业库存现金 50 万元，银行存款 800 万元，应收账款 400 万元，存货 1 200 万元，流动负债 2 000 万元，待摊费用忽略不计。据此计算出该企业的速动比率是(　　)。

A. 0.625　　　　　　　　　　　　　B. 0.905

C. 1.505　　　　　　　　　　　　　D. 0.305

11. 某企业的流动资产为 230 000 元，长期资产为 4 300 000 元，流动负债为 105 000 元，长期负债为 830 000 元，则资产负债率为(　　)。

A. 19%　　　　　　　　　　　　　B. 18%

C. 45%　　　　　　　　　　　　　D. 21%

二、多项选择题

1. 资产负债表分析的目的是(　　)。

A. 了解企业财务状况的变动情况　　B. 评价企业会计对企业经营状况的反应程度

C. 修正资产负债表的数据　　　　　D. 评价企业的会计政策

E. 说明资产负债表的编制方法

2. 企业资产利用效率提高，形成资金相对节约是指(　　)。

A. 产值、收入不变，资产减少　　　B. 增产增收时增资，但增资幅度较小

C. 增产增收时不增资　　　　　　　D. 减产减收时减资，但资产减少幅度大

E. 增产增收时增资，但增资幅度大

3. 采取保守的固流结构政策可能出现的财务结果是( )。
   A. 资产流动性提高　　　　　　B. 资产风险降低
   C. 资产流动性降低　　　　　　D. 资产风险提高
   E. 盈利水平下降

4. 货币资金存量变动的原因有( )。
   A. 资金调度　　　　　　　　　B. 信用政策变动
   C. 销售规模变动　　　　　　　D. 会计政策变更
   E. 为大笔现金支出做准备

5. 企业货币资金存量及比重是否合适,分析评价应考虑的因素有( )。
   A. 行业特点　　　　　　　　　B. 企业融资能力
   C. 资产规模与业务量　　　　　D. 货币资金的目标持有量
   E. 运用货币资金的能力

6. 进行负债结构分析时,必须考虑的因素有( )。
   A. 负债规模　　　　　　　　　B. 负债成本
   C. 债务偿还期限　　　　　　　D. 财务风险
   E. 经营风险

7. 股东权益结构分析应考虑的因素有( )。
   A. 企业控制权　　　　　　　　B. 企业利润分配政策
   C. 财务风险　　　　　　　　　D. 权益资金成本
   E. 经济环境

8. 正常经营企业资产与负债对称结构中的保守结构的特征是( )。
   A. 企业风险极低　　　　　　　B. 资金成本较高
   C. 筹资结构弹性弱　　　　　　D. 企业风险极大
   E. 资金成本较低

9. 应收账款变动的可能原因有( )。
   A. 销售规模变动　　　　　　　B. 信用政策改变
   C. 收账政策不当　　　　　　　D. 收账工作执行不力
   E. 应收账款质量不高

三、判断题

1. 资产负债表中某项目的变动幅度越大,对资产或权益的影响就越大。　　( )
2. 增产增收的同时减少资产,会形成资金相对节约。　　( )
3. 如果本期总资产比上期有较大幅度增加,表明企业本期经营卓有成效。　　( )
4. 只要本期盈余公积增加,就可以断定企业本期经营是有成效的。　　( )
5. 资产负债表结构分析通常采用水平分析法。　　( )

6. 固定资产比重越高，企业资产的弹性越差。（ ）
7. 负债结构变动一定会引起负债规模发生变动。（ ）
8. 如果企业的资金全部是权益资金，则企业既无财务风险也无经营风险。（ ）
9. 如果企业本期未分配利润少于上期，说明企业本期经营亏损。（ ）
10. 企业的应收账款增长率超过销售收入增长率是正常现象。（ ）

实践训练

实训目的：对资产负债表进行全面分析。

实训资料：上网收集所选上市公司报表及相关资料。

实训要求：每个小组选择一家上市公司，对其近两年的资产负债表进行全面分析并上交作业报告，报告包括PPT和Word电子文档，并在班级演示。

第三章
利润表分析

【知识目标】

- 能够阅读利润表;
- 能够对利润表进行综合分析和比率分析;
- 能够结合利润表对企业的盈利能力进行分析。

【能力目标】

- 能够利用现代媒体等手段收集企业报表分析所需资料;
- 会运用数据统计等方法选取、加工、整理资料;
- 具备一定的文字表达能力,能根据分析撰写财务分析报告。

【素质目标】

- 学会与不同的报表使用者进行沟通与协调;
- 学会与企业管理层进行沟通,并能够及时提供其所需要的相关信息;
- 培养良好的团队合作意识。

案例引入

"老妖股"特力A:营收利润双增长 但盈利质量欠佳

特力A(000025)成立于1986年,并于1993年在深交所挂牌上市,目前公司的控股股东为深圳市特发集团有限公司。公司的主营业务为汽车销售,汽车检测、维修及配件销售,资源性资产管理以及珠宝服务业务。

特力A之所以被称为"妖股之王",是因为从2015年7月初到2015年10月底在这不到三个半月的时间内,特力A涨幅已经高达628.54%。其中,7月9日—8月13日,特力A区间涨幅为426.21%,而同一时期,上证综指涨幅仅为17.26%。另外,在9月8日—24日这13个交易日里,特力A再度大涨171.48%,而上证综指在这一段时间内的涨幅仅为4.6%。尤其是9月14日—10月21日,特力A除了核查复牌后出现两个跌停外,其余的15个交易日内几乎天天涨停。股市从不缺乏上涨的好股,但一些表现不是特别好的股票突然暴涨就感觉惊人了,特力A就是如此。事后调查证明，特力A暴涨是基金公司与个人合谋操作所致。

特力A于2019年4月1日晚间披露2018年年度报告，公司2018年实现营业总收入4.14亿元，同比增长19.31%；实现净利润0.86亿元，同比增长30.30%；实现扣除非经常性损益后的净利润0.83亿元，同比增长53.70%。

如图3-1所示，公司2016—2018年的销售毛利率分别为29.36%、26.78%和19.77%，一路向下，说明公司产品的直接获利能力在逐步减弱。公司2016—2018年的销售净利率分别为8.52%、18.94%和20.79%，一路向上，说明公司的盈利能力在逐步增强。

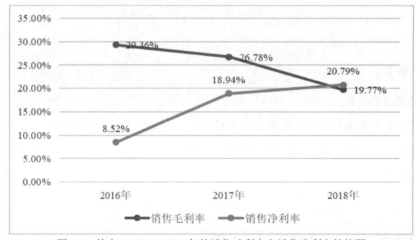

图3-1　特力A 2016—2018年的销售毛利率和销售净利率趋势图

公司的毛利率和净利率走势出现背离，2018年的净利率水平甚至高于毛利率，事出异常必有妖，那么"妖"到底出自何处呢？

从公司2016—2018年的年报不难看出，公司取得的投资收益对当期净利润的贡献越来越大，如图3-2所示。2016—2018年的投资收益分别为509.9万元、3 359.99万元和8 878.55万元，占当期净利润的比重分别为17.86%、51.52%和103.49%，一路走高。

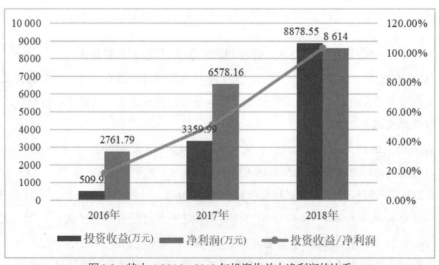

图3-2　特力A 2016—2018年投资收益占净利润的比重

由此可见，公司2018年的净利润基本上全部由投资收益所贡献，换句话说，公司产品的盈利能力其实很差，而投资收益才是公司盈利的主要来源。公司的投资收益主要来源于按权益法核算的长期股权投资收益。

公司参股企业深圳东风汽车有限公司(以下简称东风公司)，以其龙华工厂土地使用权与深圳市保利置地房地产开发有限公司合作进行城市更新项目开发。历经多次协商及变更合同(协议)，东风公司龙华工厂拆迁补偿方式最终确定为回迁住宅面积的货币补偿及回迁商业房产(面积为1350平方米)。双方于2017年12月27日签署了《关于龙华工厂拆迁改造合作开发项目预结算协议》，2018年度东风公司确认龙华工厂搬迁补偿收益32 268万元，而公司按持股比例确认投资收益6 857万元。

公司2018年取得的投资收益主要来自搬迁补偿，而这种搬迁补偿收益属于一次性收益，不能持久，所以如果剔除投资收益的影响，公司2018年其实是亏损的。

(资料来源：http://finance.sina.com.cn/stock/s/2019-04-03/doc-ihvhiqaw9736898.shtml)

思考：什么样的盈利模式才是稳定的、可持续的、能真正衡量企业盈利能力的盈利模式？

【任务导入】

李英圆满地完成指导老师杨经理交代的任务后，已经对格力电器的财务报表产生了浓厚的兴趣，李英平日里经常听身边的亲友、朋友谈论过格力电器的股票，那么格力电器的盈利状况究竟如何呢？李英向杨经理请教如何分析一家企业的盈利能力，杨经理告诉她，利润表是反映企业在一定会计期间经营成果的财务报表，通过利润表分析，可以评价企业的可持续发展能力，上市公司投资者尤其关注利润表所反映的盈利水平，如果想了解格力电器的经营业绩和盈利能力，那就去利润表里面寻找答案吧。听了杨经理的建议，李英开始了对格力电器利润表的阅读与分析。

第一节　利润表基础知识

利润表又称损益表，是反映企业在一定会计期间(如年、季、月)的经营成果的会计报表，说明该企业在此期间的盈利情况。利润表是根据"收入－费用＝利润"的会计平衡公式和收入与费用相配比的原则编制的。

一、利润表的内容

利润表分项列示了企业在一定会计期间因销售商品、提供劳务、对外投资等所取得的各种收入以及与各种收入相对应的费用、损失，并将收入与费用、损失加以对比结出当期的净利润。这一将收入与相关的费用、损失进行对比，结出净利润的过程，会计上称为配比，其目的是衡量企业在特定时期或特定业务中所取得的成果，以及为取得这些成果所付出的代价，为考核经营效益和效果提供数据。比如分别列示营业总收入和营业总成本得出营业利润,从而掌握一个企业营业活动的成果。配比是一项重要的会计原则,在利润表中得到了充分体现。

通常,利润表主要反映以下几方面的内容。

(1) 构成营业利润的各项要素。营业利润是用营业总收入,加投资收益、公允价值变动收益,减销售费用、管理费用、财务费用等后得出。

(2) 构成利润总额(或亏损总额)的各项要素。利润总额(或亏损总额)在营业利润的基础上加(减)营业外收支后得出。

(3) 构成净利润(或净亏损)的各项要素。净利润(或净亏损)在利润总额(或亏损总额)的基础上,减去本期计入损益的所得税费用后得出。

在利润表中,企业通常按各项收入、费用以及构成利润的各个项目分类分项列示。也就是说,收入按其重要性进行列示,主要包括营业收入、利息收入、已赚保费、手续费及佣金收入;费用按其性质进行列示,主要包括营业成本、税金及附加、销售费用、管理费用、财务费用、所得税等;利润按营业利润、利润总额和净利润等利润的构成分类分项列示。

二、利润表的格式

利润表一般由表首、正表和补充资料三部分组成。

(一) 表首

表首说明报表名称、编报单位,即企业名称、编报日期、报表编号、货币名称、计量单位等。

(二) 正表

正表部分是利润表的主体,反映形成经营成果的各个项目和计算过程。利润表正表的格式有两种:单步式和多步式。单步式利润表是将当期所有的收入列在一起,然后将所有的费用列在一起,两者相减得出当期净损益。多步式利润表是通过对当期的收入、费用、支出项目按性质加以归类,按利润形成的主要环节列示一些中间性利润指标,如营业利润、利润总额、净利润,分步计算当期净损益。我国企业会计制度规定,企业采用多步式利润表。多步式利润表主要分三步计算企业的利润(或亏损)。

(1) 以营业收入为基础,计算营业利润。

营业利润=营业收入-营业成本-税金及附加-销售费用-管理费用-财务费用-资产减值损失+公允价值变动收益(-公允价值变动损失)+投资收益(-投资损失)

(2) 以营业利润为基础,计算利润总额。

利润总额=营业利润+营业外收入-营业外支出

(3) 以利润总额为基础,计算净利润。

净利润=利润总额-所得税费用

(三) 补充资料

利润表的补充资料主要列示那些影响本期财务报表金额或未来经营活动，而在本期利润表中无法或不便于表达的项目，以便报表使用者准确地分析企业的经营成果。

格力电器的合并利润表如表 3-1 所示。

表 3-1　合并利润表

2018 年 1—12 月

编制单位：格力电器　　　　　　　　　　　　　　　　　　　　　　　　　　单位：万元

项　　目	附注	2018 年度	2017 年度
一、营业总收入		20 002 399.77	15 001 955.16
其中：营业收入	(七)36	19 812 317.71	14 828 645.00
利息收入	(七)37	189 928.78	173 180.65
手续费及佣金收入	(七)37	153.29	129.51
二、营业总成本		16 958 932.92	12 469 881.27
其中：营业成本	(七)36	13 823 416.77	9 956 291.28
利息支出	(七)37	4 534.19	19 589.09
手续费及佣金支出	(七)37	65.77	48.96
税金及附加	(七)38	174 189.27	151 304
销售费用	(七)39	1 889 957.80	1 666 026.85
管理费用	(七)40	436 585.01	245 400.33
研发费用	(七)41	698 836.83	361 760.14
财务费用	(七)42	−94 820.14	43 128.47
其中：利息费用		106 830.83	81 883.94
利息收入		238 448.68	220 484.13
资产减值损失	(七)43	26 167.42	26 378.70
加：其他收益	(七)44	40 855.32	40 158.48
投资收益(损失以"−"号填列)	(七)45	10 676.89	39 664.81
其中：对联营企业和合营企业的投资收益		56.05	648.75
加：公允价值变动收益(损失以"−"号填列)	(七)46	4 625.74	921.25
资产处置收益(损失以"−"号填列)	(七)47	63.66	−102.23
三、营业利润(亏损以"−"号填列)		3 099 688.47	2 612 666.60
加：营业外收入	(七)48	31 785.77	51 105.91
减：营业外支出	(七)49	4 123.47	2 054.02

(续表)

项　目	附注	2018 年度	2017 年度
四、利润总额(亏损总额以"－"号填列)		3 127 350.77	2 661 718.50
减：所得税费用	(七)50	489 447.79	410 858.59
五、净利润(净亏损以"－"号填列)		2 637 902.98	2 250 859.90
六、其他综合收益的税后净额		－45 727.43	12 572.03
七、综合收益总额		2 592 175.55	2 263 431.94
归属于母公司所有者的综合收益总额		2 574 368.23	2 253 065.39
归属于少数股东的综合收益总额		17 807.32	10 366.55
八、每股收益：			
(一)基本每股收益	十八(2)	4.36 元	3.72 元
(二)稀释每股收益	十八(2)	4.36 元	3.72 元

三、利润表的作用

编制利润表的主要目的是将企业经营成果的信息提供给各种报表用户，以供他们作为决策的依据或参考。利润表的作用主要体现在以下几个方面。

(一) 评价和预测企业的经营成果和获利能力

经营成果通常指以营业收入、其他收入抵扣成本、费用、税金等的差额所表示的收益信息，经营成果是一个绝对值指标，可以反映企业财富增长的规模。获利能力是一个相对值指标，指企业运用一定经济资源(如人力、物力)获取经营成果的能力，这里，经济资源可以因报表用户的不同需要而有所区别，可以是资产总额、净资产，也可以是资产的耗费(成本或费用)，还可以是投入的人力(如职工人数)。因而衡量获利能力的指标包括总资产净利率、净资产收益率、成本收益率及人均实现收益等。经营成果的信息直接由利润表反映，而获利能力的信息除利润表外，还要借助其他会计报表和注释附表才能得到。

通过比较和分析同一企业在不同时期，或不同企业在同一时期的资产收益率、成本收益率等指标，能够揭示企业利用经济资源的效率；通过比较和分析收益信息，可以了解某一企业收益增长的规模和趋势。根据利润表所提供的经营成果信息，股东、债权人和管理部门可解释、评价和预测企业的获利能力，据以对是否投资或追加投资、投向何处、投资多少等做出决策。

(二) 评价和预测企业的偿债能力

偿债能力指企业以资产清偿债务的能力。利润表本身并不提供偿债能力的信息，然而企业的偿债能力不仅取决于资产的流动性和资本结构，也取决于获利能力。企业在个别年份获利能力不足，不一定影响偿债能力，但若一家企业长期丧失获利能力，则资产的流动性必然由好转坏，资本结构也将逐渐由优变劣，陷入资不抵债的困境。因而一家数年收益很少，获利能力不强甚至亏损的企业，通常其偿债能力不会很强。

债权人和管理部门通过分析和比较收益表的有关信息，可以间接地解释、评价和预测企业的偿债能力，尤其是长期偿债能力，并揭示偿债能力的变化趋势，进而做出各种信贷决策和改进企业管理工作的决策，如维持、扩大或收缩现有信贷规模，应提出何种信贷条件等。管理部门则可据以找出偿债能力不强的原因，努力提高企业的偿债能力，改善企业的公关形象。

(三) 企业管理人员可据以做出经营决策

比较和分析收益表中各种构成要素，可知悉各项收入、成本、费用与收益之间的消长趋势，发现各方面工作中存在的问题，揭露缺点，找出差距，改善经营管理，努力增收节支，杜绝损失的发生，做出合理的经营决策。

(四) 可据以评价和考核管理人员的绩效

比较前后期利润表上各项收入、费用、成本及收益的增减变动情况，并查找其增减变动的原因，可以较为客观地评价各职能部门、各生产经营单位的绩效，以及这些部门和人员的绩效与整个企业经营成果的关系，以便评判各部门管理人员的功过得失，及时做出采购、生产销售、筹资和人事等方面的调整，使各项活动趋于合理。

利润表上述重要作用的发挥，与利润表所列示信息的质量直接相关。利润表信息的质量则取决于企业在收入确认、费用确认以及其他利润表项目确定时所采用的方法。由于会计程序和方法的可选择性，企业可能会选用对其有利的程序和方法，从而导致收益偏高或偏低。例如，在折旧费用、坏账损失和已售商品成本等方面都可按多种会计方法计算，产生多种选择，影响会计信息的可比性和可靠性。另外，利润表中的信息表述的是各类业务收入、费用、成本等的合计数以及非重复发生的非常项目，这也会影响利润表作用的发挥。

第二节 利润表各项目分析

利润表项目包括收入类项目(包括营业收入、投资收益、公允价值变动收益及营业外收入)、成本费用类项目(包括营业成本、销售费用、管理费用、研发费用、财务费用、资产减值损失及营业外支出等)、税金类项目和利润类项目。接下来将一一对利润表的各项目进行分析。

一、收入类项目分析

收入是指企业在日常经营活动中所形成的，会导致所有者权益增加的，与所有者投入资本无关的经济利益总流入。企业收入的来源有营业收入(包括主营业务收入和其他业务收入)、投资收益、公允价值变动收益、营业外收入等。在利润表上，各个收入项目是按照其对企业的重要程度进行分类和排序的。

(一) 营业收入项目分析

视频3 营业收入结构分析

营业收入是指企业通过销售商品、提供劳务或让渡资产使用权等日常经营活动形成的收入,分为主营业务收入和其他业务收入。

主营业务收入是指企业经常性的、主要业务所产生的收入,如制造业的销售产品、半成品和提供工业性劳务作业的收入,商品流通企业的销售商品收入,旅游服务业的门票收入、客户收入、餐饮收入等。主营业务收入在企业收入中所占的比重较大,它对企业的经济效益有着举足轻重的影响。

其他业务收入是指除上述各项主营业务收入之外的其他业务收入,包括材料销售、外购商品销售、废旧物资销售、下脚料销售的收入,提供劳务性作业收入,房地产开发收入,咨询收入,担保收入等。其他业务收入在企业收入中所占的比重较小。

通常来说,对营业收入的分析包括对营业收入构成分析、营业收入产品构成分析及营业收入地区构成分析。

(1) 营业收入构成分析。营业收入构成分析指的是确定主营业务收入和其他业务收入在营业收入中的比重。一般来说,一个企业的主营业务收入是最稳定的收入来源,在企业总收入中所占比重最大,是利润的主要源泉。如果一个企业的主营业务收入逐年下降,而营业收入却在上升,可能有两种原因:一是该企业可能在经营战略和经营方式上正在进行转型或调整;二是企业可能正处在衰退阶段,营业收入上升的持久性不强。

(2) 营业收入产品构成分析。通过产品构成分析,找出占总收入比重大的商品或劳务,就找到了企业过去业绩的主要增长点,对这种商品的未来发展趋势进行分析,可以初步判断企业业绩的持续性。

(3) 营业收入地区构成分析。如果企业为不同的地区提供产品或劳务,那么企业在不同地区的商品或劳务的营业收入构成及变动情况对预测和分析企业的利润具有重要价值。占综合收入比重大的地区是企业过去和目前业绩的主要驱动力量,可以根据各地区的收入变动情况,结合不同地区消费者对不同品牌商品的偏好,来预测企业利润的发展趋势。

【任务实施3-1】李英分析了格力电器2018年的营业收入并进行了同行业对比。

(1) 营业收入总量分析。

2013年,小米集团董事长雷军和格力电器董事长董明珠在央视年度财经人物颁奖活动现场立下"赌约",以五年为限,看小米集团收入能否超过格力电器。雷军本意用1元作为象征性赌注,不过董明珠一时兴起,出口就要赌10亿元,这就是董雷二人"10亿赌约"的由来。

2018年是"五年之约"最后期限,最终格力电器实现营业总收入2 000亿元,小米集团营业总收入为1 750亿元,格力电器超出小米集团250亿元,让胜负变得没有悬念。为了赢下这场非公开赌约,2018年格力电器全公司上下,以"挖地三尺"也要赢下小米集团的决心,最终年营业总收入超过2 000亿元,同比增长33.33%,延续2017年30%以上的增速。

和同行相比,格力电器2018年营业总收入的增长率明显超过同行。美的集团2018年收入增长率仅有8.23%,海尔智家2018年收入增长率也不过是12.17%,格力电器是美的集团增速的4倍多,如表3-2所示。

表3-2　格力电器、美的集团、海尔智家营业总收入及增长率

企业	营业总收入/万元		增长率
	2018年	2017年	
格力电器	20 002 399.77	15 001 955.16	33.33%
美的集团	26 181 963.50	24 191 889.60	8.23%
海尔智家	18 331 656.02	16 342 882.55	12.17%

(2) 营业收入构成分析。

李英通过阅读2018年年报得知格力电器2018年全年实现营业收入1 981.23亿元,其中主营业务1 705.92亿元,占营业收入的86.10%,其他业务收入占营业收入的13.90%,可知格力电器营业收入绝大部分来自主营业务收入,如图3-3所示。而同属于家电制造行业的美的集团2018年实现营业收入2 596.65亿元,其中主营业务收入2 409.81亿元,占比92.80%,美的集团主营业务收入占营业收入的比重更大也更集中,其他业务收入只占营业收入的7.2%,如图3-4所示。

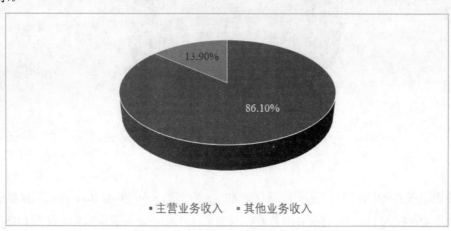

图3-3　格力电器2018年营业收入构成

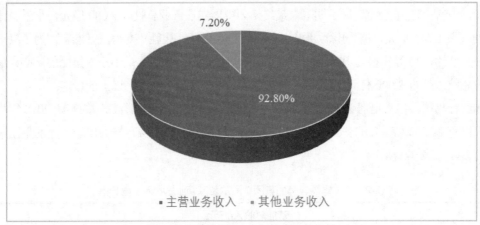

图 3-4 美的集团 2018 年营业收入构成

(3) 营业收入产品构成分析。

图 3-5 清晰地显示了格力电器 2018 年营业收入产品构成情况,空调是格力电器销售产品中的绝对主力,格力电器 2018 年实现空调收入 1 556.82 亿元,占营业收入的 78.58%;生活电器占营业收入的 1.92%、智能装备占 1.57%。主营业务过于单一和集中一直是格力电器存在的问题,空调业务早在几年前就遭遇到了发展的天花板。格力电器 2015 年的年报显示,营业收入从 2014 年的 1 400 亿元直接降至 977.45 亿元,爆降 422 亿元,同比下滑 229.04%;同时受到自身率先掀起的空调价格战的冲击,净利润也从 2014 年的 141 亿元降至 125.32 亿元,同比下滑 11.46%。

图 3-5 格力电器 2018 年营业收入产品构成

美的集团在多元化道路上走得更顺畅些。如图 3-6 所示,美的集团 2018 年的年报显示,暖通空调全年实现收入 1 093.95 亿元,占营业收入的 42.13%;消费电器全年实现收入 1 029.93 亿元,占营业收入的 39.66%。美的集团 2018 年机器人及自动化系统实现收入 256.78 亿元,占比 9.89%。美的集团 2016 年 5 月以 292 亿元的价格收购了德国工业机器人巨头库卡公司 94.55%的股份,成为最大的控股股东。

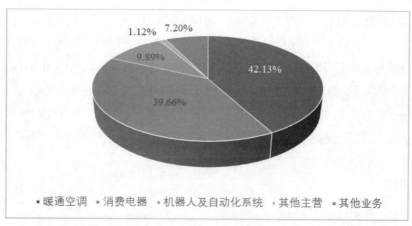

图 3-6　美的集团 2018 年营业收入产品构成

格力电器主营业务过于单一和集中，这也是格力电器致力于多元化扩张道路的原因。格力电器明确了公司新的定位——多元化、科技型的全球工业集团。从图 3-7 可以看出，空调收入占主营业务收入的比重呈下降趋势，2015 年空调收入占营业收入的 85.65%，到了 2018 年，空调收入的占比为 78.58%，下降了 7.07%。与此同时，格力电器逐步完善以空调、生活电器、高端装备和通信设备为主要支柱的四大业务领域，除了为人所熟知的空调和生活电器两大家电业务领域，格力电器将业务领域拓展到以智能装备、数控机床、精密模具、机器人、精密铸造设备等为主的高端装备领域，以及以物联网设备、手机、芯片、大数据等为主的通信设备领域。

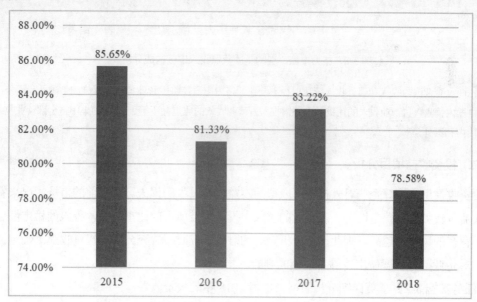

图 3-7　格力电器 2015—2018 年空调收入占营业收入的比重

(4) 营业收入地区分布分析。

格力电器和美的集团 2017 年和 2018 年营业收入地区构成分析如图 3-8 所示，从结果可以看出，格力电器把国内市场作为主要市场，2017年国内市场主营业务收入占营业收入的76.67%，国外主营业务收入占营业收入的12.47%，2018年这一比例分别为74.86%和11.24%。美的集团国内国外全面开花结果，2017年国内市场营业收入占营业收入的56.81%，国外市场营业收入占营业收入的43.19%；2018年国内市场与国外市场营收占比并没有发生太大的变化，国内市场营业收入为57.48%，较2017年增长0.67%，国外市场营业收入为42.52%。可以看出两家企业在国际化道路上还是有差距的，这也跟格力电器走的是自主创新的国际化道路有关。

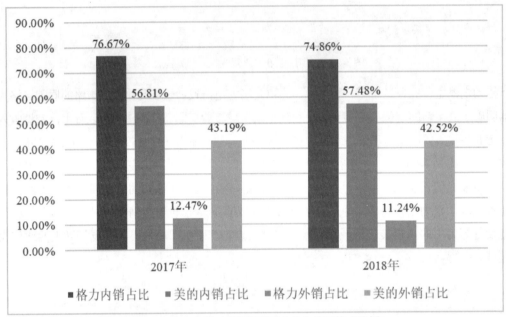

图3-8 格力电器、美的集团营业收入地区构成分析

注：两家企业国内收入和国外收入统计口径不一致，格力电器仅将主营业务收入区分成了国外和国外，所以格力电器内销收入占营业收入的比重加上外销收入占营业收入的比重并不等于1；美的集团将全部营业收入区分成了国内和国外。

(二) 投资收益项目分析

投资收益用来核算企业对外投资所取得的收益或者发生的损失。从目前的市场情况来看，投资收益有较大的不确定性，一家企业的收入中投资收益所占的比重越大，收入的稳定性也会越差，存在的风险也越高。因此，在分析企业的财务状况时，要充分考虑投资收益不确定性的特点，对企业财务状况做出冷静和谨慎的判断。

【任务实施3-2】李英详细分析了格力电器2018年的投资收益。

李英查阅了格力电器2018年投资收益的附注，利用水平分析法计算了投资收益各项目的同比增减金额和增减比率，计算结果如表3-3所示。

表3-3　格力电器2018年投资收益

项目	本期发生额/万元	上期发生额/万元	增减金额/万元	增减比率
权益法核算的长期股权投资收益	56.05	648.75	-592.7	-91.36%
衍生金融工具取得的投资收益	-16 220.56	25 205.25	-41 425.81	-164.35%
可供出售金融资产相关的投资收益	9 254.70	7 243.83	20 10.87	27.76%
以公允价值计量且其变动计入当期损益的金融资产相关投资收益	1 911.90		1 911.90	
理财产品及其他投资收益	15 674.80	6 566.99	9 107.81	138.69%
合计	10 676.89	39 664.81	-28 987.92	-73.08%

在格力电器2018年的投资收益中，衍生金融工具的投资亏损16 220.56万元，导致投资收益较2017年减少28 987.92万元，降幅73.08%。但投资收益占利润总额的比重并不大，2018年投资收益占利润总额的0.34%，2017年投资收益占利润总额的1.49%。因此，2018年衍生金融工具的投资亏损并没有对利润总额产生大的影响。

(三) 公允价值变动收益项目分析

公允价值变动收益是指企业由于交易性金融资产、交易性金融负债，以及采用公允价值模式计量的投资性房地产、衍生工具、套期保值业务等的公允价值变动所形成的利得。在每年年末，企业要评估交易性金融资产、交易性金融负债等的公允价值。如果公允价值高出了账面价值，说明该资产增值了，高出的部分要作为收益，计入利润表。由于我国现阶段对某些资产的公允价值的准确评估还存在一定困难。因此，在分析这部分收益时，应持谨慎态度，注意观察本期的变动额对利润总额的影响。

(四) 营业外收入项目分析

营业外收入用来核算企业发生的与生产经营无直接关系的各种收入，包括固定资产盘盈、处置固定资产净收益、罚款净收益等。营业外收入具有一定的偶然性，投资者不能根据这部分收益来预测企业未来的利润水平。

营业外收入所占比例过高意味着上市公司的主营业务表现不佳，其盈利质量出现下滑。营业外收入快速增长在一定程度上意味着相关公司已放弃原有主营业务，转向其他行业寻找可行的机会并且已经有所收获，甚至还可能包含兼并重组的预期。投资者可对相关营业外收入的具体来源进行仔细分析，如果营业外收入的来源在一定时期内保持了相对稳定，就有可能意味着上市公司的主营业务出现转向。

二、成本费用类项目分析

成本费用是企业在获得收入的过程中所付出的代价,成本费用类项目主要包括营业成本、销售费用、管理费用、研发费用、财务费用、资产减值损失及营业外支出,李英主要对这些项目进行了分析。

(一) 营业成本项目分析

营业成本是指企业所销售商品或者提供劳务的成本,营业成本应当与所销售商品或者所提供劳务而取得的收入进行配比。营业成本又分为主营业务成本和其他业务成本,是与主营业务收入和其他业务收入相对应的一组概念。

(1) 主营业务成本。主营业务成本是企业销售商品、提供劳务等经常性活动所发生的成本。企业一般在确认销售商品、提供劳务等主营业务收入时,或在月末将已销售商品、已提供劳务的成本转入主营业务成本,主营业务成本按主营业务的种类进行明细核算。

(2) 其他业务成本。其他业务成本是企业确认的除主营业务活动以外的其他经营活动所发生的支出,其他业务成本包括销售材料的成本、出租固定资产的折旧额、出租无形资产的摊销额、出租包装物的成本或摊销额等。

(二) 销售费用项目分析

销售费用是指企业在销售产品、自制半成品和工业性劳务等过程中发生的各项费用,包括由企业负担的包装费、运输费、装卸费、展览费、广告费、租赁费(不包括融资租赁费),以及为销售本企业产品而专设的销售机构的费用,包括职工工资、福利费、差旅费、办公费、折旧费、修理费、物料消耗和其他经费。销售费用属于期间费用,在发生的当期就计入当期的损益。

在对企业销售费用进行分析时,应留意销售费用与销售收入之间的关系。一般来说,企业的销售收入增加,销售费用也会相应增加。如果销售收入不变,而销售费用增加,则可能是企业产品销售出现了困难,企业为了刺激销售不得不加大投入,也可能是销售部门的管理出现了问题。

【任务实施3-3】李英分析了格力电器2018年的销售费用。

李英通过阅读销售费用的附注得知格力电器2018年的销售费用为1 889 957.80万元,2017年的销售费用为1 666 026.85万元,2018年销售费用同比增长13.44%。2018年的销售费用主要为安装维修费、销售返利及宣传推广费,占销售费用总额比例超过80.00%,格力电器并未列出销售费用的具体明细。

接下来李英分析了销售费用与营业收入的关系,如表3-4所示。

格力电器2018年年报数据显示，2018年的销售费用同比增长13.44%，那么销售费用的增长有没有带来销量的增长呢？答案是肯定的，格力电器2018年营业收入同比增长33.61%，营业收入的增长率远高于销售费用的增长率。

表3-4 格力电器的销售费用与营业收入

项目	2018年/万元	2017年/万元	增减百分比
销售费用	1 889 957.80	1 666 026.85	13.44%
营业收入	19 812 317.71	14 828 645.00	33.61%

(三) 管理费用项目分析

管理费用是指企业行政管理部门为组织和管理生产经营活动而发生的各种费用，具体包括企业董事会和行政管理部门在企业经营管理中发生的，或者应当由企业统一负担的公司经费、工会经费、待业保险费、劳动保险费、董事会费、聘请中介机构费、咨询费、诉讼费、业务招待费、办公费、差旅费、邮电费、绿化费、管理人员工资及福利费等。

在对管理费用进行分析时，要注意以下内容：关注业务招待费项目，看其是否超支；关注董事会会费、上级管理费等项目，看其支出是否合理，是否存在人为操控利润的现象；控制或降低管理人员工资要谨慎，防止挫伤其工作积极性，影响企业发展；在企业正常发展的条件下，管理费用的变动一般不会太大。

【任务实施3-4】李英对格力电器2018年的管理费用进行了分析。

格力电器2018年的管理费用为43.66亿元，2017年的管理费用为24.54亿元，同比增长77.91%。与2017年相比，格力电器2018年的管理费用增长较多，李英进一步阅读管理费用的附注了解到格力电器2018年的管理费用主要为职工薪酬、物耗、折旧及摊销，占管理费用总额比例超过80.00%。

关于固定资产的折旧，格力电器在2018年年报中称，鉴于公司主要固定资产使用状况和固定资产使用过程中所处经济环境、技术环境较前期已有巨大变化，为真实反映固定资产为公司提供经济利益的期间及每期实际的资产消耗，真实、可靠、公允地反映公司的财务状况和经营成果，根据公司实际情况和《企业会计准则第28号——会计政策、会计估计变更和差错更正》相关规定，2018年8月30日，公司召开第十届董事会第二十次会议，审计并通过了《关于公司会计估计变更的议案》议案，自2018年1月起，对房屋建筑物、电子设备、运输设备、机器设备四类固定资产折旧年限进行调整，缩短了部分固定资产的折旧年限。变更前后对比如表3-5所示，固定资产折旧变更使得净利润减少4.3亿元。

表 3-5 固定资产折旧会计变更前后使用年限和折旧率比较

固定资产类别	预计净残值率	变更前		变更后	
		预计使用年限	年折旧率/%	预计使用年限	年折旧率/%
房屋、建筑物	5%	20~30 年	3.17~4.75	20 年	4.75
机器设备	5%	6~10 年	9.50~15.83	6~10 年	9.5~15.83
电子设备	5%	2~5 年	19.00~47.50	2~3 年	31.67~47.50
运输设备	5%	3~6 年	15.83~31.67	3~4 年	23.75~31.67

(四) 研发费用

研发费用是指研究与开发某项目所支付的费用,格力电器在 2018 年年报中新增"研发费用"项目,原计入"管理费用"项目的研发费用单独列示为"研发费用"项目。

【任务实施 3-5】李英对格力电器 2018 年的研发费用进行了分析。

格力电器始终坚信只有真正掌握核心科技,才能真正掌握企业命运,实现企业自主发展,引领行业发展。格力电器以研发平台为基础,搭建起"企业为主体、市场为导向、产学研相结合"的技术创新体系。

格力电器 2018 年研发费用 69.88 亿元,较 2017 年增长 93.18%,研发费用主要为人员人工费用以及直接投入费用,占研发费用总额比例超过 80.00%,本期相比上期增长较大主要是由于职工薪酬、物耗、折旧及摊销较上期大额增长。表 3-6 所示为格力电器的研发投入情况。

表 3-6 格力电器的研发投入情况

项目	2018 年	2017 年	变动比例
研发人员数量/人	11 808	9 155	28.98%
研发人员数量占比	13.30%	10.74%	2.56%
研发投入金额/万元	726 836.9	576 693	26.04%
研发投入占营业收入比例	3.67%	3.89%	-0.22%

格力电器 2018 年年度报告显示公司拥有 4 个国家级研发中心、14 个研究院、900 多个实验室、近 1.2 万名研发人员,并已建立"电机与控制"和"建筑节能"两个院士工作站,获批建立博士后科研工作站和广东省博士工作站。2018 年,研发投入 726 836.9 万元,同比增长 26.04%,完成专利申请 13 683 项,其中发明专利申请 7 462 项,发明专利授权量达到 1 834 项,全国排名第六,连续三年成为中国发明专利申请量、发明专利授权量双进前十的唯一一家家电企业。公司拥有 24 项国际领先核心技术,其中 2018 年新增 5 项,同时获得德国 IF 奖 8 项、德国红点奖 15 项、美国 IDEA 奖 2 项、中国外观专利银奖 1 项、中国设计红星奖 12 项、第九届省长杯设计奖 8 项、广交会 CF 奖 4 项。格力电器所取得的这一系列成就离不开大量的研发投入的支持。

📖 资料阅读3-1

中国顶级公司研发费用排行：华为研发投入占比遥遥领先

最近，中国顶级公司研发费用汇总数据报告显示，华为研发经费高达113.3亿欧元(约883.18亿元人民币)，独领风骚，研发投入占比遥遥领先！

粗略估计，华为的总研发经费比百度(16.6亿欧元)、中国建筑(15.9亿欧元)、中石油(15.8亿欧元)、中国铁路(14.2亿欧元)、中国中车(13.4亿欧元)、中国铁建(13.3亿欧元)、中国交建(11.0亿欧元)、联想(9.7亿欧元)、中国电建(9.7亿欧元)、中石化(8.2亿欧元)、中国中冶(6.8亿欧元)……的总和还要多！

而腾讯的研发经费只有22.35亿欧元，阿里巴巴的研发经费只有29.1亿欧元，中兴则为17.98亿欧元。华为的研发经费占了中国顶级公司研发费用总和的60%以上：堪称恐怖！

此前，任正非在接受采访的时候说过，华为是一个喜欢研究基础科学的公司，不管是数学、计算机，还是物理、化学，有了成果之后就和供应链合作。

2020年3月31日，华为发布的2019年年报显示，2019年研发投入达1 317亿元，占销售收入比例达15.3%，过去十年累计研发投入超过6 000亿元。2019年，从事研究与开发的人员约9.6万名，约占公司总人数的49%。

(资料来源：https://www.sohu.com/a/341270552_581261)

(五) 财务费用

财务费用是指企业为筹集生产经营所需资金等而发生的费用，具体包括利息净支出(利息支出减利息收入后的差额)、汇兑净损失(汇兑损失减汇兑收益的差额)、金融机构手续费及筹集生产经营资金发生的其他费用等。但在企业筹建期间发生的利息支出，应计入开办费；为购建或生产满足资本化条件的资产发生的予以资本化的借款费用，在"在建工程""制造费用"等账户核算。

(五) 资产减值损失

资产减值损失是指因资产的账面价值高于其可收回金额而造成的损失，企业会计准则规定资产减值范围主要是固定资产、无形资产以及除特别规定外的其他资产减值的处理。《企业会计准则第8号——资产减值》改变了固定资产、无形资产等的减值准备计提后可以转回的做法，资产减值损失一经确认，在以后会计期间不得转回，消除了一些企业通过计提秘密准备来调节利润的可能，限制了利润的人为波动。

(六) 营业外支出

营业外支出是指企业发生的与企业生产经营活动无直接关系的各项支出，包括非流动资产处置损失、非货币性资产交换损失、债务重组损失、公益性捐赠支出、非常损失、盘亏损失等。

三、税金类项目分析

在利润表中，涉及税金的项目有税金及附加以及所得税费用。

(一) 税金及附加项目分析

税金及附加是指企业经营活动应负担的相关税费，包括消费税、城市维护建设税、教育费附加、资源税、房产税、城镇土地使用税、车船税、印花税等。

注意：根据财会〔2016〕22号文件规定，全面试行"营业税改征增值税"后，原"营业税金及附加"科目名称调整为"税金及附加"科目，该科目也不再包含营业税。

(二) 所得税费用项目分析

所得税费用是指企业经营利润应缴纳的所得税。所得税的计税依据是应纳税所得，是以会计利润为主要依据，但不是直接意义上的会计利润，应纳税所得与会计利润存在差异的主要原因是存在许多纳税调整因素。当我们测算所得税费用计算是否合理的时候，往往会用利润表中的利润总额乘以公司税率，如果差异较大，便进入附注，查看所得税费用科目"会计利润与所得税费用纳税调整过程"。

四、利润类项目分析

利润是企业在一定时期的经营成果，包括收入减去费用后的净额、直接计入当期利润的利得和损失等。多步式利润表反映了利润的形成过程，首先计算出营业利润，然后计算利润总额，最后才得出净利润。

(一) 营业利润项目分析

营业利润是指企业从事生产经营活动中取得的利润，是企业利润的主要来源。营业利润以营业收入为基础，减去营业成本、税金及附加、销售费用、管理费用、财务费用、资产减值损失，加上公允价值变动收益(减去公允价值变动损失)、投资收益(减去投资损失)以及资产处置收益(减去资产处置损失)。

营业利润是企业最基本经营活动的成果，也是企业一定时期获得利润中最主要、最稳定的来源。财政部2006年颁布的《企业会计准则30号——财务报表列报》中已对营业利润进行了调整，将投资收益调入营业利润，同时取消了主营业务利润和其他业务利润的提法，补贴收入被并入营业外收入，营业利润减营业外收支调整即得到利润总额。

(二) 利润总额项目分析

利润总额是企业在一定时期内通过生产经营活动所实现的最终财务成果。利润总额以营业利润为基础，加上营业外收入，减去营业外支出。

营业外收入主要包括非流动资产处置利得、非货币性资产交换利得、出售无形资产收益、债务重组利得、企业合并损益、盘盈利得、因债权人原因确实无法支付的应付款项、政府补助、教育费附加返还款、罚款收入、捐赠利得等。

营业外支出是指企业发生的与企业生产经营活动无直接关系的各项支出，包括非流动资产处置损失、非货币性资产交换损失、债务重组损失、公益性捐赠支出、非常损失、盘亏损失等。

(三) 净利润项目分析

净利润是指企业当期利润总额减去所得税后的金额，即企业的税后利润。所得税是指企业将实现的利润总额按照所得税法规定的标准向国家缴纳的税金，是企业利润总额的扣减项目。

第三节 利润表综合分析

李英主要从利润稳定性、利润增减变动及利润构成这三方面对两家上市公司的利润表进行分析。

一、利润稳定性分析

利润总额由营业利润加营业外收支净额所得，营业外收支净额又可以称为非营业利润，可以通过分析营业利润和非营业利润的数值，以及两者占利润总额的比重来分析企业利润的稳定性。

(1) 企业营业利润和非营业利润都为正，说明企业的盈利能力稳定。

(2) 企业营业利润为正，非营业利润为负，如果企业非营业利润数额不大，通常不会对企业的盈利能力造成太大的影响，可以基本认为企业的盈利能力稳定；但如果企业的非营业利润为负且金额较大，就会对企业的盈利能力产生影响，甚至有可能会导致整体亏损。

(3) 企业营业利润为负，非营业利润为正，说明企业的盈利能力不够稳定。因为营业外收支净额具有一定的偶发性，不具有持续性，难以成为企业稳定的盈利来源。

(4) 企业营业利润和非营业利润都为负，说明企业没有盈利能力，自然谈不上盈利能力的稳定性。

【任务实施3-6】李英对格力电器的利润总额构成进行了分析。

企业的利润总额由营业利润和营业外收支净额构成，为了更好地认知格力电器的利润构成，李英将格力电器、涪陵榨菜、2018年退市的退市昆机三家上市公司进行了对比，如表3-7所示。

表3-7 三家上市公司2018年利润总额构成

单位：万元

项目	格力电器	涪陵榨菜	退市昆机
营业利润	3 099 688.47	78 567.76	-25 289.00
营业外收入	31 785.77	19.57	262.00
营业外支出	4 123.47	738.09	319.00
营业外收支净额	27 662.30	-718.52	-57.00
利润总额	3 127 350.77	77 849.23	-25 346.00

格力电器的营业利润和非营业利润都为正，涪陵榨菜的非营业利润虽然为负数，但金额不大，对利润总额产生的影响很小。因此，我们可以初步得出结论，格力电器和涪陵榨菜的盈利能力是很稳定的。退市昆机的营业利润和非营业利润都为负，已无盈利可言，2018年5月22日，ST昆机因为净利润和净资产这两项指标不达标而终止上市。

二、利润表水平分析

利润表水平分析指的是通过编制利润表水平分析表，比较利润表各项目是同比增加还是减少，以及增减的比例。

视频4 利润表水平分析

【任务实施3-7】李英对格力电器利润表进行了水平分析。

表3-8的第二列和第三列给出了格力电器2018年和2017年的利润，可以利用水平分析法在此基础上计算出2018年利润表各项目与2017年相比是增加还是减少了，增减的金额和百分比是多少，计算结果见表3-8后两列。

表3-8 格力电器2018年利润表水平分析表

项 目	2018年/万元	2017年/万元	增减金额/万元	增减百分比
一、营业总收入	20 002 399.77	15 001 955.16	5 000 444.61	33.33%
其中：营业收入	19 812 317.71	14 828 645.00	4 983 672.71	33.61%
利息收入	189 928.78	173 180.65	16 748.13	9.67%
手续费及佣金收入	153.29	129.51	23.78	18.36%
二、营业总成本	16 958 932.92	12 469 881.27	4 489 051.65	36.00%
其中：营业成本	13 823 416.77	9 956 291.28	3 867 125.49	38.84%
利息支出	4 534.19	19 589.09	-15 054.90	-76.85%
手续费及佣金支出	65.77	48.96	16.81	34.33%
税金及附加	174 189.27	151 304	22 885.27	15.13%
销售费用	1 889 957.80	1 666 026.85	223 930.95	13.44%
管理费用	436 585.01	245 400.33	191 184.68	77.91%
研发费用	698 836.83	361 760.14	337 076.69	93.18%
财务费用	-94 820.14	43 128.47	-137 948.61	-319.86%
其中：利息费用	106 830.83	81 883.94	24 946.89	30.47%
利息收入	238 448.68	220 484.13	17 964.55	8.15%

(续表)

项 目	2018年/万元	2017年/万元	增减金额/万元	增减百分比
资产减值损失	26 167.42	26 378.70	-211.28	-0.80%
加：其他收益	40 855.32	40 158.48	696.84	1.74%
投资收益(损失以"－"号填列)	10 676.89	39 664.81	-28 987.92	-73.08%
其中：对联营企业和合营企业的投资收益	56.05	648.75	-592.70	-91.36%
加：公允价值变动收益(损失以"－"号填列)	4 625.74	921.25	3 704.49	402.12%
资产处置收益(损失以"－"号填列)	63.66	-102.23	165.89	-162.27%
三、营业利润(亏损以"－"号填列)	3 099 688.47	2 612 666.60	487 021.87	18.64%
加：营业外收入	31 785.77	51 105.91	-19 320.14	-37.80%
减：营业外支出	4 123.47	2 054.02	2 069.45	100.75%
四、利润总额(亏损总额以"－"号填列)	3 127 350.77	2 661 718.50	465 632.27	17.49%
减：所得税费用	489 447.79	410 858.59	78 589.20	19.13%
五、净利润(净亏损以"－"号填列)	2 637 902.98	2 250 859.90	387 043.08	17.20%
六、其他综合收益的税后净额	-45 727.43	12 572.03	-58 299.46	-463.72%
七、综合收益总额	2 592 175.55	2 263 431.94	328 743.61	14.52%
归属于母公司所有者的综合收益总额	2 574 368.23	2 253 065.39	321 302.84	14.26%
归属于少数股东的综合收益总额	17 807.32	10 366.55	7 440.77	71.78%
八、每股收益：				
(一)基本每股收益	4.36元	3.72元		
(二)稀释每股收益	4.36元	3.72元		

根据计算结果，李英对利润表中以下几个关键指标进行分析。

1. 营业利润

营业利润是企业在生产经营活动中实现的经营性利润。格力电器2018年实现营业利润3 099 688.47万元，比2017年增加了487 021.87万元，增幅为18.64%。

李英对营业利润增长的原因进行了分析：格力电器2018年实现营业总收入2 000.24亿元，突破了2 000亿大关，同比增长33.33%，其中营业收入同比增长33.61%。在营业成本方面，2018年营业总成本为1 695.89亿元，同比增长36.00%，略高于营业总收入的增幅，当然这与格力电器2017年的营业总成本基数有关，但从增加的金额来看，营业总收入的增加额500.04亿元高于营业总成本的448.91亿元。

营业总成本中，营业成本同比增长38.84%，销售费用、管理费用和研发费用都有不同程度的增长，财务费用中利息收入大于利息费用，因此格力电器2018年的财务费用为负，较2017年有较大幅度的变动。此外，其他收益同比增长1.74%、公允价值变动收益同比增长402.12%，增长幅度较大，但这部分收益不具有可持续性。

2. 利润总额

利润总额是企业在一定时期内经营活动的税前成果。格力电器2018年实现利润总额312.74亿元，比2017年增加了46.56亿元，增幅为17.49%。

利润总额由营业利润和营业外收支净额构成，格力电器2018年的营业利润同比增长18.64%。格力电器2018年营业外收入31 785.77万元，同比减少38.80%，而营业外支出同比增加100.75%，但从绝对金额来看，格力电器2018年的营业外收入大于营业外支出，营业外收支净额为27 662.30万元，但与2017年的营业外收支净额相比，同比下降43.61%。这就是格力电器2018年的利润总额情况。

3. 净利润

净利润是企业经营的最终成果，是衡量一个企业经营效益的主要指标：净利润多，企业的经营效益就好；净利润少，企业的经营效益就差。格力电器2018年实现净利润263.79亿元，归属于母公司的净利润为262.03亿元，净利润比2017年增加了38.70亿元，增幅为17.20%。

三、利润表结构分析

视频5 利润表结构分析

利润表结构分析是将利润表中的各项金额除以营业收入的金额，计算出各项目占营业收入的比重。通过结构分析，常常能够发现有显著问题的异常数，为进一步分析指明方向。

【任务实施3-8】李英对格力电器利润表进行了结构分析。

李英接下来对格力电器2018年的利润表进行结构分析，将利润表中的每项除营业总收入得到各项成本费用、利润占营业总收入的比重，与2017年的比重进行比较，分析其增减变动情况，计算结果如表3-9所示。

表3-9 格力电器利润表垂直分析表

项目	金额/万元		所占比重		
	2018年	2017年	2018年	2017年	差异
一、营业总收入	20 002 399.77	15 001 955.16	100.00%	100.00%	0
其中：营业收入	19 812 317.71	14 828 645.00	99.05%	98.84%	0.20%
利息收入	189 928.78	173 180.65	0.95%	1.15%	-0.20%
手续费及佣金收入	153.29	129.51	0	0	0
二、营业总成本	16 958 932.92	12 469 881.27	84.78%	83.12%	1.66%
其中：营业成本	13 823 416.77	9 956 291.28	69.11%	66.37%	2.74%
利息支出	4 534.19	19 589.09	0.02%	0.13%	-0.11%
手续费及佣金支出	65.77	48.96	0	0	0
税金及附加	174 189.27	151 304	0.87%	1.01%	-0.14%
销售费用	1 889 957.80	1 666 026.85	9.45%	11.11%	-1.66%
管理费用	436 585.01	245 400.33	2.18%	1.64%	0.55%
研发费用	698 836.83	361 760.14	3.49%	2.41%	1.08%
财务费用	-94 820.14	43 128.47	-0.47%	0.29%	-0.76%
其中：利息费用	106 830.83	81 883.94	0.53%	0.55%	-0.01%
利息收入	238 448.68	220 484.13	1.19%	1.47%	-0.28%
资产减值损失	26 167.42	26 378.70	0.13%	0.18%	-0.05%
加：其他收益	40 855.32	40 158.48	0.20%	0.27%	-0.06%
投资收益(损失以"-"号填列)	10 676.89	39 664.81	0.05%	0.26%	-0.21%
其中：对联营企业和合营企业的投资收益	56.05	648.75	0	0	0
加：公允价值变动收益(损失以"-"号填列)	4 625.74	921.25	0.02%	0.01%	0.02%
资产处置收益(损失以"-"号填列)	63.66	-102.23	0	0	0
三、营业利润(亏损以"-"号填列)	3 099 688.47	2 612 666.60	15.50%	17.42%	-1.92%
加：营业外收入	31 785.77	51 105.91	0.16%	0.34%	-0.18%
减：营业外支出	4 123.47	2 054.02	0.02%	0.01%	0.01%

(续表)

项目	金额/万元		所占比重		
	2018 年	2017 年	2018 年	2017 年	差异
四、利润总额(亏损总额以"-"号填列)	3 127 350.77	2 661 718.50	15.63%	17.74%	-2.11%
减：所得税费用	489 447.79	410 858.59	2.45%	2.74%	-0.29%
五、净利润(净亏损以"-"号填列)	2 637 902.98	2 250 859.90	13.19%	15.00%	-1.82%
六、其他综合收益的税后净额	-45 727.43	12 572.03			
七、综合收益总额	2 592 175.55	2 263 431.94			
归属于母公司所有者的综合收益总额	2 574 368.23	2 253 065.39			
归属于少数股东的综合收益总额	17 807.32	10 366.55			
八、每股收益：					
(一)基本每股收益	4.36 元	3.72 元			
(二)稀释每股收益	4.36 元	3.72 元			

李英根据表 3-9 对格力电器的利润构成变动情况进行分析和评价。

格力电器 2018 年财务成果构成情况：营业利润占营业总收入的 15.50%，同比下降 1.92%；利润总额占营业收入的 15.63%，较 2017 年下降 2.11%；净利润占营业收入的 13.19%，同比下降 1.82%，营业利润、利润总额、净利润占营业总收入的比重都有所下降，说明格力电器 2018 年的盈利能力有所下降。

从营业利润的内部结构变化来看，营业收入占营业总收入的比重从 2017 年的 98.84%上升到 2018 年的 99.05%，同比增长 0.20%。营业总成本占营业总收入的比重增长较快，由 2017 年的 83.12%上升到 2018 年的 84.78%，同比增长 1.66%，其中以营业成本的增速最快，同比增长 2.74%，同时公司 2018 年的管理费用、研发费用占营业总收入的比重同比增长 0.55%和 1.08%，销售费用同比下降 1.66%。从营业利润的内部结构来看，成本、费用的增加是导致盈利能力下降的原因。

综合分析只能帮助李英对格力电器 2018 年的收入、成本费用、利润情况有进一步的了解，如果想对格力电器 2018 年的利润情况有更全面、更深入的了解，离不开对利润表进行比率分析和同行业比较。

第四节　利润表比率分析

比率分析是对财务报表中有关项目之间的关系所做的分析研究，通过分析可以揭示经营成果或财务管理的优点和缺点,并有助于管理者对其加以完善。对利润表进行比率分析主要是分析企业的偿债能力和盈利能力。

一、偿债能力分析

偿债能力是指公司偿还到期债务(包括本息)的能力。上一章介绍了短期偿债能力指标包括流动比率、速动比率等,长期偿债能力指标包括资产负债率、权益乘数等,都与资产负债表有关,而与利润表相关的反映长期偿债能力的指标是利息保障倍数。

利息保障倍数又称已获利息倍数,是指企业生产经营所获得的息税前利润与利息费用的比率,是衡量企业支付负债利息能力的指标。企业生产经营所获得的息税前利润与利息费用相比,倍数越大,说明企业支付利息费用的能力越强。因此,债权人要分析利息保障倍数指标,以此来衡量债权的安全程度。利息保障倍数的计算公式为

利息保障倍数=息税前利润/利息费用=(净利润+利息费用+所得税费用)/利息费用

式中,利息费用包括财务费用中的利息费用和已计入固定资产价值中的资本化利息。利息费用就是企业支付给银行等金融机构的除本金以外的所有支出,但是在财务核算过程中,并未将所有的利息支出计入财务费用,还有一部分利息支出计入了固定资产的成本。因此,在核算利息保障倍数时,就需要将这种资本化利息加回到利息费用中。

利息保障倍数指标反映企业经营收益为所需支付的债务利息的多少倍。只要利息保障倍数足够大,企业就有充足的能力支付利息;反之,则相反。利息保障倍数的重点是衡量企业支付利息的能力,没有足够大的息税前利润,利息的支付就会发生困难。

利息保障倍数不仅反映了企业获利能力的大小,而且反映了获利能力对偿还到期债务的保证程度,它既是企业举债经营的前提依据,也是衡量企业长期偿债能力大小的重要标志。要维持正常偿债能力,利息保障倍数至少应大于 1,且比值越高,企业长期偿债能力越强。如果利息保障倍数过低,企业将面临亏损、偿债的安全性与稳定性下降的风险。

利息保障倍数作为反映企业长期偿债能力的指标,存在的缺陷是:净利润或调整的息税前利润都只是会计核算后的数据,其账面价值并不能作为长期债务和其他利息的偿付手段,只有企业净现金流量才能真正地偿还企业债务和利息。

【任务实施 3-9】 格力电器 2018 年的利润总额为 31 273 507 724.25 元,财务费用为 -948 201 396.74 元,在建工程附注显示格力电器 2018 年无在建工程减值情况及利息资本化情况。李英计算了格力电器 2018 年的利息保障倍数:

理论利息保障倍数=(31 273 507 724.25+1 068 308 309.96)/ 1 068 308 309.96 =30.27

实务利息保障倍数=(31 273 507 724.25-948 201 396.74)/-948 201 396.74 =-31.98

我国的会计实务中将利息费用计入财务费用,并不单独记录,所以作为外部使用者通常得不到准确的利息费用的数据,分析人员通常用财务费用代替利息费用进行计算,这也是在财经网站上查到的企业利息保障倍数为负数的原因。

格力电器 2018 年的利息保障倍数为 30.27，结合资产负债率、权益乘数、产权比率的数据可知格力电器的长期偿债能力较强。

二、盈利能力分析

盈利能力是指企业获取利润的能力。利润是企业内外有关各方都关心的中心问题，是投资者取得投资收益、债权人收取本息的资金来源，是经营者经营业绩和管理效能的集中表现，也是职工集体福利设施不断完善的重要保障。盈利是企业经营的主要目标，因此企业盈利能力分析十分重要。

从不同角度或从不同的分析目的来看，利润率指标可有多种形式。在不同的所有制企业中，反映企业盈利能力的指标形式也不同。本书对企业盈利能力的分析将从以下几方面进行。

(1) 与销售有关的盈利能力分析。商品经营盈利能力分析即利用损益表数据进行利润率分析，包括营业毛利率、营业利润率和营业净利率指标。

(2) 与成本费用有关的盈利能力分析。与成本费用有关的盈利能力指标主要是成本费用利润率指标。

(3) 与投资有关的盈利能力分析。与投资有关的盈利能力指标主要有总资产净利率、净资产收益率指标。

(4) 上市公司盈利能力分析。上市公司盈利能力分析即对每股利润、每股股利指标进行分析。

(一) 营业毛利率

营业毛利是指企业营业收入扣除营业成本之后的差额，它在一定程度上反映企业生产环节的效率高低。营业毛利率是指营业毛利与营业收入的比例关系，营业毛利率指标主要根据企业的利润表项目计算得出，一般用来匡算企业获利能力的大小。投资者、审计人员或公司经理等报表使用者可从中分析得出自己所需要的企业信息。

营业毛利率的计算公式为

$$营业毛利率=营业毛利/营业收入 \times 100\%$$

$$营业毛利=营业收入-营业成本$$

营业毛利率表示每一百元销售收入扣除营业成本后，有多少钱可以用于各项期间费用和形成盈利。营业毛利率是企业营业净利率的最初基础，没有足够大的毛利率便不能盈利。营业毛利率越高，说明企业销售成本在销售收入净额中所占的比重越小，在期间费用和其他业务利润一定的情况下，营业利润就越高。

营业毛利率还与企业的竞争力和企业所处的行业有关。一般来说，营业周期短、固定费用低的行业毛利率水平会比较低，如商品零售行业；而营业周期长、固定费用高的行业则必须有较高的毛利

视频6 经营盈利能力分析

率，以弥补其巨额的固定成本，如制造业。

【任务实施 3-10】 李英根据利润表计算了格力电器 2016—2018 年的营业毛利率。

表 3-10 所示是格力电器 2016—2018 年的营业收入和营业成本数据，营业毛利率是营业毛利与营业收入的比例，根据公式可以计算出格力电器 2016—2018 年的营业毛利率。

表 3-10　格力电器 2016—2018 年营业毛利率

项目	2016 年	2017 年	2018 年
营业收入/万元	10 830 256.53	14 828 645.00	19 812 317.71
营业成本/万元	7 288 564.12	9 956 291.28	13 823 416.77
营业毛利率	32.70%	32.86%	30.23%

格力电器 2018 年营业毛利率为 30.23%，较 2017 年减少 2.63%，但依然维持在 30% 以上，2016—2018 年的营业毛利率都较稳定。李英又将格力电器 2016—2018 年的营业毛利率和美的集团做了一个比较，美的集团 2016—2018 年的营业毛利率分别为 27.31%、25.03%、27.54%，格力电器每一年的营业毛利率都高于美的集团，如图 3-9 所示。

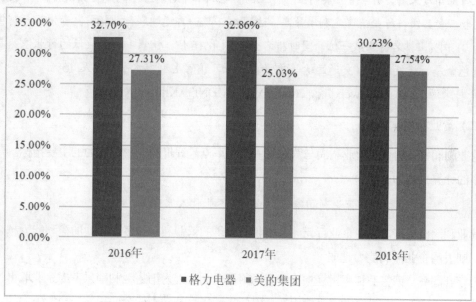

图 3-9　格力电器、美的集团 2016—2018 年的营业毛利率

📖 资料阅读 3-2

上市公司毛利率百强榜：医药股占半壁江山

数据宝与中国上市公司研究院联合发布的数据显示，2018 年 A 股上市公司整体销售毛利率小幅度提升，销售毛利率水平为 19.89%，接近六年最高水平。剔除银行及非银金融行业类公司及尚未公布年报的 5 家公司，22 家公司销售毛利率超过 90%。

恒生电子 2018 年销售毛利率 97.11%，排名第一位。恒生电子是中国领先的金融软件和网络服务供应商，2018 年公司实现盈利 6.45 亿元，盈利金额创历史新高。同时恒生电子已经连续五年销售毛利率保持 90% 以上，且 2018 年销售毛利率为其历史最高水平。

A 股毛利率百强榜上榜公司销售毛利率平均值为 83.3%。分行业来看，医药生物、计算机、传媒行业入围公司数量位列前三，分别有 56 家、14 家、11 家。

医药行业高毛利是全球普遍现象，医药公司高毛利的背后是持续的研发投入。以恒瑞医药为例，2018 年的毛利率为 86.6%，净利润率为 23.32%，中间很大一部分差额属于研发投入开支，2018 年研发投入达 26.7 亿元。事实上，恒瑞医药的研发费用在生物医药行业内连续多年排在首位，持续的高研发投入保证了恒瑞医药能够持续地研发新药，为未来维持甚至继续提高毛利率提供了坚实的基础。

近四成 A 股公司 2018 年销售毛利率较 2017 年出现提升，其中 32 家公司销售毛利率提升 20% 以上。提升幅度最大的是奥赛康，该公司 2018 年销售毛利率比 2017 年提升 66.27%。奥赛康毛利率的大幅提升，与此前完成的重大资产重组有关，公司借壳上市之后，主营业务由工程勘察和岩土工程施工服务变更为消化类、抗肿瘤类及其他药品的研发。

从行业角度来看，剔除金融类行业，行业销售毛利率排名前三甲的是食品饮料、休闲服务、医药生物。食品饮料行业销售毛利率最高，达到 48.14%，再度蝉联行业榜首。贵州茅台销售毛利率为 91.14%，排名行业第一位，同时排名全 A 股第 16 位。销售毛利率最低的行业依然是综合、有色金属、建筑装饰、交通运输等重资产行业，销售毛利率水平均不足 15%。

(资料来源：https://mp.weixin.qq.com/s/5VXVcMDNf3AKn0LnFX_ueg)

(二) 营业利润率

营业利润率是指企业营业利润与营业收入的比率，是评价企业盈利能力的主要指标。营业利润率的计算公式为

$$营业利润率 = 营业利润 / 营业收入 \times 100\%$$

营业利润率越高，表明企业百元商品销售额提供的营业利润越多，企业的盈利能力越强；反之，则表明企业盈利能力越弱。

销售利润率与销售毛利率指标相比，考虑得更全面。因为销售毛利率只考虑企业取得收入所耗费的"成本"，而没有考虑"费用"，仅依据销售毛利是不能全面了解公司竞争力的。比如一家公司，毛利率很高，但是管理费用、财务费用同样很高，那么最终利润可能就大打折扣了。这就是产品竞争力和管理层竞争力的综合评价了。

(三) 营业净利率

营业净利率是指企业净利润与营业收入的比率，反映企业营业收入创造净利润的能力，是企业销售的最终盈利能力指标。营业净利润的计算公式为

$$营业净利率 = 净利润 / 营业收入 \times 100\%$$

营业净利率越高,说明企业的盈利能力越强。但营业净利率受行业特点影响较大,通常来说,越是资本密集型的企业,营业净利率就越高;反之,资本密集型较低的企业,营业净利率也较低。

由于净利润的形成受多种因素的共同影响,因而不能单独根据该指标的高低来判断企业的盈利能力和管理水平,该比率分析应结合销售规模的增长及净利润结构的变动情况,以便做出客观的评价。

【任务实施 3-11】格力电器 2018 年的营业毛利率是 30.23%,那么格力电器的营业净利率是多少呢?格力电器 2018 年的费用对净利润的影响如何呢?带着这些疑问,李英分析了格力电器 2016—2018 年的营业净利率,如表 3-11 所示。

表3-11 格力电器2016—2018年营业净利率

项目	2016 年	2017 年	2018 年
净利润/万元	1 552 463.49	2 250 750.68	2 637 902.98
营业收入/万元	10 830 256.53	14 828 645.00	19 812 317.71
营业净利率	14.33%	15.18%	13.31%

格力电器 2018 年营业净利率为 13.31%,较 2017 年减少 1.87%。李英又将格力电器 2016—2018 年的营业净利率和美的集团做了一个比较,美的集团 2016—2018 年的营业净利率分别为 9.97%、7.73%、8.34%,格力电器每一年的营业净利率都高于美的集团,如图 3-10 所示。

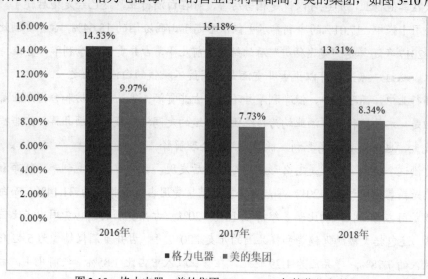

图3-10 格力电器、美的集团2016—2018年的营业净利率

📖 资料阅读3-3

古井贡酒的高毛利率低净利率

古井贡酒2016—2018年的营业毛利率、营业利润率以及营业净利率如图 3-11 所示,用一

句话来概括就是高毛利率、低净利率。

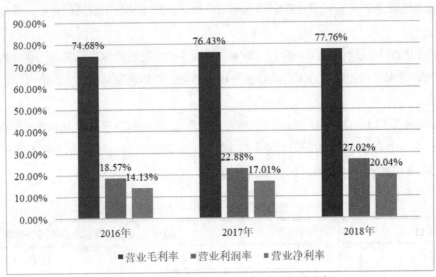

图 3-11 古井贡酒 2016—2018 年盈利能力指标

2017年，古井贡酒白酒销售收入为 68.22 亿元，紧随茅台、五粮液、洋河、泸州老窖，进入中国白酒上市公司实力榜前五，成为中国白酒二线梯队的领头羊。2017年，古井贡酒的白酒毛利率为 76.43%，在 19 家白酒上市公司中仅次于贵州茅台、水井坊和舍得酒业，成为中国白酒行业中毛利率最高的企业之一。但是，古井贡酒 2017 年的净利率仅为 17.01%。17.01%的净利率要是放在其他行业，那也可以说是相当厉害，可在白酒行业，这已经是拖后腿了。在中国白酒上市公司十强中，17.01%的净利率水平仅仅略高于山西汾酒的 15.64%。古井贡酒此前的净利率更低，2017 年还算是"突飞猛进"后的结果。前几年，古井贡酒的净利率一直维持在 13%左右。那么，从这一点上也可以说古井贡酒是中国最不赚钱的白酒企业之一。

在白酒行业中，高毛利率、低净利率并不只有古井贡酒一家。水井坊和舍得酒业都呈现这一特点。但是，水井坊和舍得酒业均为传统酒企再造的走高端路线的白酒品牌，广告投放规模一直较为庞大，也算是其"高毛利、低净利"的合理解释。

古井贡酒这个特例，到底是怎么形成的？梳理后发现，古井贡酒高毛利率、低净利率的财务表现主要是销售费用过高。2017年，古井贡酒销售费用占营业收入的 31.14%。而白酒上市公司的销售费用占营业收入的比率多维持在 10%~20%。古井贡酒的销售费用中占比较高的，除了广告费，还包括大额的促销费和样品酒的开支。2017年，古井贡酒促销费为 5.42 亿元，占当年营业收入的 7.78%；样品酒为 1.29 亿元，在营业收入中占比 1.85%。之前几年，古井贡酒支付的促销费和样品酒费用更为庞大，合计占比超过 10%。梳理 19 家白酒上市公司年报发现，促销费及占比如此之高的，唯有古井贡酒；单列了样品酒这项费用的，也只有古井贡酒。

低效的市场行为，可以看作古井贡酒日渐掉队的原因之一。

(资料来源：http://www.sohu.com/a/232294090_562312)

为了更好地理解营业毛利率和营业净利率的关系，接下来以贵州茅台和舒泰神为例进行说明。

中国贵州茅台酒厂(集团)有限责任公司(以下简称茅台集团)是国家特大型国有企业，总部位于贵州遵义市茅台镇。茅台集团以贵州茅台酒股份有限公司为核心企业，涉足产业包括白酒、保健酒、葡萄酒、金融、文化旅游、教育、酒店、房地产及白酒上下游等。舒泰神(北京)生物制药股份有限公司(以下简称舒泰神)成立于 2002 年 08 月，2011 年 04 月在深圳证券交易所创业板上市。公司以自主知识产权创新药物的研发、生产和营销为主要业务，在中国证监会上市公司行业分类中归属于"C27 医药制造业"类别，是一家涵盖早期探索性研究、药物发现、工艺开发及中试放大、临床前生物学评价、临床开发到药品生产和商业化的全产业链创新型生物制药企业，拥有完整的研发、生产和营销等体系，是国家级高新技术企业。

2018 年贵州茅台和舒泰神财务数据如表 3-12 所示。

表 3-12　2018 年贵州茅台和舒泰神财务数据

单位：万元

企业	营业收入	营业成本	净利润
贵州茅台	7 363 887.24	652 292.18	3 782 961.78
舒泰神	80 607.93	7480.52	13 405.84

根据贵州茅台和舒泰神的财务数据计算营业毛利率和营业净利率，如图 3-12 所示。

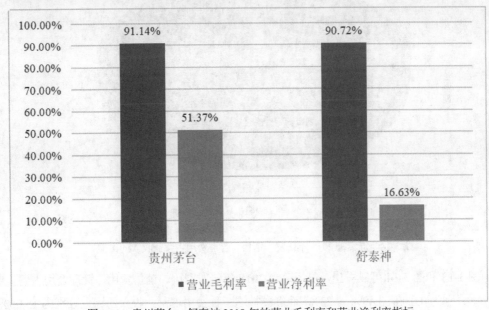

图 3-12　贵州茅台、舒泰神 2018 年的营业毛利率和营业净利率指标

由图 3-12 可以看出，贵州茅台和舒泰神 2018 年的营业毛利率分别为 91.14% 和 90.70%，两家企业毛利率都非常高，相差不大。但贵州茅台的营业净利率为 51.37%，舒泰神为 16.63%，相差 34.74%，两家企业营业毛利率相差无几但营业净利率差异如此之大的原因是什么呢？

其实就在于研发费用、销售费用、管理费用占营业收入比重的不同，如图 3-13 和图 3-14 所示。

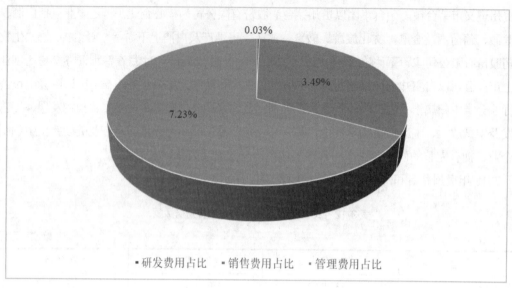

图 3-13　贵州茅台 2018 年研发费用、销售费用、管理费用占营业收入的比重

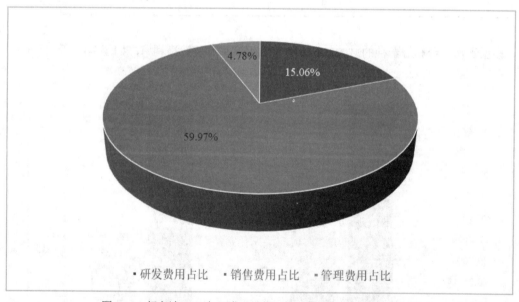

图 3-14　舒泰神 2018 年研发、销售、管理费用占营业收入的比重

由图 3-13 和图 3-14 可以看出，贵州茅台 2018 年研发费用、销售费用、管理费用占营业收入的比重分别为 0.03%、3.49%、7.23%，而舒泰神这三种费用占营业收入的比重分别为 15.06%、59.97%、4.78%。由此可以知道，与贵州茅台相比，舒泰神高营业毛利率、低营业净利率是因为销售费用和研发费用占比过高，当然这一比例是否合理，还需要和医药制造业的平均数据进行对比。

(四) 成本费用利润率

成本费用利润率是指企业的净利润与成本费用总额的比率，反映企业所费与所得之间的关系，是从总耗费的角度考核获利情况的指标。成本费用利润率的计算公式为

$$成本费用利润率=净利润/成本费用\times 100\%$$

式中，成本费用包括主营业务成本、税金及附加、营业费用、管理费用、财务费用、投资损失、营业外支出以及所得税。成本费用利润率越高，表明每百元耗费赚取的盈利越多，企业效益越好。

当获取的利润总额不变时，成本费用总额越小，成本费用利润率越高；当成本费用总额不变时，净利润越大，成本费用率越高；反之，利润不变而成本费用增加，或成本费用额不变而利润额减少时，则成本费用利润率会下降，说明每百元总耗费的盈利能力降低，企业经济效益下滑。

(五) 总资产净利率

总资产净利率(return on assets，ROA)又称资产净利润率、资产报酬率或资产收益率，是企业在一定时期内的净利润和资产平均总额的比率。该指标主要用来衡量企业利用资产获取利润的能力，反映了企业总资产的利用效率，表示企业每百元资产能获得净利润的数量。总资产净利率的计算公式为

$$总资产净利率=净利润/资产平均总额\times 100\%$$
$$资产平均总额=(期初资产总额+期末资产总额)/2$$

总资产净利率表示企业全部资产获取收益的水平，全面反映了企业的获利能力和投入产出状况。通过对该指标的深入分析，可以增强各方面对企业资产经营的关注，促进企业提高单位资产的收益水平。资产净利率越高，说明企业利用全部资产的获利能力越强；资产净利率越低，说明企业利用全部资产的获利能力越弱。资产净利率与净利润成正比，与资产平均总额成反比。资产净利率是影响所有者权益利润率的最重要的指标，具有很强的综合性，而资产净利率又取决于销售净利率和资产周转率的高低。

一般情况下，企业可将总资产净利率与市场资本利率进行比较，如果该指标大于市场资本利率，则表明企业可以充分利用财务杠杆，进行负债经营，获取尽可能多的收益。

总资产净利率越高，表明企业投入产出的水平越好，企业的资产运营越有效。

视频7 资产盈利能力分析

【任务实施3-12】李英计算了格力电器2016—2018年的总资产净利率。

总资产净利率表示企业每百元资产能获得净利润的数量，衡量了企业总资产的利用效率。

根据格力电器 2016—2018 年的净利润和资产平均余额数据,可以得出格力电器 2016—2018 年的总资产净利率,如表 3-13 所示。

表 3-13 格力电器 2016—2018 年总资产净利率

项目	2016 年	2017 年	2018 年
净利润/万元	1 552 463.49	2 250 750.68	2 637 902.98
资产期末数/万元	18 236 970.50	21 498 790.71	25 123 415.73
资产期初数/万元	16 169 801.63	18 236 970.50	21 498 790.71
资产平均值/万元	17 203 386.07	19 867 880.61	2 637 902.98
总资产净利率	9.02%	11.33%	11.32%

如图 3-15 所示,格力电器 2016 年的总资产净利率为 9.02%,2017 年增长到 11.33%,2018 年维持 2017 年的水平,为 11.32%。同行业的美的集团 2016 年的总资产净利率为 10.59%,高于格力电器,但从 2017 年开始总资产净利率持续下降,2017 年降至 8.89%,2018 年降至 8.46%,两年均低于格力电器。

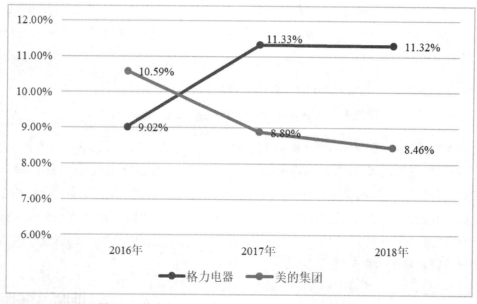

图 3-15 格力电器、美的集团 2016—2018 年总资产净利率

(六) 净资产收益率

> 如果只能选择一个指标来衡量公司经营业绩的话,那就选净资产收益率吧。我选择的公司,都是净资产收益率超过 20%的公司。
>
> ——巴菲特

什么是净资产收益率呢?净资产收益率(rate of return on common stockholders' equity,ROE)

又称股东权益报酬率、净值报酬率、权益报酬率、权益利润率、净资产利润率,是公司净利润与平均净资产的百分比。净资产收益率反映股东权益的收益水平,用以衡量公司运用自有资本的效率。净资产收益率分为摊薄净资产收益率和加权净资产收益率,摊薄净资产收益率计算公式为

$$摊薄净资产收益率=净利润/期末净资产\times 100\%$$

摊薄净资产收益率强调年末状况,是一个静态指标,说明期末单位净资产对经营净利润的分享,多用来确定股票的价格。

加权净资产收益率的计算公式为

$$加权净资产收益率=净利润/平均净资产\times 100\%$$

加权净资产收益率强调经营期间净资产赚取利润的结果,是一个动态的指标,反映企业的净资产创造利润的能力。

其中:

$$平均净资产=(年初净资产+年末净资产)/2$$
$$净资产=资产总额-负债总额$$

从经营者使用会计信息的角度来看,应使用加权平均净资产收益率指标,该指标反映了过去一年的综合管理水平,对于经营者总结过去、制定经营决策意义重大。从企业外部的相关利益人股东的角度来看,应使用摊薄净资产收益率指标,是基于股份制企业的特殊性,在增加股份时新股东要超面值缴入资本并获得同股同权的地位,期末的股东对本年利润拥有同等权利。正因为如此,中国证监会发布的《公开发行股票公司信息披露的内容与格式准则第二号:年度报告的内容与格式》中规定了采用全面摊薄法计算净资产收益率。全面摊薄法计算出的净资产收益率更适用于股东对于公司股票交易价格的判断,所以对于向股东披露的会计信息,应采用该方法计算出的指标。总之,对企业内部,更侧重采用加权平均法计算出的净资产收益率;对企业外部,更侧重采用全面摊薄法计算出的净资产收益率。

净资产收益率越高,说明投资带来的收益越高,净资产收益率越低,表明企业所有者权益的盈利能力越弱。该指标体现了自有资本获得净收益的能力,衡量企业投入的自有资本盈利能力的高低,可以判断投资者的投资效益,引导潜在投资者的投资意向,预测企业的筹资规模及发展方向。

【任务实施3-13】李英计算并分析了格力电器2016—2018年的净资产收益率。

净资产收益率是衡量企业盈利能力的核心指标,反映股东权益的收益水平,是净利率和净资产的比例关系。格力电器2016—2018年摊薄的净资产收益率如表3-14所示,可以据此分析格力电器2016—2018年盈利能力变动情况。

表 3-14 格力电器 2016—2018 年净资产收益率

项目	2016 年	2017 年	2018 年
净利润/万元	1 552 463.49	2 250 750.68	2 637 902.98
净资产期末数/万元	5 492 360.28	6 685 470.56	9 271 471.17
净资产收益率	28.27%	33.67%	28.45%

格力电器 2018 年的净资产收益率为 28.27%，2017 年增加到 33.67%，2018 年有所回落但依然维持在 28%以上。格力电器 2009—2018 年的净资产收益率如图 3-16 所示，格力电器 2009—2018 年净资产收益率均维持在 20%以上，这是一个什么样的水平呢？带着这些疑问，李英搜集了更多的数据。

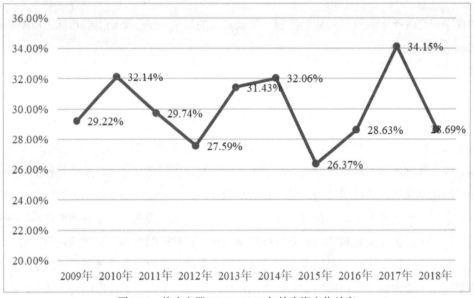

图 3-16 格力电器 2009—2018 年的净资产收益率

注：图中的净资产收益率是用归属于母公司的净利润数据计算得出的，是一个摊薄净资产收益率公布值，所以与表 3-14 计算的结果略有差异。

净资产收益率常年稳定在 20%以上有多难？有媒体统计，以 2008—2017 年 10 年的净资产收益率计算，只有 9 家连续超过 20%，分别是格力电器、贵州茅台、恒瑞医药、双汇发展、东阿阿胶、华东医药、承德露露、海康威视、洋河股份。格力电器股价自 1996 年上市以来涨幅达到 13 619.44%，2008 年以来的涨幅是 789.79%。这就是持续高 ROE 的魔力！

通过净资产收益率挑选企业进行长期投资是一个不错的选择，但净资产收益率指标和其他财务指标一样，并非十全十美，也存在一些缺点，主要表现在以下几个方面。

(1) 高净资产收益率可能来自企业过度负债，财务杠杆过高。

(2) 净资产收益率未考虑经营现金质量，对业绩可持续性的判断不足。

(3) 净资产收益率未囊括资产质量，如现金、存货、无形资产(剔除土地使用权)、商誉等资产的构成和状况。

鉴于净资产收益率存在以上缺点,所以需要以净资产收益率为基础,加入其他财务指标,对财务分析体系进行完善与补充。

为了更好地理解财务杠杆对净资产收益率的影响,接下来以同属于电器制造行业的格力电器和老板电器 2018 年的总资产净利率和净资产收益率指标来进行说明。

格力电器和老板电器 2018 年的财务数据及财务指标分别如表 3-15 和表 3-16 所示。

表 3-15　格力电器和老板电器 2018 年的财务数据

单位:万元

企业名称	净利润	资产总额	所有者权益总额
格力电器	2 637 902.98	25 123 415.73	9 271 471.17
老板电器	148 384.79	945 536.15	613 084.83

表 3-16　格力电器和老板电器 2018 年的财务指标

企业名称	总资产净利率	净资产收益率	资产负债率
格力电器	10%	28%	63%
老板电器	16%	24%	35%

老板电器 2018 年的总资产净利率为 16%,格力电器为 10%,而格力电器的净资产收益率为 28%,高于老板电器的 24%。老板电器总资产净利率高于格力电器 6 个百分点,但净资产收益率低于格力电器 4 个百分点,两个指标之间的差异受什么因素的影响呢?这与资产负债率有关,格力电器资产负债率为 63%,高于老板电器的 35%,说明格力电器充分利用了负债的杠杆作用,因此净资产收益率较老板电器高。

(七) 每股收益

对于持有上市公司股票的投资者来说,需要关注的最基本的是每股收益。每股收益(earning per share,EPS)也称每股利润或每股盈余,是反映上市公司普通股股东持有每一股份所能享有企业利润或承担企业亏损的业绩评价指标。每股收益包括基本每股收益和稀释每股收益。基本每股收益的计算公式为

$$基本每股收益=(净利润-优先股股利)/普通股股数$$

稀释每股收益是在考虑潜在普通股稀释性影响的基础上,对基本每股收益的分子、分母进行调整后再计算的每股收益。

每股收益越高,表明公司的获利能力越强。

【任务实施 3-14】李英分析了格力电器 2016—2018 年的每股收益。

每股收益衡量的是普通股股东持有一股所能享受到的企业利润,企业的利润表会披露每股收益的数据,并不需要投资者自行计算,李英翻阅了格力电器2016—2018年的年度报告,格力电器2016—2018年每股收益情况如图3-17所示。

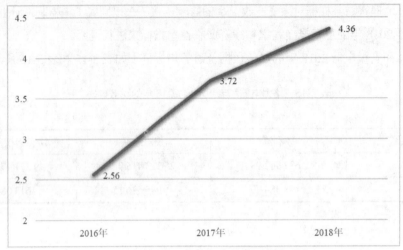

图3-17　格力电器2016—2018年的每股收益(单位:元)

从趋势上来看,格力电器2016—2018年的每股收益呈增长趋势,2017年每股收益3.72元,较2016年增长1.16元,增长比例45.31%,2018年较2017年每股收益增长0.64元,增长17.20%。

每股收益作为评价上市公司盈利能力的基本和核心指标,其主要作用如下。

(1) 每股收益指标反映了企业的获利能力,决定了投资者的收益水平,每一股在本期获得的收益一目了然,便于投资者选择投资哪类和哪只股票。

(2) 每股收益是确定企业股票价格的主要参考指标。虽然股票价格受到市场资金供求、证券市场行情等多种因素的影响,但最终都要回归到企业的盈利能力,只有真正效益好的企业才会被投资者长期接受。所以,每股收益作为企业盈利状态的"温度计",也同时决定着企业股价的高低。

(3) 通过对某一企业连续若干年的每股收益变动状况及其趋势进行分析,能帮助投资者了解企业投资报酬在较长时期的变动规律,从而确定是否需要长期持有该股票。

(4) 通过对同一行业不同企业间每股收益的比较分析,能帮助投资者确认自己关注的企业的指标值在同行业中的位置,从而在市场影响因素类似的情况下,对所投资企业的盈利能力做出更客观的判断。

(八) 每股股利

每股股利(dividend per share)又称每股现金股利,是股利总额与流通股股数的比值。每股股利是反映股份公司每一普通股获得股利多少的一个指标,该值越大表明获利能力越强。影响每股股利多少的因素主要是企业股利发放政策与利润分配政策的影响。如果企业为扩大再生产、增强企业后劲而多留利,每股股利就少;反之,则多。

每股股利的计算公式为

每股股利=(现金股利总额-优先股股利)/普通股股数

在公司分配方案的公告中，每股股利通常表述为"每 10 股发放现金股利××元"，所以投资者需要将分配方案中的现金股利再除以 10 才可以得到每股股利。此外，如果公司一年中有两次股利发放，需要将两次股利相加后除以总股本得出年度每股股利。每股股利不仅可以衡量公司股利发放的多寡和增减，还可以作为股利收益率指标的分子，计算股利收益率是否吸引人。每股股利与每股收益一样，由于分母是总股本，所以也会有因为股本规模扩大导致的摊薄效应。对于投资者而言，不论公司股本是否扩大，都希望每股股利保持稳定，尤其对于收益型股票，每股股利的变动是投资者选股的重要考量。

每股股利与每股收益的区别如下。

每股股利反映的是上市公司每一普通股获取股利的大小。每股股利越大，则公司股本获利能力就越强；每股股利越小，则公司股本获利能力就越弱。但须注意，上市公司每股股利发放多少，除了受上市公司获利能力大小影响以外，还取决于公司的股利发放政策。如果公司为了增强公司发展的后劲而增加公司的公积金，则当前的每股股利必然会减少；反之，则当前的每股股利会增加。

每股收益是公司每一普通股所能获得的税后净利润，但上市公司实现的净利润往往不会全部用于分派股利。每股股利通常低于每股收益，其中一部分作为留存利润用于公司自我积累和发展。但有些年份，每股股利也有可能高于每股收益。比如在有些年份，公司经营状况不佳，税后利润不足支付股利，或经营亏损无利润可分。按照规定，为保持投资者对公司及其股票的信心，公司仍可按不超过股票面值的一定比例，用历年积存的盈余公积金支付股利或在弥补亏损以后支付股利。这时每股收益为负值，但每股股利却为正值。

反映每股股利和每股收益之间关系的一个重要指标是股利发放率，即每股股利分配额与当期的每股收益之比。借助该指标，投资者可以了解一家上市公司的股利发放政策。

【任务实施3-15】李英搜集了格力电器 2014—2018 年的利润分配方案。

定期报告会披露公司普通股利润分配预案，李英查阅了格力电器 2016—2018 年的利润分配方案，如表 3-17 所示。

表 3-17　格力电器 2014—2018 年利润分配方案

报告期	分派方案
2018 年 12 月	每 10 股派发现金 15.00 元
2018 年 6 月	每 10 股派发现金 6.00 元
2016 年 12 月	每 10 股派发现金 18.00 元
2015 年 12 月	每 10 股派发现金 15.00 元
2014 年 12 月	每 10 股派发现金 30.00 元，每 10 股转增 10 股

格力电器 2018 年依旧坚持大量分红，从公司年报来看，拟以 60.16 亿股作为基数，向全体股东每 10 股派发 15 元的现金(含税)，算上集团在 2018 年年中进行的分红，2018 年格力电器的分红高达 126 亿元，在 2018 年 A 股每股股利的排名中排第 15。

📖 **资料阅读3-4**

2018 年 A 股上市公司分红排行榜

分红是检验一家公司经营好坏的一个简单、有效的标准，尤其是可以持续高比例分红的公司大概率就是一家不错的公司。对于长期投资者来说，持续不断的分红是对于长期持股信心的一种有力支撑。

自 2017 年开始，监管层加强对高送转行为的监管，鼓励上市公司现金分红。期间，监管层还曾表示要严查"铁公鸡"行为，明确表示不排除出台硬措施。其中，在上交所举行的现金分红专项说明会上，上交所也要求上市公司高度重视现金分红工作，并将继续加大监管力度。对于恶意不分红的公司，会提请证监会派出机构实施现场检查。2018 年 3 月，沪深交易所向连续多年没有分红的"铁公鸡"们发去监管问询，要求这些公司对其不分红方案说明具体原因及合理性。

2019 年 3 月 29 日，贵州茅台发布 2018 年分红派息方案，每 10 股派现金红利 145.39 元(含税)，合计派发现金红利 183 亿元。五粮液此前的累计分红也高达 244 亿元，是其 38 亿元融资额的近 7 倍。此前，北上资金一直在加持此类高分红个股。

2018 年 A 股上市公司每股股利排名前 15 如图 3-18 所示，可以看出里面很多公司都是老牌的蓝筹白马股，虽然大部分依然是消费、医药等传统行业公司，但这些公司都是治理优秀、主业突出的好公司，尤其是累计派息大于累计募资的公司更是 A 股中的极品。

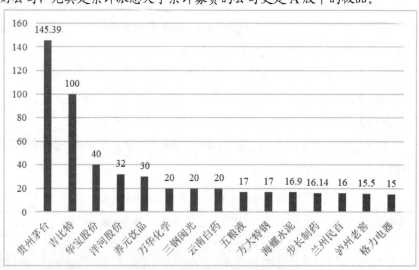

图 3-18　2018 年 A 股上市公司每股股利排行榜前 15(单位：元)

注：图中的数据为每 10 股派发的现金红利金额。

(资料来源：https://new.qq.com/omn/20190410/20190410A01HGQ.html，https://stock.hexun.com/2019-05-04/197063574.html)

(九) 市盈率

市盈率(price earnings ratio，P/E)又称本益比，是普通股每股市价与普通股每股收益的比率。即普通股每股市价相当于每股收益的倍数，反映的是投资者对上市公司每元净利润愿意支付的价格，可以用来估计股票的投资报酬和风险。市盈率的计算公式为

$$市盈率=每股市价/每股收益$$

市盈率分为静态市盈率和动态市盈率。静态市盈率是当前股票价格与过去一年年度报告显示的每股收益的比值，因而是比较滞后的。动态市盈率则是指还没有真正实现的下一年度的预测利润的市盈率。与静态市盈率相比，动态市盈率虽然更加准确，但是大部分股票行情分析软件只进行简单的算术计算，加上很多上市公司的业绩具有较大的季节周期性和波动性，让动态市盈率同样充满了"陷阱"。比如某个上市公司的一季度每股收益为0.10元，那么大部分的股票行情分析软件会简单地乘以4，得出年终的业绩为0.40元，然后以此来计算该股票的动态市盈率，比如当前股价为10元，那么市盈率只有25倍。对于很多季节性比较强的上市公司，用这种方法预测市盈率是非常不准确的。

市盈率是反映上市公司获利能力的一个重要财务指标。一般来说，市盈率高，说明投资者对企业的发展前景看好，愿意出较高的价格购买该公司股票，所以一些成长性较好的高科技公司股票的市盈率通常要高一些。但是也应该注意，如果某一股票的市盈率过高，则也意味着这种股票具有较高的投资风险。影响公司股票市盈率的因素主要有以下几个。

(1) 上市公司盈利能力的成长性。如果一个上市公司预期未来的盈利能力将不断提高，则说明公司具有较好的成长性，虽然目前市盈率较高，也值得投资者进行投资，因为上市公司的市盈率会随着公司盈利能力的提高而不断下降。

(2) 投资者所获报酬率的稳定性。如果上市公司经营效益良好且相对稳定，则投资者获取的收益也较高且较稳定，投资者就愿意持有该公司的股票，这样该公司的股票市盈率会由于众多投资者的普遍看好而相应提高。

(3) 市盈率也受到利率水平变动的影响。当市场利率水平变化时，市盈率也应进行相应的调整。在股票市场的实务操作中，利率与市盈率之间的关系常用如下公式表示：

$$市盈率=1/1年期银行存款利率$$

上市公司的市盈率一直是广大股票投资者进行中、长期投资选股时的主要指标。但是，在对市盈率指标进行分析时应注意以下问题：第一，该指标不宜用于不同行业的公司之间的比较，行业不同，其每股收益差别就比较大，市盈率也就不具有可比性；第二，当每股收益非常低时，可能会计算出一个没有多少实际意义的高市盈率，这时候这一指标就没有作为参考的价值了。

知识点总结

本章主要介绍了如何对企业的利润表进行分析，要想读懂企业的利润表，首先就要了解利润表的相关基础知识，包括利润表的内容、格式和作用等，然后对利润表的收入类、成本费用类、税金类、利润类项目进行分析，对利润表各项目有一个大概的认知，在此基础上对利润增减、构成变动进行分析，判断企业的收入、费用、利润的变动情况以及利润是否稳定。最后将资产负债表中的资产、净资产项目与利润表中的净利润项目，利润表中的营业收入、营业成本等项目对比，计算盈利能力指标，对企业的盈利能力有一个全面、深刻的认知。图3-19是本章的知识结构体系图。

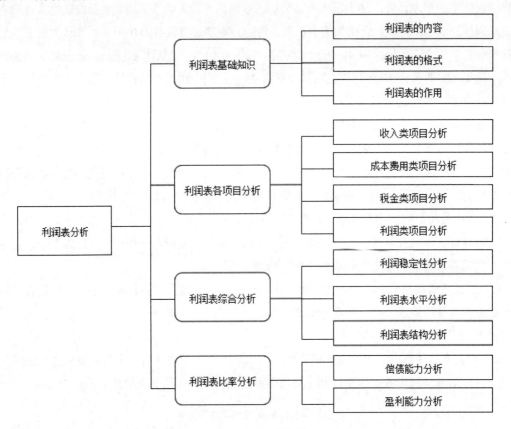

图 3-19 利润表分析知识结构体系图

李英对格力电器的利润表进行了详细的分析后，认为格力电器有较强的盈利能力且企业的利润主要来源于主营业务收入，利润质量较高且稳定性强，是一种可持续的盈利能力。再回看案例引入中的特力A，没有主营业务支撑的业绩终究是不可持续的。A股市场不乏这样的企业，主业平平，投资来凑，投资收益已经成为某些上市公司拉动利润的一大利器。对非金融类上市企业来说，投资收益占利润比例过高值得警惕。即便与投资收益挂钩的长期股权投资或金融资产投资是公司持续经营的业务，但其与主营业务收入仍是两个概念，如果投资收益在利润中占比过高，或多或少反映公司主营业务表现不甚理想。另外，处置金融资产或长期股权投资是可人为控制的，公司可通过操控或处置金融资产或长期股权投资使得大量投资收益产生于一次性且不可持续的资产处置，降低盈利的持续性。

同步测试

一、单项选择题

1. 利润增减变动分析是利润分析的初步形式，采用的方法是(　　)。
   A. 比率分析法　　　　　　　　B. 垂直分析法
   C. 水平分析法　　　　　　　　D. 因素分析法
2. 利润表是反映企业在一定会计期间(　　)的财务报表。
   A. 经营成果　　　　　　　　　B. 财务状况
   C. 现金流量　　　　　　　　　D. 所有者权益变动
3. 我国企业的利润表一般采用(　　)格式。
   A. 账户式　　　　　　　　　　B. 报告式
   C. 多步式　　　　　　　　　　D. 单步式
4. 为销售本企业商品而专设的销售机构的职工薪酬应计入(　　)。
   A. 财务费用　　　　　　　　　B. 营业外支出
   C. 管理费用　　　　　　　　　D. 销售费用
5. 企业按照相关准则的规定而应当计入当期损益的各项资产或负债公允价值变动的净收益或净损失，应计入(　　)。
   A. 营业外支出　　　　　　　　B. 资产减值损失
   C. 公允价值变动净收益　　　　D. 投资净收益
6. (　　)是指企业在日常活动中形成的，会导致所有者权益增加的，与所有者投入资本无关的经济利益的总流入。
   A. 主营业务收入　　　　　　　B. 投资净收益
   C. 劳务收入　　　　　　　　　D. 收入
7. 对(　　)项目进行分析时，应注意其计算的准确性和缴纳的及时性。
   A. 税金及附加　　　　　　　　B. 投资净收益
   C. 公允价值变动净收益　　　　D. 净利润
8. (　　)支出应计入管理费用，而且要根据其发生额与当期营业收入的比例关系，将超标准支付部分进行纳税调整。
   A. 所得税费用　　　　　　　　B. 业务招待费
   C. 增值税　　　　　　　　　　D. 修理费

9. 每股收益是( )中的项目。
   A. 资产负债表   B. 利润表
   C. 现金流量表   D. 所有者权益变动表

10. 利润结构变动分析采用的方法是( )。
    A. 比率分析法   B. 垂直分析法
    C. 水平分析法   D. 因素分析法

二、多项选择题

1. 下列各项中,属于利润表的内容的是( )。
   A. 递延所得税资产   B. 资产减值损失
   C. 投资收益   D. 每股收益

2. 对利润表项目进行阅读与分析应主要对( )进行阅读与分析。
   A. 收入类项目   B. 费用类项目
   C. 利润类项目   D. 工时消耗

3. 利润表是企业的( )。
   A. 主要会计报表   B. 经营成果报表
   C. 动态报表   D. 静态报表

4. 利润表中的"营业收入"项目应根据( )科目的本期发生额计算填列。
   A. 投资收益   B. 主营业务收入
   C. 营业外收入   D. 其他业务收入

5. 下列各项中,影响企业利润总额的有( )。
   A. 营业利润   B. 营业外收入
   C. 营业外支出   D. 所得税费用

6. 已获利息倍数的大小与下列( )因素有关。
   A. 营业利润   B. 利润总额
   C. 净利润   D. 利息支出

7. 对利润类项目的阅读与分析主要包括( )。
   A. 营业收入   B. 净利润
   C. 营业利润   D. 利润总额

8. 如果企业的( )主要由非营业利润获得,则该企业利润实现的真实性和特殊性应引起报表分析人员的重视。
   A. 利润总额   B. 净利润
   C. 营业利润   D. 投资收益

9. 利润表的作用表现在( )方面。
   A. 发现管理中的问题   B. 评价经营业绩

C. 揭示利润变动趋势　　　　　　D. 帮助投资人决策

10. 对净利润分析的内容，包括对形成净利润的(　　)等方面的分析。

A. 营业外支出　　　　　　　　　B. 各项目的增减变动

C. 各项目的结构变动　　　　　　D. 变动较大的重点项目

三、判断题

1. 对利润表的综合分析，要通过编制比较会计报表分别做利润增减变动的分析和利润构成变动的分析。（　）

2. 如果企业的营业利润主要来源于投资收益，则应肯定企业以前的投资决策的正确性，但要分析企业内部管理存在的问题，以提高企业经营活动内在的创新能力。（　）

3. 股利政策是影响企业资本积累率的一个重要因素。（　）

4. 营业周期短、固定费用低的行业毛利率较高。（　）

5. 利润表的表首是利润表的主体部分，它能反映企业收入、费用和利润各项目的内容及相互关系。（　）

6. 职工教育经费计入企业当期的管理费用。（　）

7. 每股收益越高，意味着股东可以从公司分得的股利越高。（　）

8. 利润表是反映企业在一定会计期间经营成果的静态时点报表。（　）

9. 当企业营业利润较小时，应着重分析主营业务利润的大小，多种经营的发展情况以及期间费用的多少。（　）

10. 在资产净利率不变的情况下，资产负债率越高净资产收益率越低。（　）

实践训练

实训目的：对利润表进行全面分析。

实训资料：上网收集所选上市公司报表及相关资料。

实训要求：每个小组选择一家上市公司，对其近三年来的利润表进行全面分析并上交作业报告，报告包括PPT和Word电子文档，并在班级演示。

第四章
现金流量表分析

【知识目标】
- 熟悉现金流量表的基本结构；
- 能够准确识别现金流量表中的三大现金流量；
- 能够对现金流量表进行多角度分析。

【能力目标】
- 能够通过官方渠道获得上市公司准确、完整的财务报表；
- 能够利用统计软件对现金流量表进行数据统计、分析；
- 能够根据所得结论撰写分析报告。

【素质目标】
- 能够向报表使用者介绍、解释、分析现金流量表。

📖 案例引入

最负盛名的供应链服务商财务大起底

深圳市怡亚通供应链股份有限公司(以下简称怡亚通)是中国最负盛名的供应链管理服务商之一，于 1997 年 11 月成立，2007 年 11 月登陆深交所，是 A 股第一家供应链上市公司。怡亚通上市之后发展迅猛，业绩惊艳，2008—2017 年这十年间，其营收从 28.73 亿元增长到 685.15 亿元，年复合增长率高达 42.25%(注：其中也有改变会计核算方法带来的影响)，归属于母公司的净利润从 1.5 亿元增至 5.95 亿元，年复合增长率为 16.52%。这种增速在 A 股市场绝对是出类拔萃的。

从股价来看，怡亚通从 2008 年最低 1.2 元(前复权，下同)涨到 2015 年最高 37.19 元，涨幅超过 30 倍，是 A 股市场最具代表性的高成长股之一。除此之外，怡亚通也一直受到众多分析师的追捧，被誉为"传统消费品渠道的颠覆者""传统渠道供应链革命先锋"。对于这样一家光环笼罩、业绩惊艳的明星公司，在研究了其财务数据之后，发现怡亚通华丽的外衣之下却暗藏危机。

怡亚通公司最大的问题是现金流问题。

先来看这家公司2008—2017年的净利润和经营性现金流数据，如图4-1所示。怡亚通的财务数据有一个显著的特点：净利润与经营性现金流净额长期呈现相悖离的趋势。

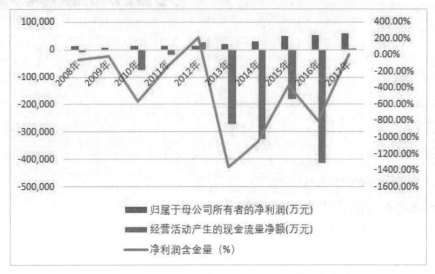

图4-1　怡亚通2008—2017年的净利润和经营性现金流数据

2008—2017年，怡亚通历年净利润都是正数，累计归属于母公司的净利为27.38亿元，但是其累计经营性现金流量净额为 -126.57亿元，也就是说，怡亚通在这十年时间里，其经营活动不仅没能产生任何正向的现金流，而且净流出现金超过百亿元。

具体来看，这10年里有8年经营性现金流量净额为负数，其中以2013—2016这四年最为恐怖，分别为 -27.19亿元、-32.8亿元、-18.05亿元、-41.47亿元，共计 -119.51亿。仅2012年和2017年为正数，但金额都较小，比如2017年，不到4 100万元。再来看净利率含金量，净利率含金量是用经营活动产生的现金流量净额除净利润，反映了企业当期净利润中现金收益的保障程度，真实反映了企业盈余的质量。怡亚通2008—2017年这十年内只有2012年是213.60%，2017年为6.83%，其余年份净利率含金量为负值，证明企业资金链很紧张，没有经营性现金流入或流入较低，净利润质量较差。

那么问题来了，怡亚通这家公司为什么经营性现金流这么差？这与怡亚通的商业模式有关。从怡亚通历年财报对业务的划分中可以很清楚地看到，以2010年为界，怡亚通的业务模式发生了重大的变化。在2010年之前，怡亚通的主营业务是广度供应链业务，2010年之后，怡亚通瞄准了快消品这个领域，提出了一个"380平台"战略，就是要锁定中国380个地、县级市，打造一个覆盖近10亿有效消费人口的快消品直供平台。怡亚通将其称为深度供应链业务。

深度供应链业务采用的是"采购现款，销售赊账"的模式，在此模式下，怡亚通的存货和应收账款都在急速膨胀，又要占用大量的资金。所以自2013年开始，随着怡亚通深度供应链业务的爆发，该公司的经营性现金流雪上加霜，急速恶化。2013—2016年，怡亚通每赚1

元钱，经营性现金净流出 7.78 元。所以说，怡亚通业绩的高增长是建立在牺牲现金流的基础之上。

在发展深度供应链业务的过程中，为了拉拢经销商和客户，占领市场，怡亚通"烧"掉了大量的资金，我们不妨将这种业务拓展模式称为"烧钱"模式。而怡亚通目前主要的资金来源于银行贷款，尤其是短期借款。

根据怡亚通的现金流量表进行测算，2008—2017 年，怡亚通累计借款净增加额(含债券，下同)为 212.87 亿元，其中 2013—2017 年净增加 184 亿元。这种靠短期借款支撑起来的高速发展是非常危险的，使得怡亚通面临巨大的债务风险。

目前，怡亚通已经停牌筹划引进战投资金，这是明智之举，现金流太烂的公司，股权融资才是硬道理，靠银行贷款度日犹如饮鸩止渴。接下来需要密切关注怡亚通能否顺利引进战投资金，如果成功，且同时放缓扩张步伐，改善现金流，这家公司尚能挺过去，否则，债务"爆雷"就是迟早的事了。

(资料来源：http://finance.sina.com.cn/stock/s/2018-05-14/doc-ihapkuvk2617741.shtml)

思考：通过对怡亚通的财务分析，请思考现金流的重要性以及利润与现金流的关系。

【任务导入】

李英通过分析格力电器 2018 年的利润表，得知公司把握行业趋势，优化内部管理，凭借品牌、技术和渠道优势，盈利水平稳定增长，2018 年的营业收入和净利润都保持了良好的增长态势。但李英也知道一个公司经营的好坏不能仅仅看利润表，盈利能力的强弱并不等同于盈利质量的好坏，国外很多大型公司都是在公司盈利的阶段突然崩溃的，原因就是公司经营"失血"严重，流动资金匮乏导致资金链断裂后倒闭。格力电器的现金流是否充沛，净利润转换成现金流的能力如何？这就需要分析第三张报表——企业的现金流量表。带着这些问题，李英开始了企业现金流量表分析之旅。

第一节 现金流量表概述

现金流量表(cash flow statement)是反映企业在一段时间内现金及现金等价物增减变动的财务报表。

一、现金及现金等价物的概念

现金是指企业库存现金以及可以随时用于支付的存款。现金等价物是指企业持有的期限短(一般指从购入日起不超过 3 个月内到期)、流动性强、易于转换为已知金额现金、价值变动风险很小的投资。

需要注意的是,现金及现金等价物并不等同于货币资金,要把这两个概念区分开来。在会计科目上,货币资金主要指库存现金、银行存款和其他货币资金。库存现金指存放于企业财会部门、由出纳人员经管的货币。银行存款指企业存入银行或其他金融机构的各种款项。其他货币资金指企业的银行汇票存款、银行本票存款、信用卡存款、信用证保证金存款、存出投资款、外埠存款等其他货币资金。实务中,主要核算各项保证金和存入支付宝等第三方支付平台的款项。

现金及现金等价物对流动性要求较高,要 3 个月内可以使用,所以需要在货币资金的基础上剔除一些受限资产。

【任务实施 4-1】 李英分析了格力电器 2018 年的现金及现金等价物。

现金及现金等价物构成是在现金流量表补充资料里面披露的,李英翻阅了格力电器 2018 年的现金流量表补充资料,了解了格力电器现金及现金等价物的构成,如表 4-1 所示。

表 4-1 格力电器 2018 年现金及现金等价物的构成

单位:万元

项目	期末余额	期初余额
一、现金	2 877 212.08	2 135 961.62
其中:库存现金	167.84	305.86
可随时用于支付的银行存款	762 357.08	151 080.82
可随时用于支付的其他货币资金	64 796.73	1 711.17
可用于支付的存放中央银行款项	209.49	199.83
存放同业款项	2 049 680.93	1 982 663.94
二、现金等价物		
其中:三个月内到期的债券投资		
三、期末现金及现金等价物余额	2 877 212.08	2 135 961.62

由表 4-1 可以看出,格力电器 2018 年的现金及现金等价物全部为现金,不存在现金等价物。现金包括库存现金、可随时用于支付的银行存款、可随时用于支付的其他货币资金、可用于支付的存放中央银行款项以及存放同业款项,存放同业款项占现金的比重最大。但现金及现金等价物不同于货币资金,李英又查阅了格力电器 2018 年的货币资金,格力电器货币资金的构成如表 4-2 所示。

表 4-2 格力电器 2018 年货币资金的构成

单位：万元

项目	期末余额	期初余额
现金	167.84	305.86
银行存款	6 441 841.68	5 917 136.25
其他货币资金①	360 831.95	863 146.59
存放中央银行款项②	304 751.90	294 296.37
存放同业款项	4 200 309.65	2 886 212.55
合计	11 307 903.04	9 961 097.63
其中：存放在境外的款项总额	81 985.91	245 029.16

注：①其他货币资金期末余额主要为银行承兑汇票保证金、保函保证金、信用证保证金存款等，其中受限制资金为 2 960 352 192.82 元。

②公司存放中央银行款项中法定存款准备金为 3 045 424 177.23 元，其使用受到限制。

因为并不是所有的货币资金都能"流动"起来，从而有可能构成现金流量，所以要从货币资金中减去不能随时动用的存款，也就是在货币资金的基础上剔除使用受到限制的资金将其调节为能"流动"起来的现金及现金等价物。格力电器 2018 年货币资金与现金等价物的调节如表 4-3 所示。

表 4-3 格力电器 2018 年货币资金与现金等价物的调节

单位：万元

项目	期末余额	期初余额
货币资金	11 307 903.04	9 961 097.63
减：使用受到限制的存款	600 577.64	1 155 531.97
其中：法定存款准备金	304 542.42	294 096.55
票据、信用证等保证金	296 035.22	861 435.42
减：不属于现金及现金等价物范畴的定期存款	7 830 113.32	6 669 604.03
加：其他现金等价物		
期末现金及现金等价物余额	2 877 212.08	2 135 961.62

2018 年度，格力电器货币资金期末余额为 11 307 903.04 万元，在此基础上剔除使用受到限制的存款 600 577.64 万元和不属于现金及现金等价物范畴的定期存款 7 830 113.32 万元，余 2 877 212.08 万元为期末现金及现金等价物余额。

二、现金流量的分类

现金流量表区分经营活动、投资活动和筹资活动三类活动带来的现金流动,以相应活动的"现金流入量-现金流出量=现金流量净额"等式为基础,分项报告企业的现金流入量、现金流出量及现金流量净额,最终汇总反映为企业该时期内的现金及现金等价物的净增加额及期末现金及现金等价物余额。现金流量表中的主要等式关系如表4-4所示。

表4-4 现金流量主要等式关系

主要部分	内部构成
经营活动产生的现金流量	经营活动现金流入量-经营活动现金流出量=经营活动产生的现金流量净额
投资活动产生的现金流量	投资活动现金流入量-投资活动现金流出量=投资活动产生的现金流量净额
筹资活动产生的现金流量	筹资活动现金流入量-筹资活动现金流出量=筹资活动产生的现金流量净额
现金及现金等价物净增加额	现金及现金等价物净增加额=经营活动产生的现金流量净额+投资活动产生的现金流量净额+筹资活动产生的现金流量净额+汇率变动对现金的影响

三、现金流量表的主要内容

现金流量表分为三部分:第一部分为表头;第二部分为正表,正表主要由经营活动、投资活动和筹资活动产生的三大类现金流量及汇率变动对现金的影响构成;第三部分为补充资料,补充资料是对正表内容的补充说明,现金流量表的主要内容如表4-5所示。

表4-5 现金流量表的主要内容

部分	主要内容
表头	主要标明报表名称、编制单位名称、货币单位等
正表(主体)	企业的经营活动产生的现金流量、企业的投资活动产生的现金流量、企业的筹资活动产生的现金流量、汇率变动对现金及现金等价物的影响额、现金及现金等价物的净增加额(本项金额等于前四个项目的现金流量净额之和)、期末现金及现金等价物余额(本项金额等于第五项与期初现金及现金等价物余额之和)
报表附注	将净利润调节为经营活动现金流量;虽不涉及现金收支,但可能影响企业财务状况或企业现金流量的重大投资或筹资活动;现金及现金等价物的净变动情况

格力电器2018年现金流量表的主体部分如表4-6所示,完整的现金流量表如表4-7所示。

表 4-6　格力电器 2018 年现金流量表的主体部分

单位：万元

项目	2018 年度	2017 年度
一、经营活动产生的现金流量净额	2 694 079.15	1 633 808.28
二、投资活动产生的现金流量净额	-2 184 576.53	-6 225 345.80
三、筹资活动产生的现金流量净额	251 384.65	-224 834.12
四、汇率变动对现金的影响	-19 636.81	-179 802.74
五、现金及现金等价物净增加额	741 250.46	-4 996 174.38
加：期初现金及现金等价物余额	2 135 961.62	7 132 136.00
六、期末现金及现金等价物余额	2 877 212.08	2 135 961.62

表 4-7　格力电器合并现金流量表(2018 年)

编制单位：格力电器　　　　　　　　　　　　　　　　　　　　　　　　　　　　单位：元

项目	2018 年	2017 年
一、经营活动产生的现金流量：		
销售商品、提供劳务收到的现金	135 029 126 382.98	107 599 120 105.06
客户存款和同业存放款项净增加额	48 934 991.36	121 702 928.32
向中央银行借款净增加额		-4 274 000.00
向其他金融机构拆入资金净增加额		—
收到原保险合同保费取得的现金		—
收到再保险业务现金净额		
保户储金及投资款净增加额		
处置以公允价值计量且其变动计入当期损益的金融资产净增加额		—
收取利息、手续费及佣金的现金	1 208 127 832.48	1 587 554 426.67
拆入资金净增加额		—
回购业务资金净增加额		
收到的税费返还	2 356 588 272.30	1 657 283 101.37
收到其他与经营活动有关的现金	7 566 986 223.85	2 699 894 613.44
经营活动现金流入小计	146 209 763 702.97	113 661 281 174.86
购买商品、接受劳务支付的现金	78 045 526 788.80	58 365 165 226.98
客户贷款及垫款净增加额	2 343 375 955.55	2 023 785 462.37
存放中央银行和同业款项净增加额	104 458 700.38	237 451 561.16

(续表)

项目	2018 年	2017 年
支付原保险合同赔付款项的现金		—
支付利息、手续费及佣金的现金	31 566 054.63	184 827 335.01
支付保单红利的现金		—
支付给职工以及为职工支付的现金	8 575 412 582.19	7 685 286 474.16
支付的各项税费	15 141 797 894.72	13 196 771 806.07
支付其他与经营活动有关的现金	15 026 834 183.72	15 629 910 534.86
经营活动现金流出小计	119 268 972 159.99	97 323 198 400.61
经营活动产生的现金流量净额	26 940 791 542.98	16 338 082 774.25
二、投资活动产生的现金流量：		
收回投资收到的现金	6 710 785 947.97	3 403 888 789.05
取得投资收益收到的现金	579 489 614.76	152 095 873.45
处置固定资产、无形资产和其他长期资产收回的现金净额	6 302 072.99	3 549 493.80
处置子公司及其他营业单位受到的现金净额		—
收到其他与投资活动有关的现金	2 652 398 105.48	443 244 425.45
投资活动现金流入小计	9 948 975 741.20	4 002 778 581.75
购建固定资产、无形资产和其他长期资产支付的现金	3 837 549 166.56	2 424 806 990.73
投资支付的现金	15 477 712 506.03	12 419 732 249.51
质押贷款净增加额		
取得子公司及其他营业单位支付的现金净额	1 029 686 312.94	
支付其他与投资活动有关的现金	11 449 793 031.34	51 411 697 310.27
投资活动现金流出小计	31 794 741 016.87	66 256 236 550.51
投资活动产生的现金流量净额	-21 845 765 275.67	-62 253 457 968.76
三、筹资活动产生的现金流量：		
吸收投资收到的现金		111 490 000.00
其中：子公司吸收少数股东投资收到的现金		111 490 000.00
取得借款收到的现金	27 633 970 524.35	21 610 162 758.28
发行债券收到的现金		—
收到其他与筹资活动有关的现金	5 110 000.00	160 275 000.00
筹资活动现金流入小计	27 639 080 524.35	21 881 927 758.28

(续表)

项目	2018年	2017年
偿还债务支付的现金	24 227 160 995.94	13 008 985 202.68
分配股利、利润和偿付利息支付的现金	862 910 396.59	11 121 283 724.41
其中：子公司支付给少数股东的股利、利润		
支付其他与筹资活动有关的现金	35 162 649.65	—
筹资活动现金流出小计	25 125 234 042.18	24 130 268 927.09
筹资活动产生的现金流量净额	2 513 846 482.17	-2 248 341 168.81
四、汇率变动对现金的影响	-196 368 149.08	-1 798 027 435.57
五、现金及现金等价物净增加额	7 412 504 600.40	-49 961 743 798.89
加：期初现金及现金等价物余额	21 359 616 223.94	71 321 360 022.83
六、期末现金及现金等价物余额	28 772 120 824.34	21 359 616 223.94

法定代表人： 　　　主管会计工作负责： 　　　会计机构负责人：

四、现金流量表的作用

不同于编制利润表，企业以收付实现制为基础编制现金流量表。通过对企业的现金流量表进行分析，债权人和投资者等可以获取一家企业是否具备充足的现金偿债能力的相关信息。此外，由于现金流量表中的信息对应现实的银行存款等资金，真实性高，因此可以将现金流量表和利润表进行对比分析来考察企业的收益质量。与此同时，现金流量有自身的局限性，比如现金流量表虽然能够反映企业的现金收支状况，但是不能直观地指向具体资金的来源。将净利润调节为经营活动产生的现金流量示例如表4-8所示。

表4-8　将净利润调节为经营活动现金流量(2018年)

编制单位：格力电器　　　　　　　　　　　　　　　　　　　　　　单位：元

项目	本期金额	上期金额
1. 将净利润调节为经营活动现金流量：		
净利润	26 379 029 817.06	22 507 506 840.41
加：资产减值准备	261 674 177.33	264 786 959.82
固定资产折旧、油气资产折耗、生产性生物资产折旧	2 859 799 547.55	1 947 939 761.97
无形资产摊销	249 550 269.72	84 703 931.72
长期待摊费用摊销	979 454.55	355 828.90
处置固定资产、无形资产和其他长期资产的损失	-636 629.29	1 022 346.31
固定资产报废损失	23 701 564.64	7 440 716.00
公允价值变动损失	-46 257 424.83	-9 212 503.59

(续表)

项目	本期金额	上期金额
财务费用	-1 112 658 684.94	1 532 766 275.29
投资损失	-106 768 935.01	-396 648 138.32
递延所得税资产减少	-472 601 783.52	-1 155 761 894.91
递延所得税负债增加	115 790 793.93	128 934 696.45
递延收益的摊销	-41 447 880.48	-138 721 557.03
存货的减少	-3 003 461 176.91	-7 583 437 385.83
经营性应收项目的减少	-10 631 225 706.46	-7 864 170 234.42
经营性应付项目的增加	6 728 841 135.00	9 710 075 219.29
其他①	5 736 483 004.64	-2 699 498 087.81
经营活动产生的现金流量净额	26 940 791 542.98	16 338 082 774.25
2. 不涉及现金收支的重大投资和筹资活动：		
债务转为资本		
一年内到期的可转换公司债券		
融资租入固定资产		
3. 现金及现金等价物净变动情况：		
现金的期末余额	28 772 120 824.34	21 359 616 223.94
减：现金的期初余额	21 359 616 223.94	71 321 360 022.83
加：现金等价物的期末余额		
减：现金等价物的期初余额		
现金及现金等价物净增加额	7 412 504 600.40	-49 961 743 798.89

注：①"其他"包括法定存款准备金增加额 104 458 700.38 元，票据保证金减少额 5 840 941 705.02 元。

第二节　现金流量表各项目分析

　　企业的经济活动分为经营活动、投资活动、筹资活动三类，现金流量表的编制也是按照三类经济活动的分类而编制。企业经济活动的实质是从现金开始到现金结束的过程。现金流相当于企业的"血液循环系统"，一旦"失血"或"造血"功能减弱，会直接加大企业风险。

　　经营活动现金流量相当于企业的"造血"功能，对于企业而言至关重要。三类经济活动对企业的意义完全不同，下面逐一梳理现金流量表三类经济活动的分析逻辑。

一、经营活动产生的现金流量分析

经营活动产生的现金流量直接反映企业创造现金的能力。一般来说,企业经营活动产生的现金流量占全部现金流量的比例越高,该企业的财务基础越稳健。

经营活动现金流量表如表 4-9 所示。

表 4-9 经营活动现金流量表

单位:元

项目	本期金额	上期金额
一、经营活动产生的现金流量:		
销售商品、提供劳务收到的现金		
收到的税费返还		
收到其他与经营活动有关的现金		
经营活动现金流入小计		
购买商品、接受劳务支付的现金		
支付给职工以及为职工支付的现金		
支付的各项税费		
支付其他与经营活动有关的现金		
经营活动现金流出小计		
经营活动产生的现金流量净额		

(一) 经营活动产生的现金流入

经营活动产生的现金流入量是全部现金流量中最重要的组成部分。

(1) 销售商品、提供劳务收到的现金,包括本期销售商品、提供劳务收到的现金(含增值税销项税额)、往期销售本期收回的现金、本期预收款项、减去本期及往期因退货而退回的现金,企业销售材料和代购代销业务收到的现金也包括在该项目内。这一项与企业主营业务关系最密切,因此通过销售商品、提供劳务收到的现金收入尤为重要。

(2) 收到的税费返还,反映的是国家税收优惠政策,不能代表企业的持续盈利能力,所以在评价公司业绩时应剔除该项收入的影响。

(3) 收到其他与经营活动有关的现金,如经营租赁收到的现金、罚款收入、资产损失中个人赔偿现金、与经营有关的政府补贴等。

后两项金额一般不会太大,如果金额较大,一般会在报表附注中列示明细,需要根据明细情况结合企业的实际经营情况再做具体分析。上述三项构成了经营活动现金流入。

(二) 经营活动产生的现金流出

(1) 购买商品、接受劳务支付的现金,包括本期购买商品、材料、接受劳务支付的现金(包括增值税进项税额),以及本期支付前期的未付款项和本期预付款项,减除因退货本期收到的现金。这一项与企业主营业务关系最密切,是企业全部现金流出量中最主要的部分。

(2) 支付给职工以及为职工支付的现金,包括企业当期支付给在职职工(不含离退休人员)的工资、奖金、津贴和补贴,以及为职工支付的五险一金等。

(3) 支付的各项税费,是企业本期实际缴纳的,包括本期发生并支付的税费,以及本期支付以前各期发生的税费和预交的税金,如所得税、增值税、消费税、印花税、车船税、教育附加、土地增值税等,不包括计入固定资产价值、实际支付的耕地占用税等。该项一般大于同期收到的税费返还。

(4) 支付的其他与经营活动有关的现金,包括企业经营租赁支付的租金、罚款支出、差旅费、业务招待费、保险费等。

(三) 经营活动产生的现金流量净额质量分析

经营活动产生的现金流量净额的计算公式为

$$经营活动产生的现金流量净额=经营活动现金流入-经营活动现金流出$$

正常情况下,企业在创造利润的同时还应该创造现金收益。在一定程度上,企业经营活动产生的现金流量净额比利润更能反映企业的经营状况。表4-10列示了经营活动产生的现金流量净额小于零、等于零、大于零时企业的经营状况及改善现金流质量的方法。

表4-10 经营活动产生的现金流量净额质量分析

项目	分析	改善现金流质量的方法
经营活动产生的现金流量净额小于零	经营活动现金流量不足,即企业通过正常的购销活动带来的现金流入量不足以应付经营活动引起的现金流出。通常该情形表明企业经营活动产生的现金流质量较差	内部: ● 推迟投资活动; ● 挤占原计划用于投资活动的现金流; ● 消耗企业现存的货币积累。 外部: ● 贷款融资; ● 加大经营活动中的负债规模; ● 拖延债务支付
经营活动产生的现金流量净额等于零	企业通过正常的购销活动带来的现金流入刚好满足经营活动引起的现金流出。在这种情形下,企业的经营活动带来的现金流入量虽能应付日常开支,补偿付现成本引起的现金流出,但不能补偿非付现成本。因此一般可以认为出现该情形的公司,其现金流质量不高	
经营活动产生的现金流量净额大于零	一般情况下,只有在经营活动产生的现金流量净额大于零,并且在补偿付现成本和非付现成本后仍有剩余的情况下才能表明企业的现金流质量良好。当企业经营活动产生的现金净流量大于零时,还有现金净流量不足以弥补和刚好弥补非付现成本两种情形。在这两种情形下,企业的现金流质量仍不够好	

【任务实施4-2】李英分析了格力电器2018年经营活动产生的现金流。

李英从经营活动现金流入、现金流出、现金流量净额三个方面分析格力电器经营活动产生的现金流,了解格力电器经营活动现金流入、现金流出的增减变动情况。

1. 格力电器2018年经营活动产生的现金流入分析

李英用水平分析法计算了格力电器2018年经营活动各项目现金流入的增减金额及增减百分比,格力电器经营活动产生的现金流入如表4-11所示。

表4-11 格力电器经营活动产生的现金流入

项目	2018年/万元	2017年/万元	增减金额/万元	增减百分比
一、经营活动产生的现金流量:				
销售商品、提供劳务收到的现金	13 502 912.64	10 759 912.01	2 743 000.63	25.49%
客户存款和同业存放款项净增加额	4 893.50	12 170.29	-7 276.79	-59.79%
向中央银行借款净增加额		-427.40	427.40	-100.00%
收取利息、手续费及佣金的现金	120 812.78	158 755.44	-37 942.66	-23.90%
收到的税费返还	235 658.83	165 728.31	69 930.52	42.20%
收到其他与经营活动有关的现金	756 698.62	269 989.46	486 709.16	180.27%
经营活动现金流入小计	14 620 976.37	11 366 128.12	3 254 848.25	28.64%

(1) 2018年经营活动现金流入14 620 976.37万元,较上年增长28.64%,经营状况良好。其中销售商品、提供劳务收到的现金为13 502 912.64万元,较上年增长了25.49%,说明格力电器主营业务突出,营销状况良好。

(2) 较2017年的165 728.31万元,2018年格力电器收到的税费返还收入进一步增加至235 658.83万元,增长率为42.20%,可以看出格力电器通过税费返还取得的现金不容忽视。

(3) 2018年格力电器收到的其他经营活动有关的现金一项主要包括政府补助、利息收入、票据质押保证金减少及其他,除此之外该项还可能包括经营租赁收入和个人赔偿等,共756 698.62万元,较2017年增长了28.64%,正常情况下该项不应过多。

2. 格力电器2018年经营活动产生的现金流出分析

李英同时想了解经营活动现金流出的变动情况,是同比增加还是减少,增减变动幅度最大的是哪方面的支出,格力电器2018年经营活动产生的现金流出如表4-12所示。

表 4-12 格力电器经营活动产生的现金流出

项目	2018 年/万元	2017 年/万元	增减金额/万元	增减百分比
一、经营活动产生的现金流量:				
购买商品、接受劳务支付的现金	7 804 552.68	5 836 516.52	1 968 036.16	33.72%
客户贷款及垫款净增加额	234 337.60	202 378.55	31 959.05	15.79%
存放中央银行和同业款项净增加额	10 445.87	23 745.16	-13 299.29	-56.01%
支付利息、手续费及佣金的现金	3 156.61	18 482.73	-15 326.13	-82.92%
支付给职工以及为职工支付的现金	857 541.26	768 528.65	89 012.61	11.58%
支付的各项税费	1 514 179.79	1 319 677.18	194 502.61	14.74%
支付其他与经营活动有关的现金	1 502 683.42	1 562 991.05	-60 307.64	-3.86%
经营活动现金流出小计	11 926 897.22	9 732 319.84	2 194 577.38	22.55%

2018 年格力经营活动现金流出 11 926 897.22 万元,较 2017 年的 9 732 319.84 万元增长了 22.55%。其中购买商品、接受劳务支付的现金为 7 804 552.68 万元,增长了 33.72%,增长幅度较大。将销售商品、提供劳务收到的现金与购买商品、接受劳务支付的现金进行比较,比例约为 1.73,表明格力电器主营业务每流出 1 元现金可以带来约 1.73 元的现金流入。

3. 格力电器 2018 年经营活动产生的现金流量净额分析

经营活动现金流量净额是经营活动现金流入和经营活动现金流出的差额,代表了一个企业的"造血"能力,格力电器 2018 年经营活动产生的现金流量净额如表 4-13 所示。

表 4-13 格力电器经营活动产生的现金流量净额

项目	2018 年/万元	2017 年/万元	增减金额/万元	增减百分比
一、经营活动产生的现金流量:				
经营活动现金流入小计	14 620 976.37	11 366 128.12	3 254 848.25	28.64%
经营活动现金流出小计	11 926 897.22	9 732 319.84	2 194 577.38	22.55%
经营活动产生的现金流量净额	2 694 079.15	1 633 808.28	1 060 270.88	64.90%

2018 年格力电器经营活动产生的现金净流量为 2 694 079.15 万元,同比增长 64.90%。一般来说,较高的经营活动产生的现金流量净额增长率说明企业的成长性较好。格力电器在年报中解释该增长较大主要是收到其他与经营活动有关的现金增加所致。如果增长来源于销售商品、提供劳务收到的现金就更好了,说明企业主营业务的经营大幅改善。对比利润表,2018 年格力电器的净利润为 263.79 亿元,经营活动产生的现金净流量占净利润的 102.13%,说明企业净利润真实,有足够的现金流量净额支撑。

二、投资活动产生的现金流量分析

投资活动现金流量是指企业长期资产的购建和不包括现金等价物范围在内的投资及其处置活动产生的现金流量,长期资产是指固定资产、在建工程、无形资产、投资性房地产及其他长期资产。将"包括在现金等价物范围内的投资"排除在外,是因为已经将包括在现金等价物范围内的投资视同现金。投资活动现金流量表如表 4-14 所示。

表 4-14 投资活动现金流量表

单位:元

项目	本期金额	上期金额
二、投资活动产生的现金流量:		
收回投资收到的现金		
取得投资收益收到的现金		
处置固定资产、无形资产和其他长期资产收回的现金净额		
处置子公司及其他营业单位收到的现金净额		
收到其他与投资活动有关的现金		
投资活动现金流入小计		
购建固定资产、无形资产和其他长期资产支付的现金		
投资支付的现金		
取得子公司及其他营业单位支付的现金净额		
支付其他与投资活动有关的现金		
投资活动现金流出小计		
投资活动产生的现金流量净额		

(一) 投资活动产生的现金流入

(1) 收回投资收到的现金,反映企业因出售、转让或到期收回除现金等价物以外的短期投资、长期股权投资而收到的现金,以及收回长期债券投资本金而收到的现金,不包括利息及非现金资产。

(2) 取得投资收益收到的现金,反映企业因股权及债权投资收到的现金股利及利息等。

(3) 处置固定资产、无形资产和其他长期资产收回的现金净额,主要包括企业处置固定资产、无形资产和其他长期资产收到的现金(减去处置费用后的净额)。

(4) 收到其他与投资活动有关的现金,反映企业收到的其他与投资活动有关的现金流入,金额较大,应在报表附注中具体列示。

(二) 投资活动产生的现金流出

(1) 购建固定资产、无形资产和其他长期资产支付的现金,主要包括企业购建固定资产、无形资产和其他长期资产时支付的现金,分期购建资产首期的支付款项,其中不含以后各期支付的款项、资本化利息及融资租入资产的租赁费用等。

(2) 投资支付的现金,主要包括企业进行股权性投资及债权性投资所支付的本金及佣金、手续费等附加费用。

(3) 支付的其他与投资活动有关的现金,如果金额较大,应在报表附注中单独列示。

投资活动主要分为对内投资和对外投资两类。对内包括购建固定资产等与企业生产相关的投资,对外主要分为债券和股权投资两类投资。

企业投资活动肯定会转换为相应资产,如固定资产、无形资产、交易性金融资产、长期股权投资、债券投资等项目,一般结合具体资产项目、行业特点、企业发展阶段及实际经营情况来判断其投资行为的合理性。另外,一定要警惕通过投资活动掏空上市公司的行为。

(三) 投资活动产生的现金流量净额质量分析

投资活动产生的现金流量净额的计算公式为

投资活动产生的现金流量净额=投资活动现金流入-投资活动现金流出

总体来说,在分析企业的投资活动产生的现金流量时应结合具体投资项目,不能简单地以净流入或净流出为标准进行判断。表 4-15 列示了投资活动产生的现金流量净额小于零、大于等于零时企业的投资状况以及改善现金流质量的方法。

表 4-15 投资活动产生的现金流量净额质量分析

项目	分析	改善现金流质量的方法
投资活动产生的现金流量净额小于零	企业从以往的投资活动收到的现金流小于企业进行投资支出的现金流。具体来说,企业收回投资、取得股利或利息收入、处置固定资产、无形资产和长期资产收到的现金之和小于企业购建或购置固定资产、无形资产和其他长期资产等方面所支付的现金之和。如果企业的投资活动符合长期规划,可以说明企业进行扩大再生产或产业调整的能力较强	内部: ● 消耗企业现存的货币资金; ● 挤占经营活动现金流。 外部: ● 贷款融资; ● 利用经营活动积累的现金补充缺口; ● 拖延债务支付
投资活动产生的现金流量净额大于等于零	企业收回投资的规模不小于投资支出的规模通常说明一家企业因投资活动形成的现金流质量整体良好,企业资本运作效果良好。但如果投资活动产生的现金净流量大于等于零是因为企业为经营或筹资活动不得不变现长期资产,则不能直接说明现金质量好,可能暗示企业产业或产品结构要有所调整,未来生产能力将受到影响等	

【任务实施 4-3】 李英分析了格力电器 2018 年投资活动产生的现金流。

李英从投资活动现金流入、现金流出、现金流量净额三个方面分析格力电器投资活动现金流，了解格力电器投资活动现金流入、现金流出的增减变动情况。

1. 格力电器 2018 年投资活动产生的现金流入分析

李英用水平分析法计算了格力电器 2018 年投资活动各项目现金流入的增减金额及增减百分比。格力电器投资活动产生的现金流入如表 4-16 所示。

表 4-16　格力电器投资活动产生的现金流入

项目	2018 年/万元	2017 年/万元	增减金额/万元	增减百分比
二、投资活动产生的现金流量：				
收回投资收到的现金	671 078.59	340 388.88	330 689.72	97.15%
取得投资收益收到的现金	57 948.96	15 209.59	42 739.37	281.00%
处置固定资产、无形资产和其他长期资产收回的现金净额	630.21	354.95	275.26	77.55%
收到其他与投资活动有关的现金	265 239.81	44 324.44	220 915.37	498.41%
投资活动现金流入小计	994 897.57	400 277.86	594 619.72	148.55%

2018 年投资活动现金流入 994 897.57 万元，较 2017 年增长 594 619.72 万元，增长率为 148.55%，增长幅度较大。在投资活动现金流入里，收回投资收到的现金同比增长 97.15%，取得投资收益收到的现金同比增长 281%，收到其他与投资活动有关的现金同比增长 498.41%。收到其他与投资活动有关的现金主要包括远期结购汇收款和定期存款利息收入及其他，2018 年定期存款利息收入及其他是 2017 年定期存款利息收入及其他的 10 倍多。

2. 格力电器 2018 年投资活动产生的现金流出分析

李英同时想了解投资活动现金流出的变动情况，是同比增加还是减少，增减变动幅度最大的是哪方面的支出。格力电器 2018 年投资活动产生的现金流出如表 4-17 所示。

表 4-17　格力电器投资活动产生的现金流出

项目	2018 年/万元	2017 年/万元	增减金额/万元	增减百分比
二、投资活动产生的现金流量：				
购建固定资产、无形资产和其他长期资产支付的现金	383 754.92	242 480.70	141 274.22	58.26%
投资支付的现金	1 547 771.25	1 241 973.22	305 798.03	24.62%
取得子公司及其他营业单位支付的现金净额	102 968.63	—	102 968.63	
支付其他与投资活动有关的现金	1 144 979.30	5 141 169.73	-3 996 190.43	-77.73%
投资活动现金流出小计	3 179 474.10	6 625 623.66	-3 446 149.55	-52.01%

格力电器 2018 年投资活动现金流出 3 179 474.10 万元，较 2017 年减少 52.01%。其中购建固定资产、无形资产和其他长期资产支付的现金同比增加 58.26%，表明格力电器 2018 年内部投资支出较 2017 年有所增加。投资支付的现金同比增加 24.62%，2018 年支付其他与投资活动有关的现金大幅减少，减少的幅度为 77.73%，而支付其他与投资活动有关的现金主要包括定期存款净增加额、期权平仓费及其他，定期存款净增加额减少了 77.47%。

3. 格力电器 2018 年投资活动产生的现金流量净额分析

投资活动产生的现金流量净额指投资活动现金流入合计与投资活动现金流出合计的差额。格力电器 2018 年投资活动产生的现金流量净额如表 4-18 所示。

表 4-18　格力电器投资活动产生的现金流量净额

项目	2018 年/万元	2017 年/万元	增减金额/万元	增加百分比
二、投资活动产生的现金流量：				
投资活动现金流入小计	994 897.57	400 277.86	594 619.72	148.55%
投资活动现金流出小计	3 179 474.10	6 625 623.66	-3 446 149.55	-52.01%
投资活动产生的现金流量净额	-2 184 576.53	-6 225 345.80	4 040 769.27	-64.91%

格力电器 2017 年和 2018 年投资活动现金流入均小于投资活动现金流出，导致投资活动产生的现金流量净额为负，在投资活动现金流入同比增加、现金流出同比减少的双重作用下，2018 年格力电器投资活动产生的现金流量净额为 -2 184 576.53 万元，较 2017 年的 -6 225 345.80 万元变动高达 64.91%。格力电器在年报中称该变动主要是由于支付其他与投资活动有关的现金减少所致。

三、筹资活动产生的现金流量分析

筹资活动是指导致企业资本及债务规模和结构发生变化的活动，筹资活动现金流量是指导致企业资本及债务的规模和构成发生变化的活动所产生的现金流量，包括筹资活动的现金流入和归还筹资活动的现金流出，并按其性质分项列示。筹资活动现金流量表如表 4-19 所示。

表 4-19　筹资活动现金流量表

项目	本期金额	上期金额
三、筹资活动产生现金流量：		
吸收投资收到的现金		
取得借款收到的现金		
收到其他与筹资活动有关的现金		
筹资活动现金流入小计		

(续表)

项目	本期金额	上期金额
偿还债务支付的现金		
分配股利、利润或偿付利息支付的现金		
支付其他与筹资活动有关的现金		
筹资活动现金流出小计		
筹资活动产生的现金流量净额		

(一) 筹资活动产生的现金流入

(1) 吸收投资收到的现金，主要包括企业通过发行股票等收到的不含发行费用的净值。

(2) 取得借款收到的现金，主要包括企业通过举借长、短期借款收到的现金。

筹资活动流入分为直接融资(股权、债券)和间接融资(银行贷款)两大类，可以结合企业直接融资历年明细和资产负债表中短期借款、长期借款的明细来判断企业真实的负债情况，并结合现金流情况判断其真实偿债能力。一定要警惕依靠"输血"来维持企业运营的公司。

(二) 筹资活动产生的现金流出

(1) 偿还债务支付等现金，主要包括企业偿还借款本金及债券面值等(不含利息)。

(2) 分配股利、利润和偿付利息支付的现金，主要包括企业支付给其他单位的股利、利润和利息。

(3) 支付其他与筹资活动有关的现金，包括融资租赁支出、企业直接支付的发行股票或债券的审计及咨询等费用，以及同一控制下合并股权对价及其他。

(三) 筹资活动产生的现金流量净额质量分析

筹资活动产生的现金流量净额的计算公式为

$$筹资活动产生的现金流量净额 = 筹资活动现金流入 - 筹资活动现金流出$$

一般来说，如果企业筹资活动产生的现金流量净额主要来源于企业举债筹资，则企业面临的偿债压力会比较大。但如果该净额主要来源于企业通过吸收权益性资本，则企业不仅不会负担负债偿债压力，反而会增强自身的资金实力。筹资活动产生的现金流量净额质量分析如表4-20所示。

表4-20 筹资活动产生的现金流量净额质量分析

项目	分析
筹资活动产生的现金流量净额小于零	本期企业因借款、发行债券或吸收权益性投资等筹资活动收到的现金总额小于企业因筹资活动而支付的现金总额(如偿还债务或利息、分配股利或利润及减少注册资本)，表明企业资金周转情况良好。如果因企业融资信誉丧失或在投资上的不作为等原因导致，表明该企业筹资活动产生的现金流质量较差

(续表)

项目	分析
筹资活动产生的现金流量净额大于等于零	在企业的初创和成熟阶段,筹资活动产生的现金流量净额大于零往往表明企业的筹资能力较强。但若导致筹资活动产生的现金流量净额大于零的原因是由于企业经营或投资活动的失控,则不是理想的情况

【任务实施4-4】 李英分析了格力电器2018年筹资活动产生的现金流。

李英从筹资活动现金流入、现金流出、现金流量净额三个方面分析格力电器筹资活动现金流,了解格力电器筹资活动现金流入、现金流出的增减变动情况。

1. 格力电器2018年筹资活动产生的现金流入分析

李英用水平分析法计算了格力电器 2018 年筹资活动各项目现金流入的增减金额及增减百分比。格力电器筹资活动产生的现金流入如表4-21所示。

表4-21　格力电器筹资活动产生的现金流入

项目	2018年/万元	2017年/万元	增减金额/万元	增减百分比
三、筹资活动产生的现金流量:				
吸收投资收到的现金		11 149.00	-11 149.00	-100.00%
其中:子公司吸收少数股东投资收到的现金		11 149.00	-11 149.00	-100.00%
取得借款收到的现金	2 763 397.05	2 161 016.28	602 380.78	27.87%
收到其他与筹资活动有关的现金	511.00	16 027.50	-15 516.50	-96.81%
筹资活动现金流入小计	2 763 908.05	2 188 192.78	575 715.28	26.31%

格力电器 2018 年筹资活动产生的现金流入同比增长 26.31%,主要是由取得借款收到的现金增加所致,2018 年取得借款收到的现金为 2 763 397.05 万元,同比增加 602 380.78 万元,增长比率为27.87%,吸收投资收到的现金为0,说明格力电器2018年的筹资主要来自负债筹资。收到的其他与筹资活动相关的现金同比减少 96.81%,收到的其他与筹资活动相关的现金主要是借款质押保证金净减少额。

2. 格力电器2018年筹资活动产生的现金流出分析

李英想了解筹资活动现金流出的变动情况是同比增加还是同比减少,增减变动幅度最大的是哪方面的支出。格力电器筹资活动产生的现金流出如表4-22所示。

表4-22　格力电器筹资活动产生的现金流出

项目	2018年/万元	2017年/万元	增减金额/万元	增减百分比
三、筹资活动产生的现金流量:				
偿还债务支付的现金	2 422 716.10	1 300 898.52	1 121 817.58	86.23%

(续表)

项目	2018年/万元	2017年/万元	增减金额/万元	增减百分比
分配股利、利润和偿付利息支付的现金	86 291.04	1 112 128.37	-1 025 837.33	-92.24%
支付其他与筹资活动有关的现金	3 516.26	—	3 516.26	
筹资活动现金流出小计	2 512 523.40	2 413 026.89	99 496.51	4.12%

格力电器2018年筹资活动现金流出并没有发生太大的变化，只是较2017年增加4.12%。其中偿还债务支付的现金同比增加86.23%，分配股利、利润和偿付利息支付的现金减少了92.24%，这与格力电器2016年和2017年的利润分配方案有关。格力电器2016年的分配方案是每10股派发现金18.00元(含税)，共计派发现金108.28亿元，2017年并未派发现金分红，但2016年的利润分配是在2017年实行的，2017年7月5日是格力电器的除权除息日，根据现金收付制，2016年的分红体现在2017年筹资活动产生的现金流出中。因此，2018年分配股利、利润和偿付利息支付的现金同比大幅减少。2018年格力电器支付其他与筹资活动有关的现金一项主要包括同一控制下合并股权对价及其他，共3 516.26万元。

3. 格力电器2018年筹资活动产生的现金流量净额分析

筹资活动产生的现金流量净额指筹资活动现金流入合计与筹资活动现金流出合计的差额。格力电器筹资活动产生的现金流量净额如表4-23所示。

表4-23 格力电器筹资活动产生的现金流量净额

项目	2018年/万元	2017年/万元	增减金额/万元	增减百分比
三、筹资活动产生的现金流量：				
筹资活动现金流入小计	2 763 908.05	2 188 192.78	575 715.28	26.31%
筹资活动现金流出小计	2 512 523.40	2 413 026.89	99 496.51	4.12%
筹资活动产生的现金流量净额	251 384.65	-224 834.12	476 218.77	-211.81%

格力电器2018年筹资活动产生的现金流入同比增长26.31%，筹资活动产生的现金流出同比增长4.12%，导致2018年格力电器筹资活动产生的现金流量净额较2017年变动211.18%，该变动主要是分配股利、利润及偿还利息等原因所致。

四、现金流量净额分析

企业经营活动、投资活动和筹资活动产生的现金流量净额，都有可能出现正数或负数的情况，总量相同的现金流量在经营活动、投资活动、筹资活动之间分布不同，也意味着不同的财务状况。表4-24列出了三者组合的八种情形，不同的组合反映不同的现金流质量，一般情况下，通过分析三种活动的现金流量净额，可以认定企业所处的生命周期阶段。

表 4-24　现金净流量组合分析表

现金流量净额			分析结果
经营活动	投资活动	筹资活动	
+	+	+	企业筹资能力强，经营与投资收益良好，财务风险很小，此时应警惕资金的浪费，把握良好的投资机会
+	+	-	企业进入成熟期，在这个阶段，产品销售市场稳定，已进入投资回收期。经营及投资收入良性循环，财务状况稳定安全，处于债务偿还期，财务风险小
+	-	+	企业处于调整发展的扩张阶段，产品的市场占有率高，销售呈现快速上升趋势，带来经营活动中大量货币资金的回笼。为了扩大市场份额，企业仍需要大量追加投资，仅靠经营活动现金流量净额远不能满足所追加的投资，必须筹集必要的外部资金作为补充，财务风险小
+	-	-	企业经营状况良好，可在偿还前欠债务的同时继续投资，财务风险小，但应密切关注经营状况的变化，防止由于经营状况恶化而导致财务状况恶化
-	+	+	企业借债维持经营活动所需资金，财务状况可能恶化，财务风险大。投资活动现金流入增加是亮点，但要分析是来源于投资收益还是来源于投资收回，如果是后者，企业所面临的形势将更加严峻
-	+	-	企业处于衰退时期，市场萎缩，产品市场占有率下降，经营活动现金流入小于流出，同时企业为了偿付债务不得不大规模收回投资以弥补现金的不足。如果投资活动现金流量来源于投资收益还好，如果来源于投资的回收，则企业将会出现更深层次的危机，财务风险极大
-	-	+	有两种情况：一是企业处于初创期阶段，需要投入大量资金形成生产能力，开拓市场，其资金来源只有举债融资等筹资活动；二是企业处于衰退阶段，靠借债维持日常生产经营活动，如果不能渡过难关，再继续发展将非常危险，财务风险较大
-	-	-	这种情况往往发生在盲目扩张后的企业中，由于市场预测失误等原因造成经营活动现金流出大于流入，投资效率低下造成亏损，使投入扩张的大量资金难以收回，财务状况异常危险，到期债务不能偿还，财务风险极大

通过对经营、投资、筹资三类现金流量具体项目的梳理，可以了解到：经营活动现金流净额反映企业的"造血"功能，是现金流量表中最受人关注的项目，数值越高越好；投资活动现金流要结合企业的行业特性、成长阶段、经营战略等特性来对投资的合理性加以判断，投资会产生相应资产，一般结合具体资产进行分析评判；筹资活动现金流最好的状态是不需要对外融资，还能保持较好的现金分红能力。因此，比较好的现金净流量组合应该是+、+、-或+、-、-。

【任务实施4-5】 李英分析了格力电器2017年和2018年现金流量净额。

格力电器2017年和2018年的经营活动、投资活动、筹资活动产生的现金流量净额数据如表4-25所示。

表4-25 格力电器的现金流量净额

单位：万元

项目	2018年	2017年
经营活动产生的现金流量净额	2 694 079.15	1 633 808.28
投资活动产生的现金流量净额	-2 184 576.53	-6 225 345.80
筹资活动产生的现金流量净额	251 384.65	-224 834.12

格力电器 2017 年和 2018 年经营活动产生的现金流量净额分别为 1 633 808.28 万元和 2 694 079.15 万元，表明企业经营状况良好。两年投资活动产生的现金流量净额均为负，表明投资活动产生的现金流入小于投资活动产生的现金流出，企业仍有大量的投资。筹资活动产生的现金流量净额2017年为负，2018年为正，这与格力电器的分红政策有一定的关系，格力电器2017年并没有分红，2018年分红126亿元，表明2017年留存在企业内部的资金较多，因此从外部筹集资金流入的现金并不多，少于筹资活动的现金流出。2017年筹资活动产生的现金流量净额虽为负，筹资活动现金流入中最大的现金流入是借款276亿元，但格力电器2018年的货币资金高达1131亿元，借款金额与货币资金相比并不大，可见格力并不缺少现金，甚至现金流非常充沛。

第三节 现金流量表结构分析

现金流量表结构分析是指在现金流量表的基础上，通过计算企业各项现金流入量(或现金流出量)占现金总流入量(或现金总流出量)的比例来确定企业现金流入的构成情况及现金流出的构成情况，从而揭示一家企业经营活动、投资活动和筹资活动各自的特点及其对现金流量净额的影响。现金流量表结构分析主要包括现金流入结构分析、现金流出结构分析和现金流入流出比例分析。

视频8 现金流量表结构分析

一、现金流入结构分析

现金流入结构可以分为现金流入总体结构和现金流入部分结构。现金流入总体结构是指企业各项业务活动现金流入,如经营活动的现金流入、投资活动的现金流入、筹资活动的现金流入等在全部现金流入中的比重。经营活动的现金流入占现金总流入的比重越大,越能说明企业的经营状况良好,现金流入的结构合理,财务风险低。现金流入部分结构是指各项业务活动现金流入中具体项目的构成情况。

一般来说,经营活动的现金流入应该占大部分,特别是主营业务收入应该高于其他各项活动的现金流入,当然有些激进型的企业也许会有很多投资,会把一些闲置资金投资出去,投资有力又筹资得当的企业也会出现大量现金流入,这时投资和筹资活动所取得的现金就会大于经营活动所取得的现金流入。

【任务实施4-6】李英对格力电器2014—2018年的现金流入进行了结构分析。

李英计算了格力电器2014—2018年现金流入总体结构百分比,即经营活动、投资活动、筹资活动的现金流入占现金总流入的比重,如表4-26所示,图4-2更清晰地展示了三种活动现金流入占比的变动趋势。李英也计算了2018年现金流入部分结构百分比,如表4-27所示,通过现金流入部分结构百分比可以了解到经营活动、投资活动、筹资活动各项目现金流入的比例,以及三种活动现金的主要来源。

表4-26 格力电器2014—2018年现金流入总体结构分析表

项目	2014年	2015年	2016年	2017年	2018年
经营活动现金流入小计/万元	9 053 996.89	11 879 650.81	7 551 543.59	11 366 128.12	14 620 976.37
投资活动现金流入小计/万元	137 000.73	117 930.80	344 071.44	400 277.86	994 897.57
筹资活动现金流入小计/万元	1 061 227.49	1 135 441.20	1 449 293.62	2 188 192.78	2 763 908.05
现金总流入/万元	10 252 225.11	13 133 022.81	9 344 908.65	13 954 598.75	18 379 782.00
经营活动现金流入比重	88.31%	90.46%	80.81%	81.45%	79.55%
投资活动现金流入比重	1.34%	0.90%	3.68%	2.87%	5.41%
筹资活动现金流入比重	10.35%	8.65%	15.51%	15.68%	15.04%
现金总流入比重	100.00%	100.00%	100.00%	100.00%	100.00%

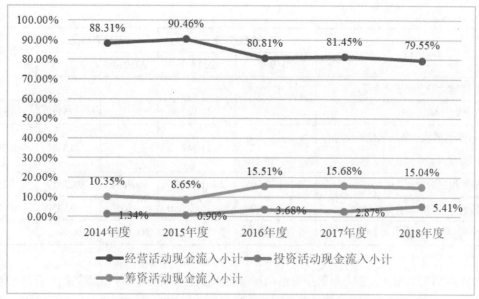

图 4-2 格力电器 2014—2018 年的现金流入结构图

表 4-27 格力电器 2018 年现金流入部分结构分析表

项目	金额/万元		部分百分比		差异
	2018 年	2017 年	2018 年	2017 年	
一、经营活动产生的现金流量:					
销售商品、提供劳务收到的现金	13 502 912.64	10 759 912.01	**92.35%**	**94.67%**	-2.31%
客户存款和同业存放款项净增加额	4 893.50	12 170.29	0.03%	0.11%	-0.07%
向中央银行借款净增加额	—	-427.40	0	0	
收取利息、手续费及佣金的现金	120 812.78	158 755.44	0.83%	1.40%	-0.57%
收到的税费返还	235 658.83	165 728.31	1.61%	1.46%	0.15%
收到其他与经营活动有关的现金	756 698.62	269 989.46	5.18%	2.38%	2.80%
经营活动现金流入小计	14 620 976.37	11 366 128.12	100.00%	100.00%	
二、投资活动产生的现金流量:					
收回投资收到的现金	671 078.59	340 388.88	**67.45%**	**85.04%**	-17.59%
取得投资收益收到的现金	57 948.96	15 209.59	5.82%	3.80%	2.02%
处置固定资产、无形资产和其他长期资产收回的现金净额	630.21	354.95	0.06%	0.09%	-0.03%
收到其他与投资活动有关的现金	265 239.81	44 324.44	**26.66%**	11.07%	15.59%
投资活动现金流入小计	994 897.57	400 277.86	100.00%	100.00%	

(续表)

项目	金额/万元		部分百分比		差异
	2018 年	2017 年	2018 年	2017 年	
三、筹资活动产生的现金流量：					
吸收投资收到的现金		11 149.00		0.51%	−0.51%
其中：子公司吸收少数股东投资收到的现金		11 149.00		0.51%	−0.51%
取得借款收到的现金	2 763 397.05	2 161 016.28	**99.98%**	**98.76%**	1.22%
收到其他与筹资活动有关的现金	511.00	16 027.50	0.02%	0.73%	−0.71%
筹资活动现金流入小计	2 763 908.05	2 188 192.78	100.00%	100.00%	

由表 4-26 可以看出，格力电器经营活动现金流入占比在 80%左右，比例较高，且该比例近 3 年相对稳定，这说明经营活动现金流是企业主要的现金来源。表 4-27 显示经营活动产生的现金流入绝大部分来自销售商品、提供劳务收到的现金，2017 年和 2018 年销售商品、提供劳务收到的现金占经营活动总现金流入的 94.67%和 92.35%，表明格力电器的经营状况良好。

格力电器 2014—2018 年投资活动现金流入占总现金流入的比重分别为 1.34%、0.90%、3.68%、2.87%和 5.41%，占总现金流入的比重有所波动但总体偏低。投资活动产生的现金流入里，收回投资收到的现金占比最大，这一比例 2017 年为 85.04%，2018 年为 67.45%，降低了 17.59 个百分点。2018 年收到其他与投资活动有关的现金占比 26.66%，主要指的是定期存款利息收入及其他。

格力电器 2016—2018 年的筹资活动现金流入占总现金流入的比重相对稳定，维持在 15%左右。筹资活动所产生的现金流入绝大部分来自取得借款收到的现金，这一比例在 2017 年为 98.76%，2018 年高达 99.98%，几乎全部来自借款。

二、现金流出结构分析

现金流出结构可以分为现金流出总体结构和现金流出部分结构，现金流出总体结构是指企业各项业务活动现金流出，如经营活动的现金流出、投资活动的现金流出、筹资活动的现金流出等在全部现金流出中的比重。现金流出部分结构是指各项业务活动现金流出中具体项目的构成情况。

一般来说，经营活动的现金流出中购买商品、接受劳务支付的现金所占的比重会大一些，经营活动的现金流出应该具有稳定性的特点，投资活动和筹资活动现金流出的稳定性比较差，具有随意性和偶然性的特点。

【任务实施4-7】李英对格力电器2014—2018年的现金流出进行了结构分析。

李英计算了格力电器2014—2018年现金流出总体结构百分比,即经营活动、投资活动、筹资活动的现金流出占现金总流出的比重,如表4-28所示,图4-3更清晰地展示了三种活动现金流出占比的变动趋势。李英也计算了2018年现金流出部分结构百分比,如表4-29所示,通过现金流出部分结构百分比可以了解到经营活动、投资活动、筹资活动各项目现金流出的比例,以及三种活动现金的主要流向。

表4-28　格力电器2014—2018年现金流出总体结构分析表

项目	2014年	2015年	2016年	2017年	2018年
经营活动现金流出小计/万元	7 160 080.34	7 441 812.63	6 065 548.38	9 732 319.84	11 926 897.22
投资活动现金流出小计/万元	423 214.52	589 246.28	2 268 726.71	6 625 623.66	3 179 474.10
筹资活动现金流出小计/万元	1 247 658.87	1 903 743.40	2 024 449.63	2 413 026.89	2 512 523.40
现金总流出/万元	8 830 953.73	9 934 802.31	10 358 724.73	18 770 970.39	17 618 894.72
经营活动现金流出比重	81.08%	74.91%	58.55%	51.85%	67.69%
投资活动现金流出比重	4.79%	5.93%	21.90%	35.30%	18.05%
筹资活动现金流出比重	14.13%	19.16%	19.54%	12.86%	14.26%
现金总流出比重	100.00%	100.00%	100.00%	100.00%	100.00%

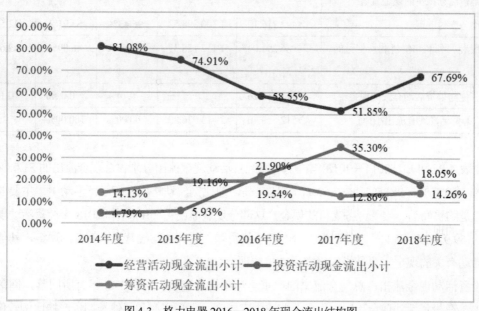

图4-3　格力电器2016—2018年现金流出结构图

表 4-29 格力电器 2018 年现金流出部分结构分析表

项目	金额/万元 2018 年	金额/万元 2017 年	部分百分比 2018 年	部分百分比 2017 年	差异
一、经营活动产生的现金流量:					
购买商品、接受劳务支付的现金	7 804 552.68	5 836 516.52	**65.44%**	59.97%	5.47%
客户贷款及垫款净增加额	234 337.60	202 378.55	1.96%	2.08%	−0.11%
存放中央银行和同业款项净增加额	10 445.87	23 745.16	0.09%	0.24%	−0.16%
支付利息、手续费及佣金的现金	3 156.61	18 482.73	0.03%	0.19%	−0.16%
支付给职工以及为职工支付的现金	857 541.26	768 528.65	7.19%	7.90%	−0.71%
支付的各项税费	1 514 179.79	1 319 677.18	12.70%	13.56%	−0.86%
支付其他与经营活动有关的现金	1 502 683.42	1 562 991.05	12.60%	16.06%	−3.46%
经营活动现金流出小计	11 926 897.22	9 732 319.84	100.00%	100.00%	
二、投资活动产生的现金流量:					
购建固定资产、无形资产和其他长期资产支付的现金	383 754.92	242 480.70	12.07%	3.66%	8.41%
投资支付的现金	1 547 771.25	1 241 973.22	**48.68%**	18.75%	29.94%
取得子公司及其他营业单位支付的现金净额	102 968.63		3.24%	0.00%	3.24%
支付其他与投资活动有关的现金	1 144 979.30	5 141 169.73	36.01%	**77.60%**	−41.58%
投资活动现金流出小计	3 179 474.10	6 625 623.66	100.00%	100.00%	
三、筹资活动产生的现金流量:					
偿还债务支付的现金	2 422 716.10	1 300 898.52	**96.43%**	53.91%	42.51%
分配股利、利润和偿付利息支付的现金	86 291.04	1 112 128.37	3.43%	**46.09%**	−42.65%
支付其他与筹资活动有关的现金	3 516.26	—	0.14%	0.00%	0.14%
筹资活动现金流出小计	2 512 523.40	2 413 026.89	100.00%	100.00%	

由表 4-27 可知，2014—2018 年格力电器经营活动现金流出分别占总现金流出的 81.08%、74.91%、58.55%、51.85% 和 67.69%，占比最高，但比例波动略大。在经营活动中，主要的现金流出是购买商品、接受劳务支付的现金，这部分现金流出占 2017 年和 2018 年经营活动现金流出的 59.97% 和 65.44%。其次为支付的各项税费和支付其他与经营活动有关的现金，其他与经营活动有关的现金主要是指销售费用支付的现金。

投资活动现金流出占总现金流出的比重呈逐年增长态势，在 2018 年有所回落，回落至 18.05%。在投资活动现金流出中，用于购建固定资产、无形资产和其他长期资产的比例较低，

2018年为12.07%，2017年仅占投资活动现金流出的3.66%。2017年和2018年投资支付的现金以及支付其他与投资活动有关的现金两项现金流出占投资活动现金流出的96.34%和84.69%，其他与投资活动有关的现金主要指的是定期存款净增加额，说明格力电器的投资主要是对外投资。

筹资活动现金流出占总现金流出的比重较稳定，除2015年和2016年维持在19%左右，其余三年筹资活动现金流出占总现金流出的14%左右。2017年偿还债务支付的现金，分配股利、利润和偿付利息支付的现金占筹资活动现金流出的100%，2018年主要是偿还债务，占筹资活动现金流出的96.43%。格力电器2016年的分配方案是每10股派发现金18.00元(含税)，共计派发现金108.28亿元，2017年并未派发现金红，但2016年的利润分配是在2017年实行的，因此根据收付实现制，2016年的分红体现在2017年筹资活动现金流出中。

三、现金流入流出比例分析

现金流入流出比例分析以企业经营活动现金流入流出比(经营活动现金流入与经营活动现金流出的比值)、投资活动现金流入流出比(投资活动现金流入与投资活动现金流出的比值)，以及筹资活动现金流入流出比(筹资活动现金流入与筹资活动现金流出的比值)为基础分析企业的现金流质量。现金流入流出比表示1元现金流出可以换多少现金流入，可以进一步判断企业的销售情况和回款能力等。一般来说，企业经营活动现金流入流出比应高于1，投资活动现金流入流出比应低于1，筹资活动现金流入流出比应围绕1波动。

【任务实施4-8】李英分析了格力电器2014—2018年的现金流入流出比例。

李英计算了格力电器2014—2018年的经营活动、投资活动、筹资活动三种现金流入流出比以及现金总流入流出比，计算结果如表4-30所示。

表4-30　格力电器2014—2018年现金流入与现金流出结构分析表

项目	2014年度	2015年度	2016年度	2017年度	2018年度
经营活动现金流入：经营活动现金流出	126.5%	159.6%	124.5%	116.8%	122.6%
投资活动现金流入：投资活动现金流出	32.4%	20.0%	15.2%	6.0%	31.3%
筹资活动现金流入：筹资活动现金流出	85.1%	59.6%	71.6%	90.7%	110.0%
现金总流入：现金总流出	116.1%	132.2%	90.2%	74.3%	104.3%

由表4-30可以看出，格力电器经营活动现金流入流出比在1.2左右，这表明格力电器1元的现金流出能够带来1.2元左右的现金流入，并且该比例相对稳定。此外，该公司筹资活动现金流入流出比较为理想。总体表明格力电器的现金流质量比较好。

第四节　现金流量表比率分析

现金流量表比率分析是以经营活动现金净流量与资产负债表和利润表等财务报表中的相关

项目进行对比分析,以便全面揭示企业的经营水平,测定企业的偿债能力,反映企业的支付能力等。现金流量表比率分析主要包括偿债能力分析、获取现金能力分析及收益质量分析,需综合资产负债表和利润表一同考量。

一、偿债能力分析

关于企业的偿债能力分析,本书在资产负债表指标分析中已详细介绍,如流动比率、速动比率等。但是,流动比率是流动资产与流动负债之比,而流动资产体现的是能在一年内或一个营业周期内变现的资产,包括许多流动性不强的项目,即使速动比率剔除了流动性不强的存货,流动资产中依然有具有资产的性质,但事实上却不能再转变为现金,不再具有偿付债务能力的项目。而且不同企业的流动资产结构差异较大,资产质量各不相同,因此仅用流动比率等指标来分析企业的偿债能力,往往有失偏颇。将经营活动现金净流量与资产负债表相关指标进行对比分析,作为流动比率等指标的补充,则能更好地分析企业的偿债能力。

(一)现金流动负债比

现金流动负债比又称现金流量比率,该比率反映企业流动负债由经营活动产生的现金流量净额保障的程度,即从现金流量的角度反映企业偿付短期负债的能力。现金流动负债比的计算公式为

$$现金流动负债比=经营活动产生的现金流量净额/流动负债\times100\%$$

流动负债总额中包括预收账款,由于预收账款无须企业当期以现金偿付,若企业有大量预收账款,在计算该指标时应将预收账款从流动负债中扣除,而对于预收账款数额相对较小的企业可以不予考虑扣除问题。另外,流动负债是未来一个会计年度陆续到期的债务,而经营活动产生的现金流量净额是过去一个会计年度的经营成果,两者处于不同的会计期间。因此,在应用该指标时需要综合企业现金流量的稳定性加以综合判断。

通常,现金流动负债比越大,说明企业的短期偿债能力越好。

【任务实施4-9】李英计算并分析了格力电器2014—2018年的现金流动负债比。

李英计算了格力电器2014—2018年现金流动负债比,分析了格力电器2014—2018年现金流动负债比的变动情况,如表4-31所示。

表4-31 格力电器2014—2018年的现金流动负债比

项目	2014年	2015年	2016年	2017年	2018年
经营活动产生的现金流量净额/万元	1 893 916.55	4 437 838.18	1 485 995.21	1 633 808.28	2 694 079.15
流动负债/万元	10 838 852.21	11 262 518.10	12 685 201.26	14 749 078.89	15 768 612.60
现金流动负债比	17.47%	39.40%	11.71%	11.08%	17.09%

格力电器的现金流动负债比除了 2015 年高达 39.23%，其余四年都维持在百分之十几，2016 年和 2017 年为 11%左右，2018 年上升至 17%，如图 4-4 所示。经营活动产生的现金流量净额相对流动负债来说是偏高还是偏低呢？这就需要进行同行业比较，李英选取了同属于家电行业的美的集团和海尔智家，三家企业 2016—2018 年的现金流动负债比对比如图 4-5 所示，格力电器 2018 年的现金流动负债比虽然较 2016 年和 2017 年有所提高，但在三家企业里最低。美的集团 2018 年现金流动负债比为 21.39%，海尔智家为 23.64%，总体来说格力电器的现金流动负债比相对美的集团和海尔智家而言并不高。

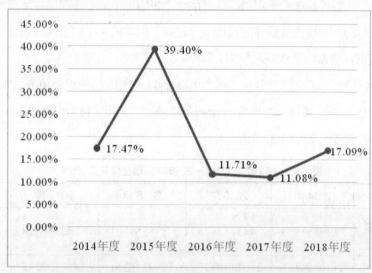

图 4-4　格力电器 2014—2018 年现金流动负债比趋势图

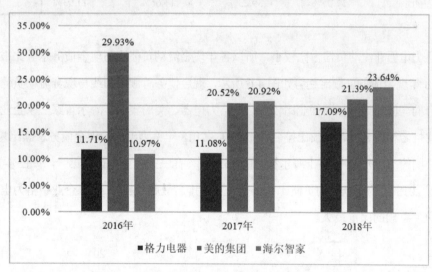

图 4-5　三家企业 2016—2018 年现金流动负债比对比

(二) 现金债务总额比

不管是流动负债还是长期负债,都是需要用现金支付的。所以,仅仅考虑流动负债的偿还能力是不全面的,还需要衡量企业偿还所有债务的能力,即现金债务总额比。现金债务总额比用经营活动产生的现金流量净额与企业全部负债进行比较,其计算公式为

$$现金债务总额比=经营活动产生的现金流量净额/负债总额\times100\%$$

现金债务总额比能够反映企业用当年经营活动产生的现金流量净额偿付全部债务的能力。现金债务总额比越高,说明企业整体的偿债能力越好。但如果该比率过高,则可能表明企业的现金利用效率较低,会影响企业获利能力。

【任务实施 4-10】 李英计算并分析了格力电器 2014—2018 年的现金债务总额比。

李英计算了格力电器 2014—2018 年现金债务总额比,分析了格力电器 2014—2018 年现金债务总额比的变动情况,如表 4-32 所示。

表 4-32 格力电器 2014—2018 年的现金债务总额比

项目	2014 年	2015 年	2016 年	2017 年	2018 年
经营活动产生的现金流量净额/万元	1 893 916.55	4 437 838.18	1 485 995.21	1 633 808.28	2 694 079.15
负债总额/万元	11 109 949.75	11 313 140.77	12 742 183.51	14 813 320.16	15 851 944.55
现金债务总额比	17.05%	39.23%	11.66%	11.03%	17.00%

由于格力电器非流动负债占比较小,所以各年现金流动负债比与现金债务总额比很接近,2014—2018 年现金债务总额比趋势如图 4-6 所示,现金债务总额比曲线与现金流动负债比曲线几乎是重合的。但如果进行同行业比较的话,格力电器、美的集团、海尔智家三家企业的现金债务总额比排名和现金流动负债比排名并不一样,2018 年格力电器的现金债务总额比为 17%,高于美的集团的 16.27%,也高于海尔智家的 16.97%,在三家企业中排名第一,如图 4-7 所示。而格力电器 2018 年的现金流动负债比在三家企业中排名最后,表明在三家企业中格力电器的流动负债占负债总额的比重最大。

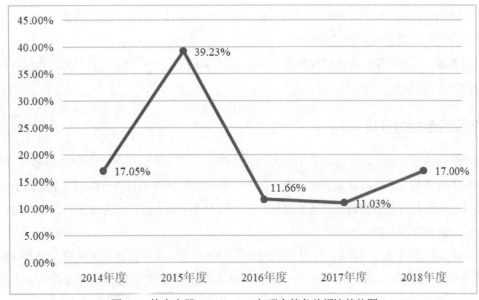

图 4-6　格力电器 2014—2018 年现金债务总额比趋势图

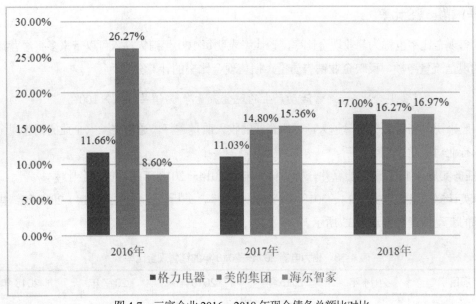

图 4-7　三家企业 2016—2018 年现金债务总额比对比

(三) 现金到期债务比

对于企业来说，全面考核其偿债能力非常有意义，但是真正当务之急的是了解企业自己所有可用的钱能不能应付债务人，这就是现金到期债务比，即经营活动现金净流量与本期到期的债务的比率，其计算公式为

现金到期债务比=经营活动产生的现金流量净额/本期到期的债务

本期到期的债务是指本期到期长期负债和本期应付票据。长期负债是指偿还期在一年以上的债务，主要包括长期借款、应付债券、长期应付款等。与流动负债相比，长期负债具有数额

较大、偿还期限较长的特点。通常到期的长期负债和本期应付票据是不能展期的，主要由本企业经营活动产生的现金流量净额来偿还。

一般来说，现金到期债务比的标准值为1.5，比率越高，企业资金流动性越好，企业到期偿还债务的能力越强。

二、获取现金能力分析

关于企业的获利能力，在利润表指标分析时已详细介绍，但是，企业经营的成绩除了用利润表这张"成绩单"上的项目来衡量，也可以通过对现金流量表项目的分析来衡量。对于一个企业来说，评价其盈利能力最终要落实到现金流入能力上，即通过对现金流量的分析来对企业的盈利能力进行客观分析。

获取现金能力可通过经营活动产生的现金流量净额与投入资源的比值来反映，投入资源可以是销售收入(对应指标销售现金比率)、流通在外的普通股股数(对应指标每股营业现金净流量)、平均总资产(对应指标全部资产现金回收率)及净利润(对应指标现金获利能力)。

(一) 销售现金比率

销售现金比率也称为营业现金比率，该比率表明每100元销售收入可以带来多少经营活动产生的现金流量净额，反映企业销售质量。销售现金比率的计算公式为

$$销售现金比率=经营活动产生的现金流量净额/销售收入\times 100\%$$

一般来说，销售现金比率越大，说明企业的收入质量越好。通常将一家企业的销售现金比率与同行业对比进行综合判断。

【任务实施4-11】 李英计算并分析了格力电器2014—2018年的销售现金比率。

李英计算了格力电器2014—2018年销售现金比率，分析了格力电器2014—2018年销售现金比率的变动情况，如表4-33所示。

表4-33 格力电器2014—2018年的销售现金比率

项目	2014年	2015年	2016年	2017年	2018年
经营活动产生的现金流量净额/万元	1 893 916.55	4 437 838.18	1 485 995.21	1 633 808.28	2 694 079.15
营业收入/万元	13 775 035.84	9 774 513.72	10 830 256.53	14 828 645.00	19 812 317.71
销售现金比率	13.75%	45.40%	13.72%	11.02%	13.60%

格力电器销售现金比率除2015年达到45.40%，其余四年都维持在一个较稳定的水平，如图4-8所示。与同行业企业相比，格力电器的销售现金比率如何呢？格力电器、美的集团、海尔智家三家企业2016—2018年的销售现金比率对比如图4-9所示，2016年美的集团的销售现金比率最高，为16.78%，高于格力电器和海尔智家，随后趋于下降，2017年和2018年均低于

格力电器。2017年和2018年的销售现金比率格力电器最高、美的集团排第二，海尔智家虽然销售现金比率在逐步提高，但依然低于格力电器和美的集团，排第三。同时该指标的行业标准值在0.1左右，格力电器的销售现金比率2014—2018年皆高于行业标准值，反映了格力电器较好的销售质量。

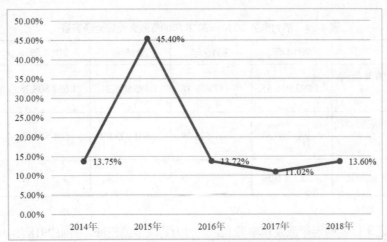

图4-8　格力电器2014—2018年销售现金比率趋势图

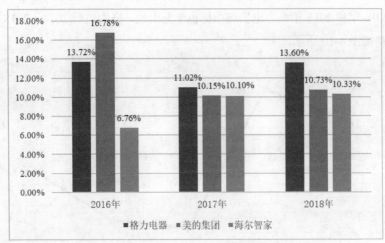

图4-9　三家公司2016—2018年的销售现金比率对比

(二) 每股营业现金净流量

每股营业现金净流量是经营现金净流量与普通股股数的比值，反映企业对现金股利最大限度的分配能力。每股营业现金净流量的计算公式为

$$每股营业现金净流量 = 经营活动产生的现金流量净额 / 流通在外的普通股股数$$

每股营业现金净流量说明了每一股股本拥有的经营现金净流量。股东要想分得股利，最基本的条件是企业有可以用于分派股利的现金，投资活动和筹资活动取得的现金都不能用于分配股利，只有经营性净现金收入可以真正用来分派股利。每股营业现金净流量越高，说明企业可

以用于分派股利的资金越充足。

【任务实施4-12】 李英计算并分析了格力电器2014—2018年的每股营业现金净流量。

李英计算了格力电器2014—2018年每股营业现金净流量，分析了格力电器2014—2018年每股营业现金净流量的变动情况，如表4-34所示。

表4-34　格力电器2014—2018年的每股营业现金净流量

项目	2014年	2015年	2016年	2017年	2018年
经营活动产生的现金流量净额/万元	1 893 916.55	4 437 838.18	1 485 995.21	1 633 808.28	2 694 079.15
流通在外的普通股股数/万股	300 786.54	601 573.09	601 573.09	601 573.09	601 573.09
每股营业现金净流量/元	6.30	7.38	2.47	2.72	4.48

格力电器之所以能够连年派发现金股利，是因为其现金流充沛。例如2018年，格力电器每股营业现金净流量为4.48，表明格力电器在2019年有能力向股东派发最多每股4.48元的现金股利。此外，2014年和2015年格力电器该指标也十分出色。格力电器2014—2018年每股营业现金净流量趋势如图4-10所示。

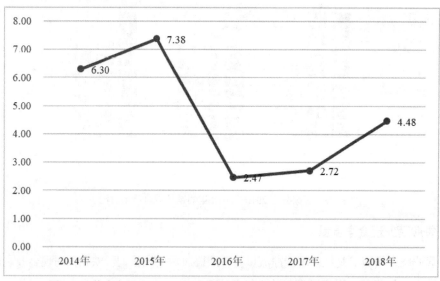

图4-10　格力电器2014—2018年每股营业现金净流量趋势图(单位：元)

(三) 全部资产现金回收率

全部资产现金回收率又称总资产净现率，是经营活动产生的现金流量净额与企业年度平均资产总额的比值，它用来衡量每100元的资产本年内通过经营带来了多少"纯粹"的现金。全部资产现金回收率的计算公式为

全部资产现金回收率=经营活动产生的现金流量净额/平均总资产×100%

式中,平均总资产为当期总资产期末数与期初数的平均值。全部资产现金回收率越大,说明企业运用资产获得经营活动现金净流量的能力就越强,企业的盈利能力也就越强。行业不同,全部资产现金回收率的差异比较大,所以在用全部资产现金回收率分析企业的盈利能力时,要考虑企业的行业特点,不能简单地用绝对值对两个行业不同的企业进行评价。

【任务实施 4-13】 李英计算并分析了格力电器 2014—2018 年的全部资产现金回收率。

李英计算了格力电器 2014—2018 年全部资产现金回收率,分析了格力电器 2014—2018 年全部资产现金回收率的变动情况,如表 4-35 所示。

表 4-35　格力电器 2014—2018 年的全部资产现金回收率

项目	2014 年	2015 年	2016 年	2017 年	2018 年
经营活动产生的现金流量净额/万元	1 893 916.55	4 437 838.18	1 485 995.21	1 633 808.28	2 694 079.15
全部资产总额/万元①	15 623 094.85	16 169 801.63	18 237 399.04	21 498 790.71	25 123 415.73
平均总资产/万元	14 497 511.37	15 896 448.24	17 203 600.34	19 868 094.88	23 311 103.22
全部资产现金回收率	13.06%	27.92%	8.64%	8.22%	11.56%

注:① 2013 年期末,格力电器总资产为 13 371 927.90 万元。

如图 4-11 所示,格力电器 2014—2018 年全部资产现金回收率与销售现金比率的趋势一致,2015 年最高,2017 年最低。与同行业的美的集团和海尔智家比较的话,2016 年远低于美的集团,略高于海尔智家,2017 年与美的集团的差距进一步缩小,2018 年全部资产回收率与美的集团和海尔智家持平,甚至略高于美的集团,如图 4-12 所示。海尔智家 2016—2018 年全部资产现金回收率逐年增长,由 2016 年的 7.77%位列第三上升至 2018 年的 11.69%,在三家企业中全部资产现金回收率最高。总体来看,格力电器资产利用效率有所提高,保持了同行业的最高水准。

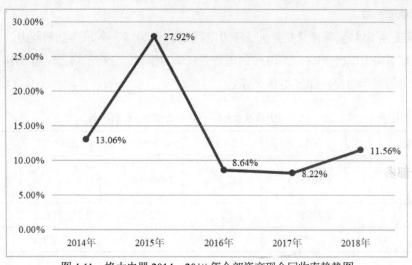

图 4-11　格力电器 2014—2018 年全部资产现金回收率趋势图

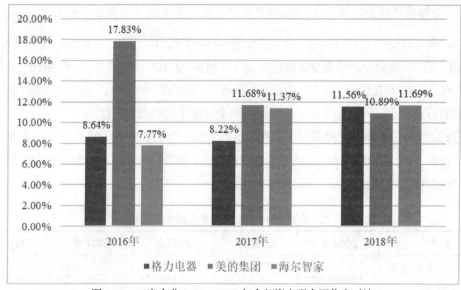

图 4-12　三家企业 2016—2018 年全部资产现金回收率对比

(四) 现金获利能力

现金获利能力是经营活动产生的现金流量净额与企业本年净利润的比值，它用来衡量企业每获得的 100 元利润中，从经营活动中获得了多少可以随时使用的"真真切切"的现金。现金获利能力的计算公式为

$$现金获利能力 = 经营活动产生的现金流量净额 / 净利润 \times 100\%$$

现金获利能力表明经营活动产生的现金流量净额对净利润的现金保障倍数，一般来说，盈利现金比率越高，企业的盈利能力就越好，其盈利质量也越好。该指标反映了经营活动产生的现金流量净额与净利润的差异度，通过该指标可以在一定程度上防止企业操纵账面利润。如果企业账面利润很高，同时经营活动产生的现金流量净额相对较低或为负数，则应对该企业经营成果保持谨慎的态度。

【任务实施 4-14】李英计算并分析了格力电器 2014—2018 年的现金获利能力。

李英计算了格力电器 2014—2018 年的现金获利能力指标，分析了格力电器 2014—2018 年现金获利能力的变动情况，如表 4-36 所示。

表 4-36　格力电器 2014—2018 年的现金获利能力

项目	2014 年	2015 年	2016 年	2017 年	2018 年
经营活动产生的现金流量净额/万元	1 893 916.55	4 437 838.18	1 485 995.21	1 633 808.28	2 694 079.15
净利润/万元	1 425 295.48	1 262 373.26	1 552 463.49	2 250 750.68	2 637 902.98
现金获利能力	132.88%	351.55%	95.72%	72.59%	102.13%

由图 4-13 可以看出，格力电器 2014—2018 年的现金获利能力波动较大，最高为 2015 年达到 351.55%，最低 2017 年为 72.59%。将格力电器 2016—2018 年的现金获利能力与美的集团和海尔智家进行比较，格力电器的现金获利能力在三家企业中是最低的，如图 4-14 所示。美的集团 2016 年的现金获利能力最高，为 168.30%，然后趋于下降。海尔智家 2016—2018 年的获利能力逐步增强，是三家企业中获利能力最强的，2018 年达到 193.79%。通常认为现金获利能力指数接近或大于 1，才能说明企业的盈利能力强。单从指标来看，格力电器 2018 年该指标刚达到标准值，尚有提升空间。相比之下，美的集团、海尔智家的现金获利能力较好。

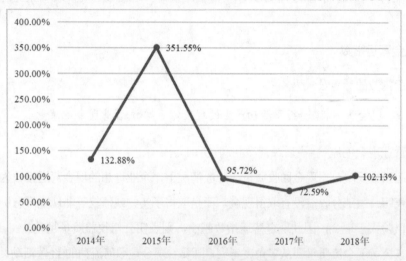

图 4-13　格力电器 2014—2018 年现金获利能力趋势图

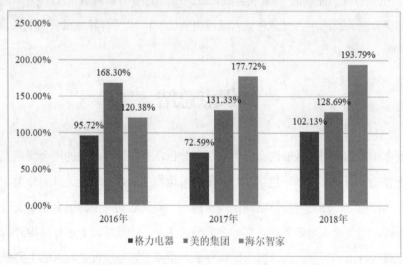

图 4-14　三家企业 2016—2018 年现金获利能力对比

三、收益质量分析

收益质量的高低一般以会计收益与公司业绩之间的相关性来衡量。具体来说，如果会计收益能较好地反映公司业绩，则公司收益质量较高；反之，收益质量较低。净收益营运指数和现金营运指数是常用于分析公司收益质量的指标。

(一) 净收益营运指数

净收益营运指数的计算公式为

$$净收益营运指数=经营净收益/净利润$$

式中，经营净收益=净利润-非经营净收益。净收益营运指数越高，表明企业的收益质量越好。

(二) 现金营运指数

现金营运指数的计算公式为

$$现金营运指数=经营活动产生的现金流量净额/营业现金毛流量$$

式中，营业现金毛流量=税后经营净利润+折旧与摊销。

现金营运指数反映公司现金回收质量。一般情况下，企业理想的现金营运指数为1，若该指数小于1表明公司部分收益没有取得现金，而是取得了实物或债权等非现金形态资产。由于非现金资产风险大于现金，因此现金营运指数越小，则表明公司收益质量越差。

判断一家公司现金流质量要从多角度考察，既要看现金是因何流动的(经营活动、投资活动或筹资活动)，也要看现金流动的方向(现金流入或流出)，还要分析构成情况(经营活动、投资活动、筹资活动现金流入或流出占现金总流入或流出的比例)，以及与其他报表的关系，从而全面分析，综合判断，科学决策。

知识点总结

本章主要介绍了如何对企业的现金流量表进行分析，要想读懂企业的现金流量表，首先要了解现金流量表的相关基础知识，包括现金及现金等价物的概念、现金流量的分类、现金流量表的主要内容和作用等；然后对经营活动、投资活动、筹资活动产生的现金流量及现金流量净额进行一一解读，对现金流量表各项目有一个大概的认知，在此基础上进行结构分析，包括现金流入、流出结构分析和现金流入、流出比例分析，主要了解企业现金流入的主要来源和流出的主要方向；最后将资产负债表、利润表、现金流量表中有关项目进行对比，计算以现金来偿还债务的能力以及企业获取现金的能力。图4-15是本章的知识结构体系图。

第四章 现金流量表分析

图4-15 现金流量表分析知识结构体系图

李英阅读和分析了格力电器2018年现金流量表后认为,格力电器虽然在个别指标上还有提升的空间,但依然保持着充沛的现金流和强大的财务优势,为公司的转型升级提供了充足的资金保障。2019年9月30日的财报显示,格力电器的货币资金为1 362亿元现金,是当之无愧的"现金奶牛"。总有投资者指责格力电器账上资金太多,不如周转起来,让资金更有效率,虽然账上资金过多确实会降低一些资金回报率,但是换取的就是极强的抵御风险的能力。

现金流是企业的"血液",是保持企业持续经营的资本,其作用可能比收入或利润更重要。不同于资产负债表和利润表的"纸上富贵",现金流相当于企业财务信息的"真金白银"。在现金流不足的情况下,即使销售收入很多,或者盈利水平很高,企业仍然有随时倒闭的风险。

2020年春节,一场肆虐全国的新型冠状病毒肺炎疫情迅速蔓延,成为经济运行中突发的不可抗力事件。在经济下行压力较大的背景下,疫情对企业经营管理带来了诸多问题和巨大挑战。中欧商业评论做过一个调查:受疫情影响,企业账上现金能支撑多久?结果显示:34%的企业账上现金只能维持1个月,33%的企业账上现金只能维持2个月,18%的企业账上现金只能维持 3 个月,只有 15%的企业账上现金能维持超过 3 个月。从财务角度来讲,现金的数量就是企业抵御意外风险的能力。

同步测试

一、单项选择题

1. 支付的除所得税、增值税以外的其他税费属于(   )。
   A. 经营活动产生的现金流量　　　　　B. 投资活动产生的现金流量
   C. 筹资活动产生的现金流量　　　　　D. 以上均不对

2. 下列各项中,属于现金流量的是(   )。
   A. 企业用现金购买将于 3 个月到期的国库券
   B. 企业从银行提取现金
   C. 企业在银行存入现金
   D. 购买原材料支付现金

3. 在企业处于高速成长阶段,投资活动现金流量往往是(   )。
   A. 流入量大于流出量　　　　　　　　B. 流出量大于流入量
   C. 流入量等于流出量　　　　　　　　D. 不一定

4. 下列各项中,属于经营活动产生的现金流量的是(   )。
   A. 销售商品收到的现金　　　　　　　B. 发行债券收到的现金
   C. 发生筹资费用所支付的现金　　　　D. 分得股利所收到的现金

5. 在下列事项中,(   )不影响企业的现金流量。
   A. 取得短期借款　　　　　　　　　　B. 支付现金股利
   C. 偿还长期借款　　　　　　　　　　D. 以固定资产对外投资

6. 下列各项中,会影响现金流量净额变动的是(   )。
   A. 用原材料对外投资　　　　　　　　B. 从银行提取现金
   C. 用现金支付购买材料款　　　　　　D. 用固定资产清偿债务

7. 根据《企业会计准则——现金流量表》的规定,支付的现金股利归属于(   )。
   A. 经营活动　　　　　　　　　　　　B. 筹资活动
   C. 投资活动　　　　　　　　　　　　D. 销售活动

8. 下列财务活动中,不属于企业筹资活动的是(   )。
   A. 发行债券　　　　　　　　　　　　B. 分配股利
   C. 吸收权益性投资　　　　　　　　　D. 购建固定资产

9. 现金流量表的编制基础是( )。
   A. 收付实现制　　　　　　　　　B. 权责发生制
   C. 永续存盘制　　　　　　　　　D. 实地存盘制
10. 下列项目中，属于现金等价物的是( )。
   A. 短期股票投资　　　　　　　　B. 包装物
   C. 3个月到期的债券投资　　　　 D. 库存商品

二、多项选择题

1. 下列活动中，属于经营活动产生的现金流量的有( )。
   A. 销售商品收到的现金　　　　　B. 分配股利支出的现金
   C. 提供劳务收到的现金　　　　　D. 出售设备收到的现金
2. 下列各项中，属于筹资活动现金流量项目的有( )。
   A. 短期借款的增加　　　　　　　B. 支付给职工的现金
   C. 或有收益　　　　　　　　　　D. 分配股利所支付的现金
   E. 取得债券利息收入
3. 正常经营活动所带来的现金入不敷出时，可以通过( )方式解决。
   A. 消耗企业现存的货币积累　　　B. 推迟投资活动的进行
   C. 向银行贷款　　　　　　　　　D. 拖延债务支付
   E. 加速应收账款的收回
4. 下列经济事项中，不能产生现金流量的有( )。
   A. 出售固定资产
   B. 企业用现金购买将于3个月内到期的国库券
   C. 投资人投入现金
   D. 将库存现金送存银行
5. 一项投资被确认为现金等价物必须同时具备几个条件，即( )。
   A. 流动性强　　　　　　　　　　B. 价值变动风险小
   C. 易于转换为已知金额现金　　　D. 期限短
6. 现金流量可以分为( )。
   A. 借款活动产生的现金流量　　　B. 投资活动产生的现金流量
   C. 筹资活动产生的现金流量　　　D. 经营活动产生的现金流量
7. 下列各项中，属于现金流量表中投资活动产生的现金流量的有( )。
   A. 购建固定资产支付的现金
   B. 转让无形资产所有权收到的现金
   C. 购买3个月内到期的国库券支付的现金
   D. 收到分派的现金股利

8. 下列各项中,属于筹资活动产生的现金流量的有( )。
   A. 支付的现金股利　　　　　　　　B. 取得短期借款
   C. 增发股票收到的现金　　　　　　D. 偿还公司债券支付的现金

9. 下列各项中,应计入现金流量表中"偿还债务所支付的现金"项目的有( )。
   A. 偿还银行借款的本金　　　　　　B. 偿还银行借款的利息
   C. 偿还企业债券的本金　　　　　　D. 偿还企业债券的利息

10. 下列各项中,不能作为现金流量表中经营活动产生的现金流量的有( )。
    A. 接受其他企业捐赠的现金
    B. 取得短期股票投资而支付的现金
    C. 取得长期股权投资而支付的手续费
    D. 为管理人员缴纳商业保险而支付的现金

三、判断题

1. 固定资产折旧的变动不影响当期现金流量的变动。( )
2. 经营活动产生的现金流量大于零说明企业盈利。( )
3. 企业分配股利必然引起现金流出量的增加。( )
4. 利息支出将对筹资活动现金流量和投资活动现金流量产生影响。( )
5. 经营活动净现金流量如果小于零,说明企业经营活动的现金流量自我适应能力较差,企业经营状况不好,属于不正常现象。( )
6. 即使是经营活动净现金流量大于零,企业也可能仍然处于亏损状态。( )
7. 应收票据贴现属于投资活动产生的现金流量。( )
8. 企业支付所得税将引起投资活动现金流量的增加。( )
9. 我国《企业会计准则——现金流量表》在要求企业按间接法编制现金流量表的同时,还要求企业在现金流量表附注的补充资料中按直接法将净利润调节为经营活动的现金流量。( )
10. 企业计提的折旧在经营活动的现金流量中反映。( )

四、计算题

1. 分别计算 A 企业 2018 年和 2017 年经营活动、投资活动及筹资活动现金流入占现金总流入的比重,填入表 4-37,并做初步分析。

表 4-37　现金流入结构分析

项目	2018 年/元	2018 年比重	2017 年/元	2017 年比重
经营活动现金流入小计	146 209 763 702.97		113 661 281 174.86	
投资活动现金流入小计	9 948 975 741.20		4 002 778 581.75	
筹资活动现金流入小计	27 639 080 524.35		21 881 927 758.28	
现金流入小计				

2. 分别计算 B 企业 2018 年和 2017 年经营活动、投资活动及筹资活动现金流出占现金总流出的比重，填入表 4-38，并做初步分析。

表 4-38 现金流出结构分析

项目	2018 年/元	2018 年比重	2017 年/元	2017 年比重
经营活动现金流出小计	119 268 972 159.99		97 323 198 400.61	
投资活动现金流出小计	31 794 741 016.87		66 256 236 550.51	
筹资活动现金流出小计	25 125 234 042.18		24 130 268 927.09	
现金流出小计				

实践训练

实训目的：对海尔智家股份有限公司的现金流量表进行全面分析。

实训资料：海尔智家股份有限公司近 5 年年报。

实训要求：对海尔智家股份有限公司的现金流量表进行全面分析，提交分析报告并通过 PPT 向班级同学展示、汇报。

第五章
所有者权益变动表分析

【知识目标】

- 了解所有者权益变动表；
- 能够对所有者权益变动表各项目进行分析；
- 能够对所有者权益变动表进行比率分析。

【能力目标】

- 能够利用现代媒体等手段收集企业报表分析所需资料；
- 能够运用数据统计等方法选取、加工、整理资料；
- 具备一定的文字表达能力，能根据分析结果撰写财务分析报告。

【素质目标】

- 能够与不同的报表使用者进行沟通与协调；
- 能够与企业管理层进行沟通，并及时提供其所需要的相关信息；
- 培养良好的团队合作意识。

案例引入

万科的任意盈余公积很"任意"

一、万科大比例计提任意盈余公积，累计达 266.41 亿元

根据 2016 年报，万科企业股份有限公司(以下简称万科)再次以 35%的大比例计提盈余公积金，提取金额为 44.72 亿元。截至 2016 年年末，万科已累计计提任意盈余公积金高达 266.41 亿元，而同类地产上市公司在 2007—2016 年基本没有计提过任意盈余公积。

2007—2016 年，万科每年在分配现金红利前，均计提大比例的任意盈余公积。2008 年和 2009 年提取的比例高达 65%，2010 年提取 50%，2011 年提取 60%，2012 年提取 50%，2013 年提取 30%，2014 年提取 40%，2016 年提取 35%，只有 2015 年(正值"宝万之争"期间)提取比例降为 10%。

二、万科计提高比例任意盈余公积意图令人迷惑

2007—2016年,由于受"内部人控制",万科一直以30%～65%的高比例计提任意盈余公积,也只有在2015年闯入"市场化投资者"之时,万科出于无奈才减至10%。然而,2016年又重新按35%计提任意盈余公积。正如刘士余主席所讲,这是"全世界都没有"的!

不过,万科财报对超高比例计提的任意盈余公积并没有充分的计提原因和使用方向。2016年年末,万科账面上的"资本公积+盈余公积+未分配利润"(属于净利润)已经高达1 020亿元。

盈余公积金按照规定只能用于弥补亏损、扩大生产经营、转增资本(或股本)或派送新股等。万科连年业绩高涨,利润率也很高,因此也不需要盈余公积金弥补亏损。

再退一步讲,万科要将宝贵的资金用于企业发展,用公积金转增股本不需上市公司掏一分钱,不会影响业务拓展,但自2007年"10转6"转增股本后,万科再也没有实施过任何转增。在2015年的"救市行动"中,证监会号召上市公司回购股票或者大股东、高管增持。万科拿出"回购不超过100亿元"的方案,最终却只回购了价值1.6亿元的股票。

万科账面隐匿大量利润,其真实意图是什么?令人迷惑。不过,这笔钱确实为万科内部人组成的资管项目底部吸筹提供了巨大机会。

有趣的是,在2016年召开的年度股东大会上,在股东提问环节,小股东提问的第一个问题就是,万科为何要计提明显超过行业平均水平的盈余公积金?

而万科执行副总裁王文金的回答是:"关于计提任意盈余公积金,公司并没有规定任意盈余公积金的比例应该占到注册资本的一定比例,大家可以看到,我们最近几年具体的任意盈余公积金都是按照10%的比例提的,在各个上市公司里面已经属于非常低的比例了,我们认为现在的任意盈余公积金数额和这个比例是没有什么问题的。"

而年报数据显示,除了2015年外,万科一直以30%～65%的高比例计提任意盈余公积,王文金的"近几年都是按照10%的比例提"回答更加令人迷惑了!

(资料来源:http://finance.sina.com.cn/stock/s/2017-04-23/doc-ifyepsec0417537.shtml)

思考: 万科如此"任意"地高比例计提任意盈余公积意欲何在?会不会影响企业的现金分红?会对广大的中小投资者们的利益造成什么样的影响?

【任务导入】

分析了格力电器的利润表后,李英问了指导老师杨经理一个问题:作为投资者除了关注企业的利润表、企业的盈利能力外,还需要了解哪些信息?杨经理对李英善于思考、提出问题的行为给予了肯定和赞许,同时告诉李英,投资者除了需要了解企业的盈利能力外,还需要了解企业的分红政策,因为投资者的利益受公司的利润分配政策影响,与企业所有者权益息息相关。那么,格力电器的分红情况如何?同时,李英也想知道企业管理层是否公平地对待了所有的股东呢?要想获得这些问题的答案,就需要关注企业的第四张报表——所有者权益变动表。带着这些疑问,李英开始了对所有者权益变动表的阅读与分析。

第一节 所有者权益变动表基础知识

所有者权益变动表又称股东权益变动表，是指反映构成所有者权益的各组成部分当期的增减变动情况的报表。2007 年以前，公司所有者权益变动情况是以资产负债表附表的形式予以体现的。2007 年以后，要求上市公司于 2007 年正式对外呈报所有者权益变动表，所有者权益变动表成为与资产负债表、利润表和现金流量表并列披露的第四张财务报表。在所有者权益变动表中，企业还应当单独列示或反映下列信息：所有者权益总量的增减变动、所有者权益增减变动的重要结构性信息、直接计入所有者权益的利得和损失。

一、所有者权益变动表的内容

所有者权益变动表列示了导致所有者权益变动的交易或事项，从所有者权益变动的来源对一定时期所有者权益变动情况进行全面反映，改变了以往仅仅按照所有者权益各组成部分反映所有者权益变动的情况。

(一) 上年期末余额

上年期末余额反映企业上年资产负债表中实收资本(或股本)、资本公积、盈余公积、未分配利润的年末余额。

(1) 会计政策变更。该项目反映企业采用追溯调整法处理的会计政策变更的累计影响金额。同一经济业务，采用的会计方法不同，计入会计报表项目后的数值就会有差异，由此就会最终引起所有者权益的变动。为了有直观印象，下面举例来说明。

某生物制药企业 2016 年年底购入用于新项目的固定资产共 60 万元，企业按一直以来的财务核算方法，采用直线折旧法分 5 年对固定资产计提折旧(假设没有残值)。但在 2018 年年底复核固定资产状态时发现，此项固定资产处于高度腐蚀状态，使用直线折旧法不能真实地体现该资产的使用与其经济利益的预期实现方式的一致性。与税务部门沟通后，该企业改为采用加速折旧法。如果按直线折旧法，则该项固定资产共提折旧 24 万元，而改采用加速折旧-双倍余额递减法的情况下，两年共应提的折旧为 42 万元，相应地减少所有者权益 18 万元，这就是会计政策变更累计影响所有者权益的金额。

(2) 前期差错更正。该项目反映采用追溯重述法处理的会计差错的累计影响金额。前期差错是指由于没有运用或错误运用下列两种信息而造成的差错：编制前期财务报表时，预期能够取得并加以考虑的可靠信息；前期财务报表批准报出时能够取得的可靠信息，从而对前期财务报告造成省略或错报。

企业年度财务报表报出后，如果由于变更会计政策或者更正以前年度的重大差错等原因，导致企业多计或少计利润等所有者权益项目，但是以前年度账目已结清，无法再进行调整，只能在当年会计账日中进行处理。

(二) 本年期初余额

本年期初余额是上年的期末余额加减因会计政策变更和前期差错更正所引起的所有者权益增减数后的余额，即对所有者权益年初余额的修正。

上年期末余额+会计政策变更+前期更正差错＝本年期初余额

(三) 本年增减变动金额

(1) 综合收益总额，与利润表中的综合收益总额一致，反映企业当年实现的综合收益总额，并对应列在未分配利润栏。

(2) 所有者投入和减少资本，反映企业当年所有者投入的资本和减少的资本。

① 所有者投入普通股，反映企业接受普通股投资者投入形成的实收资本(或股本)和资本公积，并对应列在实收资本、资本公积栏；

② 其他权益工具持有者投入资本，反映企业接受其他权益工具持有者投入形成的实收资本(或股本)和资本公积，并对应列在实收资本、资本公积栏；

③ 股份支付计入所有者权益的金额，反映企业处于等待期中的权益结算的股份支付当年计入资本公积的金额，并对应列在资本公积栏。

(3) 利润分配，反映企业当年的利润分配金额。

① 提取盈余公积，反映企业按照规定提取的盈余公积，对应列在盈余公积栏，并以负数列在未分配利润栏。通常盈余公积分为两种：一是法定盈余公积，《中华人民共和国公司法》规定公司制企业的法定盈余公积按照税后利润 10%的比例提取(非公司制企业也可按超过 10%的比例提取)。公司法定盈余公积累计额为公司注册资本 50%以上时，可以不再提取。二是任意盈余公积，任意盈余公积主要是由上市公司按照股东大会的决议提取。法定盈余公积和任意盈余公积的区别就在于其各自计提的依据不同。前者以国家的法律或行政规章为依据提取；后者则由公司自行决定提取。

② 对所有者(或股东)的分配，反映对所有者(或股东)分配的利润(或股利)金额，以负数列在未分配利润栏。

(4) 所有者权益内部结转，反映不影响当年所有者权益总额的所有者权益各组成部分之间当年的增减变动。

① 资本公积转增资本(或股本)，是指公司将资本公积按照法定程序转增公司资本，并按现有股东的持股比例无成本地发行股票。简单来说，资本公积转增资本是在股东权益内部，把公积金转到"实收资本"或者"股本"账户，并按照投资者所持有公司的股份份额比例的大小分到各个投资者的账户中，以此增加每个投资者的投入资本。转增股本不是利润分配，它只是公司增加股本的行为，它的来源是上市公司的资本公积。转增后，公司的所有者权益总额不变，现有股东股票数量增加，但持股比例仍然不变。

② 盈余公积转增资本(或股本)，反映企业以盈余公积转增资本或股本的金额。企业将盈余公积转增资本时，必须经股东大会决议批准。在实际将盈余公积转增资本时，要按股东原有持

股比例结转。盈余公积转增资本时，转增后留存的盈余公积的数额不得少于注册资本的25%。

③ 盈余公积弥补亏损，反映企业以盈余公积弥补亏损的金额。

企业发生亏损时，应由企业自行弥补。弥补亏损的渠道主要有以下三条。

第一，用以后年度税前利润弥补。按照现行制度规定，企业发生亏损时，可以用以后五年内实现的税前利润弥补，即用税前利润弥补亏损的期间为五年。

第二，用以后年度税后利润弥补。企业发生的亏损经过五年期间未弥补足额的，尚未弥补的亏损应用所得税后的利润弥补。

第三，以盈余公积弥补亏损。企业以提取的盈余公积弥补亏损时，应当由公司董事会提议，并经股东大会批准。

二、所有者权益变动表的格式

所有者权益变动表属于动态报表，从左到右列示了所有者权益的组成项目，自上而下反映了各项目年初至年末的增减变动过程。

为了清楚地表明构成所有者权益的各组成部分当期的增减变动情况，我国《企业会计准则》规定，所有者权益变动表应当以矩阵的形式列示：一方面，列示导致所有者权益变动的交易或事项，改变了以往仅仅按照所有者权益的各组成部分反映所有者权益变动情况，而是从所有者权益变动的来源对一定时期所有者权益变动情况进行全面反映；另一方面，按照所有者权益各组成部分(包括实收资本、资本公积、盈余公积、未分配利润和库存股)及其总额列示交易或事项对所有者权益的影响。此外，企业还需要提供比较所有者权益变动表，所有者权益变动表就各项目再分为"本年金额"和"上年金额"两栏分别填列。所有者权益变动表的格式如表5-1所示。

表5-1 所有者权益变动表

编制单位：XXXX公司　　　　20XX年1—12月　　　　单位：元

项目	本年金额					上年金额				
	股本	资本公积	盈余公积	未分配利润	合计	股本	资本公积	盈余公积	未分配利润	合计
一、上年期末余额										
加：会计政策变更										
前期差错更正										
二、本年期初余额										
三、本期增减变动金额										
(一)综合收益总额										
(二)所有者投入和减少资本										

(续表)

项目	本年金额					上年金额				
	股本	资本公积	盈余公积	未分配利润	合计	股本	资本公积	盈余公积	未分配利润	合计
1.所有者投入的普通股										
2.其他权益工具持有者投入资本										
3.股份支付计入所有者权益的金额										
4.其他										
(三)利润分配										
1.提取盈余公积										
2.提取一般风险准备										
3.对所有者(或股东)的分配										
4.其他										
(四)所有者权益内部结转										
1.资本公积转增资本(或股本)										
2.盈余公积转增资本(或股本)										
3.盈余公积弥补亏损										
4.其他										
四、本期期末余额										

三、所有者权益变动表的作用

所有者权益变动表体现的是一种全面收益观念，它是资产负债表和利润表之间的桥梁，一方面展示了资产负债表中所有者权益变动的原因和具体内容，另一方面又是对利润表的补充。

透过所有者权益变动表，可以发现企业资产和权益的保全与增值情况，有助于反映企业所有者权益增减变动的原因和结果。此外，所有者权益变动表涵盖了2006年新版企业会计准则实施之前企业编制的利润分配表的部分内容，有助于观察企业利润分配的情况和结果，并对其利润分配政策予以评价和考察。所有者权益变动表既可以为报表使用者提供所有者权益总量增减变动的信息，也能为报表使用者提供所有者权益增减变动的结构性信息，特别是能够让报表使用者理解所有者权益增减变动的根源。

第二节　所有者权益变动表各项目分析

格力电器2018年的所有者权益变动表如表5-2所示。

表 5-2 所有者权益变动表

编制单位：格力电器　　2018 年 1—12 月　　　　　　　　　　　　　　　　　　　　　　　　　　　　　　单位：万元

项目	2018年度									2017年度								
	股本	资本公积	其他综合收益	盈余公积	一般风险准备	未分配利润	少数股东权益	合计	股本	资本公积	其他综合收益	盈余公积	一般风险准备	未分配利润	少数股东权益	合计
一、上年期末余额	601 573.09	10 388.06	-9 170.07	349 967.16	32 734.76	5 574 007.61	123 979.17	6 683 479.78	601 573.09	18 340.06	-22 077.83	349 967.16	26 737.06	4 422 679.24	97 996.74	5 495 215.3
加：会计政策变更																
前期差错更正																
同一控制下企业合并		2 100.00				-109.22		1 990.78								
二、本年期初余额	601 573.09	12 488.06	-9 170.07	349 967.16	32 734.76	5 573 898.39	123 979.17	6 685 470.56	601 573.09	18 340.06	-22 077.83	349 967.16	26 737.06	4 422 679.24	97 996.74	5 495 215.53
三、本期增减变动金额		-3 150.11	-45 910.54		206.99	2 620 071.77	14 782.50	2 586 000.62		-5 852.00	12 907.77		5 997.70	1 151 219.14	25 982.42	1 190 255.03
（一）综合收益总额			-45 910.54			2 620 278.77	17 807.32	2 592 175.55			12 907.77			2 240 048.40	10 366.55	2 263 322.72
（二）所有者投入和减少资本		-3 150.11						-3 150.11		2 100.00					9 049.00	11 149.00
1.所有者投入的普通股															9 049.00	9 049.00
2.其他权益工具持有者投入资本																
3.股份支付计入所有者权益的金额																

(续表)

项目	2018 年度									2017 年度						
	股本	资本公积	其他综合收益	盈余公积	一般风险准备	未分配利润	少数股东权益	合计	股本	资本公积	其他综合收益	盈余公积	一般风险准备	未分配利润	少数股东权益	合计
4.其他		-3 150.11						-3 150.11		2 100.00						2 100.00
(三)利润分配					206.99	-206.99	-3 024.83	-3 024.83					5 997.70	-1 088 829.26	-1 385.13	-1 084 216.69
1.提取盈余公积																
2.提取一般风险准备					206.99	-206.99							5 997.70	-5 997.70		
3.对所有者(或股东)的分配							-3 024.83	-3 024.83						-1 082 831.56	-1 385.13	-1 084 216.69
4.其他																
(四)所有者权益内部结转										-7 952.00					7 952.00	
1.资本公积转增资本(或股本)																
2.盈余公积转增资本(或股本)																
3.盈余公积弥补亏损																
4.其他										-7 952.00					7 952.00	
四、本期期末余额	601 573.09	9 337.95	-55 080.61	349 967.16	32 941.76	8 193 970.16	138 761.67	9 271 471.17	601 573.09	12 488.06	-9 170.07	349 967.16	32 734.76	5 573 898.39	123 979.17	6 685 470.56

一、股本

股本是股东实际投入公司的资本，是公司经营的本钱，股本的大小反映公司经营规模的大小。股本的增加包括资本公积转入、盈余公积转入、利润分配转入和发行新股等多种渠道，在分析时应注意以下三个方面。

(1) 资本公积转增资本和盈余公积转增资本并不影响股东权益总额，但是资本公积和盈余公积转增资本后，公司注册资本将会增大，一方面反映公司为经营规模的扩大创造了条件，另一方面也将造成可流通股票数量的增加。由于转增以后，股票必须除权，如果行情不好股价会下跌，股东的股票价值将会加速减值，因此分析资本公积和盈余公积转增资本的利弊，要根据公司的长远发展和股票市场的具体情况来定。

(2) 公司分派股票股利，不仅增加了公司的股本，也增加了股东手中股票的数量，同样也会稀释股票的价格。

(3) 发行新股既能增加注册资本和股东权益，又可增加公司的现金资产，这是对公司发展最有利的增股方式。

对股本变动情况的分析要综合进行。

二、资本公积

资本公积是指企业在经营过程中由于接受捐赠、资本(股本)溢价以及法定财产重估增值等原因所形成的公积金。资本溢价是指企业投资者投入的资金超过其在注册资本中所占份额的部分，股本溢价是指股份有限公司溢价发行股票时实际收到的款项超过股票面值总额的数额。

从本质上讲，资本公积属于投入资本的范畴，由于我国采用注册资本制度等原因导致了资本公积的产生。《中华人民共和国公司法》等法律规定，资本公积的用途主要是转增资本，即增加实收资本(或股本)。虽然资本公积转增资本并不能导致所有者权益总额的增加，但资本公积转增资本，一方面，可以改变企业投入资本结构，体现企业稳健、持续发展的潜力；另一方面，对股份有限公司而言，会增加投资者持有的股份，从而增加公司股票的流通量，进而激活股价，提高股票的交易量和资本的流动性。此外，对于债权人来说，实收资本是所有者权益最本质的体现，是其考虑投资风险的重要影响因素。所以，将资本公积转增资本不仅可以更好地反映投资者的权益，也会影响债权人的信贷决策。

三、其他综合收益

其他综合收益是 2015 年新增的一项会计科目，属于所有者权益类，是企业根据企业会计准则规定未在损益中确认的各项利得和损失扣除所得税影响后的净额。

在会计报表上，所有者权益项目的分类如图 5-1 所示。

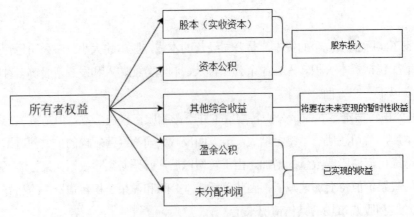

图 5-1 企业所有者权益项目的分类

为了让大家更好地理解其他综合收益，下面以企业投资股票为例进行说明：如果企业购买股票的目的就是短期持有以获取买卖价差收益，短期内可能要卖掉(会计上通常把 1 年以内视为短期)，那么在这种情况下实现的浮盈收益是即将要实现的，因此会计上对这种目的就是短期内获取差价的证券投资的价值波动直接计入当年的利润，把这类投资定义为交易性金融资产。

而对准备长期持有，但是未来也是要抛售的投资定义为可供出售金融资产。可供出售金融资产的价值波动，由于短期内并没有实现真正的利润，因此不计入利润表，但是为了体现企业的净资产的状态，而把这种价值的波动金额或者说是暂时性的收益通过计入"其他综合收益"来管理。

因此，其他综合收益是为了让资产和负债更能反映现实的市场价值，而记录这些暂时性的未实现的价值的变动。

四、盈余公积

盈余公积的增减变动情况可以直接反映企业利润的积累程度。如上文介绍过的，企业盈余公积包括法定盈余公积和任意盈余公积，两者的区别就在于其各自计提的依据不同，两者的用途也相同，主要用于弥补亏损、转增资本以及扩大企业生产经营。通常认为企业盈余公积增加越多，说明企业的利润积累能力越强。

盈余公积的提取实际上是对企业将当期实现的净利润向投资者分配的一种限制。大量提取盈余公积会使"可分配利润"基数变低，从而大幅减少股东现金分红数，所以报表使用者要客观地评价盈余公积变化情况。

五、未分配利润

未分配利润是企业留待以后年度分配或待分配的利润，在未进行分配之前，属于所有者权益的组成部分。从数量上来看，未分配利润是期初未分配利润加上本期实现的净利润，减去提取的各种盈余公积和分出的利润后的余额。盈余公积和未分配利润构成留存收益，留存收益的增长反映企业通过自身经营积累了发展后备资金，既反映企业在过去经营中的发展能力，也反映了企业进一步发展的后劲。但企业积累资金多了，消费自然就减少了，而消费资金主要是分配给股东的股利，这是股东获得的实实在在的经济利益。

【任务实施 5-1】 李英对格力电器的所有者权益变动表各项目进行了分析。

李英首先对格力电器的所有者权益变动表进行了水平分析和垂直分析，计算结果如表 5-3 和表 5-4 所示。

表 5-3　格力电器所有者权益变动表水平分析

项目	2018 年年末/万元	2017 年年末/万元	增减金额/万元	增减百分比
股本	601 573.09	601 573.09	0	0
资本公积	9 337.95	12 488.06	−3 150.11	−25.22%
其他综合收益	−55 080.61	−9 170.07	−45 910.54	500.66%
盈余公积	349 967.16	349 967.16	0	0
一般风险准备	32 941.76	32 734.76	206.99	0.63%
未分配利润	8 193 970.16	5 573 898.39	2 620 071.77	47.01%
少数股东权益	138 761.67	123 979.17	14 782.50	11.92%
所有者权益合计	9 271 471.17	6 685 470.56	2 586 000.62	38.68%

表 5-4　格力电器所有者权益变动表垂直分析

项目	2018 年年末/万元	2017 年年末/万元	2018 年比重	2017 年比重	差异
股本	601 573.09	601 573.09	6.49%	9.00%	−2.51%
资本公积	9 337.95	12 488.06	0.10%	0.19%	−0.09%
其他综合收益	−55 080.61	−9 170.07	−0.59%	−0.14%	−0.46%
盈余公积	349 967.16	349 967.16	3.77%	5.23%	−1.46%
一般风险准备	32 941.76	32 734.76	0.36%	0.49%	−0.13%
未分配利润	8 193 970.16	5 573 898.39	88.38%	83.37%	5.01%
少数股东权益	138 761.67	123 979.17	1.50%	1.85%	−0.36%
所有者权益合计	9 271 471.17	6 685 470.56	100.00%	100.00%	

1. 股本

格力电器 2018 年既没有发行新股也没有送股和公积金转股，所以股本数量较 2017 年并没有发生改变，但因为格力电器 2018 年的所有者权益合计较 2017 年有较大幅度的增长，增长比例高达 38.68%，因此股本在所有者权益合计中的比重有所降低，由 2017 年的 9%下降到 2018 年的 6.49%，下降了 2.51 个百分点。

2. 资本公积

格力电器 2018 年的资本公积为 9 337.95 万元，较上一年减少 3 150.11 万元，资本公积减少的原因在于 2018 年同一控制下合并珠海格力机电工程有限公司 100.00%股权，以购买价款冲减资本公积 3 150 万元。但资本公积在所有者权益中的比重并不大，2017 年资本公积占所有者权益的 0.19%，2018 年资本公积较上一年降低了 0.09 个百分点。

3. 其他综合收益

如表 5-5 所示，在格力电器 2018 年所有者权益的构成项目里，其他综合收益的变化最大，2018 年格力电器的其他综合收益为-55 080.61 万元，较 2017 年增长 500.66%，增长了 5 倍多。而根据上文的分析可知，其他综合收益是指企业根据企业会计准则规定未在当期损益中确认的各项利得和损失。进一步分析其他综合收益的明细可知，权益法下可转损益的其他综合收益以及可供出售金融资产公允价值变动损益变动幅度最大，变动的幅度分别为-2 021.93%和 469.19%，且可供出售金融资产公允价值变动损益占其他综合收益的比重也最大，达 114.38%，2017 年这一占比为 120.70%(因为可供出售金融资产公允价值变动损益和其他综合收益总额均为负数，所以可供出售金融资产公允价值变动损益占其他综合收益的比重超过了 100%)。由此可知，受资本市场的影响，可供出售金融资产公允价值发生了较大波动是导致格力电器 2018 年其他综合收益发生变动的原因。虽然格力电器的其他综合收益在 2018 年发生了较大的波动，但对所有者权益的影响并不大，在 2018 年的所有者权益中，其他综合收益的绝对值只占 0.59%。

表 5-5 格力电器 2018 年其他综合收益明细

项目	期末余额/万元	期初余额/万元	水平分析		垂直分析		
			增减金额/万元	增减百分比	年末比重	年初比重	差异
(一)以后不能重分类进损益的其他综合收益	-3613.34	-1964.14	-1649.19	83.97%	6.56%	21.42%	-14.86%
其中：重新计量设定受益计划变动额	-3613.34	-1964.14	-1649.19	83.97%	6.56%	21.42%	-14.86%
权益法下不能转进损益的其他综合收益							
(二)将重分类进损益的其他综合收益	-51467.27	-7205.93	-44261.34	614.24%	93.44%	78.58%	14.86%
其中：权益法下可转损益的其他综合收益	17.82	-0.93	18.75	-2021.93%	-0.03%	0.01%	-0.04%
可供出售金融资产公允价值变动损益	-62999.34	-11068.21	-51931.13	469.19%	114.38%	120.70%	-6.32%
持有至到期投资重分类为可供出售金融资产损益							
现金流量套期损益的有效部分	-525.14	1261.22	-1786.37	-141.64%	0.95%	-13.75%	14.71%
外币财务报表折算差额	12039.39	2601.99	9437.40	362.70%	-21.86%	-28.37%	6.52%
合计	-55080.61	-9170.07	-45910.54	500.66%	100.00%	100.00%	0

4. 盈余公积

格力电器 2016—2018 年均未提取法定盈余公积和任意盈余公积，盈余公积占所有者权益的比重也并不大，2018 年盈余公积只占所有者权益的 3.77%，2017 年这一比例为 5.23%。正如案例引入中提到的万科的例子，万科大量提取任意盈余公积的行为被认为是万科集团对投资者利润分配的一种限制。盈余公积与可供分配的利润之间是此消彼长的关系，格力电器 2016—2018 年都未提取盈余公积，提取的盈余公积少了则可供分配的利润自然就多了。

5. 未分配利润

格力电器 2018 年的未分配利润总额为 8 193 970.16 万元，2017 年的未分配利润为 5 573 898.39 万元，增长了 2 620 071.77 万元，增长率为 47.01%。2018 年年末的未分配利润占所有者权益合计的 88.38%，2017 年年末未分配利润占所有者权益合计的 83.37%。

盈余公积和未分配利润构成了企业的留存收益，2018 年格力电器的留存收益占所有者权益的 92.15%，2017 年留存收益也占到了所有者权益的 88.61%，表明企业留存了大量的资金。格力留存大量资金的主要原因：一方面是为了与公司较高的流动负债的结构相匹配，另一方面企业要顺应经济发展的变化则需要摆脱高耗能、高投入转向靠质量、依技术的发展变革，进而需要进行产业链的整合、产品技术的变革以及生产管理的创新，这些都需要以留存资金作为其后盾。

第三节　所有者权益变动表比率分析

对所有者权益变动表的指标分析，主要包括报表本身期末与期初的比较、本报表项目与利润表项目等的比较分析，通过这些比较分析来确认企业对股东权益的保值、增值的保障情况，同时了解企业的盈利水平。

一、资本保值和增值绩效指标

投资者对企业投入资本的目的是通过企业的资本增值实现自身财富的最大化，而这个目标的实现程度主要是借助资本保值增值率和所有者财富增长率指标来判断。

（一）资本保值增值率

资本保值增值率是指企业期末所有者权益与期初所有者权益的比率，是衡量企业在一定会计期间资本保值增值水平的评价指标，是考核、评价企业经营绩效的重要依据。资本保值增值率越高，表明经营者的业绩越好；经营者业绩越好，给所有者带来的财富就越多，所以该指标也是衡量企业盈利能力的重要指标。资本保值增值率的计算公式为

$$资本保值增值率=期末所有者权益/期初所有者权益\times100\%$$

对于一个正常经营的企业，资本保值增值率应该大于 1，也就是说企业的所有者权益率每年都应该有适量的增长才能不断发展。

与资本保值增值率有密切联系的指标是资本积累率。资本积累率的计算公式为

资本积累率=本期所有者权益增长额/期初所有者权益×100%

=（期末所有者权益-期初所有者权益）/期初所有者权益×100%

资本积累率越高，表明企业的资本积累越多，应对风险、持续发展的能力越强。

项目分析需要注意的是，所有者权益由实收资本、资本公积、盈余公积和未分配利润构成，四个项目中任何一个项目发生变动都将引起所有者权益总额的变动，但并不是所有的情形都能反映真正意义的资本保值增值，例如投资者追加投资、企业接受外来捐赠等。本期投资者追加投资使企业的实收资本增加，还可能产生资本溢价、资本折算差额，从而引起资本公积变动；本期接受外来捐赠、资产评估增值导致资本公积增加，但这些都与企业经营者的主观努力无关。所以，不能简单地将期末所有者权益的增长理解为资本增值，也不能将期末所有者权益的减少理解为资本减值。

【任务实施 5-2】 李英评价并分析了格力电器 2016—2018 年的资本保值增值情况。

格力电器 2016—2018 年的所有者权益数据和股本数据如表 5-6 所示，根据公式可以计算出格力电器的资本保值增值率。

表 5-6　格力电器 2016—2018 年的所有者权益数据和股本数据

项目	2016 年年末	2017 年年末	2018 年年末
期末所有者权益/万元	5 495 215.53	6 685 470.56	9 271 471.17
期初所有者权益/万元	4 856 660.86	5 495 215.53	6 685 470.56
期末股本/万股	601 573.09	601 573.09	601 573.09
期初股本/万股	601 573.09	601 573.09	601 573.09

2016 年资本保值增值率=5 495 215.53/4 856 660.86×100%=113.15%

2017 年资本保值增值率=6 685 470.56/5 495 215.53×100%=121.66%

2018 年资本保值增值率=9 271 471.17/6 685 470.56×100%=138.68%

格力电器 2016 年的资本保值增值率为 113.15%，2017 年为 121.66%，2018 年为 138.68%。如图 5-2 所示，格力电器 2016—2018 年的资本保值增值率保持了逐年增长的趋势，表明公司经营业绩良好，给股东带来的财富在不断增加，这与前述利润表中盈利能力分析的情况是一致的。

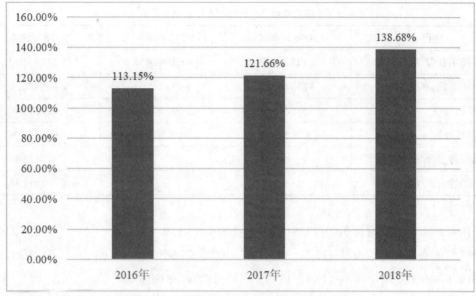

图 5-2 格力电器 2016—2018 年的资本保值增值率

(二) 所有者财富增长率

所有者(股东)财富增长率是指在实收资本(或股本)一定的情况下,附加资本的增长水平。所有者财富增长率的计算公式为

所有者财富增长率=(期末每元实收资本净资产−期初每元实收资本净资产)/期初每元实收资本净资产×100%

式中,每元实收资本净资产=当期企业净资产/股本总额,可得:

所有者财富增长率(每股净资产增长率)=(期末每股净资产−期初每股净资产)/期初每股净资产×100%

所有者财富增长率是投资者或潜在投资者最为关心的指标,与每股收益一样,该指标集中反映企业所有者的投资收益,也可作为对经营者的考核指标。

所有者财富增长率与资本保值增值率并不完全正相关,因为所有者财富的增长直接受利润分配水平的影响,账面所有者财富与所有者的实际财富往往是不一致的。对于上市公司而言,所有者财富是分红所得与股票市值之和。

【任务实施 5-3】李英根据财务数据计算并分析了格力电器 2016—2018 年的所有者财富增长率。

格力电器 2016—2018 年并未发行新股、送股及公积金转股等,所以 2016—2018 年期初股本和期末股本都为 601 573.09 万元。根据表 5-7 中的所有者权益及股本数据,用所有者权益除股本就可以得到每股净资产,格力电器期初和期末的每股净资产计算结果如表 5-7 的最后两行所示。

表 5-7 格力电器 2016—2018 年的财务数据

项目	2016 年年末	2017 年年末	2018 年年末
期末所有者权益/万元	5 495 215.53	6 685 470.56	9 271 471.17
期初所有者权益/万元	4 856 660.86	5 495 215.53	6 685 470.56
期末股本/万股	601 573.09	601 573.09	601 573.09
期初股本/万股	601 573.09	601 573.09	601 573.09
期末每股净资产/元	9.13	11.11	15.41
期初每股净资产/元	8.07	9.13	11.11

2016 年所有者财富增长率=(9.13-8.07)/8.07×100%=13.15%

2017 年所有者财富增长率=(11.11-9.13)/9.13×100%=21.66%

2018 年所有者财富增长率=(15.41-11.11)/11.11×100%=38.68%

因为格力电器 2016—2018 年的股本并未发生变化,所以所有者财富增长率是资本保值增值率减 1。但如果股本发生变化的话,此对应关系并不存在。

图 5-3 很直观地反映了格力电器 2016—2018 年每股净资产的增长率,2016 年为 13.15%,2017 年为 21.66%,2018 年达到了 38.68%。净资产在逐年增长,但股本却并没有相应增加,因此每股净资产的增长与所有者权益的增长保持一致。

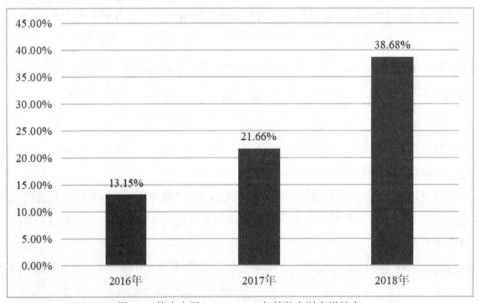

图 5-3 格力电器 2016—2018 年的股东财富增长率

二、股利分配指标

企业在获得了净利润后,就需要向其所有者派发股利,这也是所有者投资企业的根本目的。但是,到底分配多少股利比较合适,或者对于报表使用人而言,企业的股利分配政策如何呢?

常用于衡量企业股利分配政策的指标有利润分配率和留存收益比率。

(一) 利润分配率

要评价一个企业的利润分配水平和利润分配策略，就要看企业实现的净利润中，有多大比例用于分配给股东，通常用利润分配率指标来反映。利润分配率的计算公式为

$$利润分配率=投资者分配的利润/净利润\times 100\%$$

在股利的分配上，通常有4种股利分配政策：剩余股利政策、固定股利政策或固定股利增长率政策、固定股利支付率政策、低正常股利加额外股利政策。

(1) 剩余股利政策：指公司在有良好投资机会时，根据目标资本结构，测算出投资所需的权益资本额，先从盈余中留用，然后将剩余的盈余作为股利来分配，即净利润首先满足公司的资金需求，如果有剩余，就派发股利；如果没有，则不派发股利。

(2) 固定股利政策或固定股利增长率政策：指公司将每年派发的股利额固定在某一特定水平，或是在此基础上维持某一固定比率，逐年稳定增长。固定股利政策不利于企业按当期盈利的多少来派发股利，当企业处于亏损状态时，企业股利分配压力比较大。但对投资者而言，因为每年都能得到固定的股利，所以固定股利分配政策是比较受欢迎的；固定股利增长率的好处是给投资者传递的信息是企业盈利似乎是连年增长的，有利于股价的稳定和增长，但由于企业各年的盈利水平是波动的，而股利却并不随之做调整，若企业盈利较少或亏损，在固定股利增长率的股利分配政策下，企业派发股利的压力就会比较大。

(3) 固定股利支付率政策：指公司将每年净利润的某一固定百分比作为股利分配给股东。如果企业执行这一政策，则因为各年的盈利会有波动，所以各年派发的股利波动也较大，这样不利于股价的稳定。

(4) 低正常股利加额外股利政策：指公司事先设定一个较低的正常股利额，每年除了按正常股利额向股东发放股利外，还在公司盈余较多、资金较为充裕的年份，向股东发放更多的股利，这种分配方式兼备传递良好信息和灵活的特点。

不管企业采用什么样的股利分配政策，只要有股利支付，企业的所有者权益就会减少。

(二) 留存收益比率

要评价一个企业的资本积累水平，就是看企业利润中有多大的比例用于扩大再生产，通常用留存收益比率指标来判断。留存收益比率的计算公式为

$$留存收益比率=留存收益/净利润\times 100\%=(净利润-分配给股东的利润)/净利润\times 100\%$$

留存收益比率反映了企业盈利积累的水平和由此产生的企业发展后劲。留存收益等于净利润减去分配给股东的利润，这个等式实际上是净利润的两个流向，一部分以现金的形式分配给股东，另一部分以留存收益的方式用于公司日后发展，因此，留存收益比率+利润分配率=1。

一般对于成长期的企业而言，为了满足扩大生产规模的需要，考虑到外部融资的成本与风

险，企业可能会多留存收益、少分派股利，所以其留存收益比率会比较高；对于稳定发展的企业而言，该比例维持在50%左右；而对于处于衰退期的企业而言，因为没有好的项目可以用于投资，故其留存收益比率可能会比较低，企业可能会倾向于把大部分的净利润直接分配给股东。

需要注意的是，将所有者权益变动表中的盈余公积与未分配利润相加得到的留存收益是累计的留存收益，并不能反映企业当期创造的净利润中流向企业的部分，所以不能用此留存收益除净利润，这样计算出来的留存收益比率是错误的。

【任务实施5-4】李英计算并评价了格力电器的利润分配率和留存收益比率。

李英根据格力电器2016—2018年的利润分配方案，得出格力电器2016—2018年的净利润和向投资者分配的利润，如表5-8所示，再结合利润表中净利率的数据，分析格力电器2016—2018年利润分配和留存收益情况。

表5-8 格力电器2016—2018年的净利润和向投资者分配的利润

单位：万元

项目	2016年	2017年	2018年
净利润	1 552 463.49	2 250 750.68	2 637 902.98
向投资者分配的利润	1 082 831.56	0	1 263 303.48

表5-8中，向投资者分配的利润是根据股利分配方案计算出来的，格力电器2016年度分红方案为：按总股本6 015 730 878股计，向全体股东每10股派发现金18.00元(含税)，共计派发现金10 828 315 580.40元。格力电器2017年并未派发现金红利。2018年半年度利润分配的预案为：按公司总股本6 015 730 878股计，向全体股东每10股派发现金6.00元(含税)，共计派发现金3 609 438 526.80元；2018年度利润分配预案为：按总股本6 015 730 878股计，向全体股东每10股派发现金15.00元(含税)，共计派发现金9 023 596 317.00元。所以，格力电器2018年总共派发现金股利约1 263 303.48万元。

需要注意的是，股票分配预案一般是在企业披露年报的同时一起公告，股东大会同意通过分配预案后(同意后就会成为决案)，再由上市公司安排实际实施的时间。而我国上市公司年报披露时间一般在次年1月1日—4月30日，所以给投资者分配的利润并未体现在企业当期，而是在下期的所有者权益变动表中。

格力电器2016—2018年的利润分配率分别如下。

2016年利润分配率=1 082 831.56/1 552 463.49×100%=69.75%

2017年利润分配率=0

2018年利润分配率=1 263 303.48/2 637 902.98×100%=47.89%

根据留存收益比率与利润分配率之和等于 1 的关系，可以得出格力电器 2016—2018 年的留存收益比率分别为 30.25%、100.00%和 52.11%。

格力电器 2014—2018 年的利润分配率和留存收益比率趋势如图 5-4 所示，除 2017 年没有进行利润分配外，其余年份都有现金分红，分配给投资者的利润分别占到了当年实现的净利润的 63.31%、71.48%、69.75%和 47.89%，而通常认为利润分配率达到 30%是市场广泛认可的高比例分红线。家电行业中，无论是分红频次，还是分红规模，A 股家电行业"三巨子"——格力电器、美的集团、海尔智家的历史分红记录均处于领先水平。但如果进一步考察，分红金额、分红率、盈利总额等核心指标，格力电器表现更为突出。

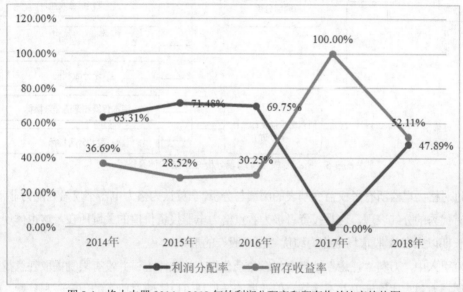

图 5-4　格力电器 2014—2018 年的利润分配率和留存收益比率趋势图

知识点总结

本章主要介绍了如何对企业的所有者权益变动表进行分析，要想读懂企业的所有者权益变动表，首先要了解所有者权益变动表的相关基础知识，包括所有者权益变动表的内容、格式和作用等；然后对股本、资本公积、其他综合收益、盈余公积和未分配利润进行一一分析，对所有者权益变动表的构成项目有一个大概的认知；最后将所有者权益变动表相关项目与利润表项目进行对比分析，来确认企业对股东权益的保值、增值的保障情况，同时了解企业的利润分配和留存收益情况。图 5-5 是本章的知识结构体系图。

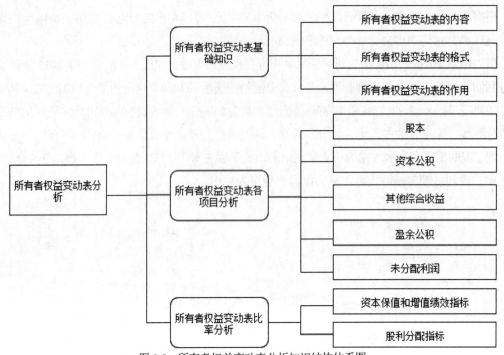

图 5-5 所有者权益变动表分析知识结构体系图

通过对格力电器所有者权益变动表的阅读与分析，李英认为格力电器不仅盈利能力非常强，而且还有优秀的分红表现，这是投资者极为看重格力电器投资价值的关键所在，这也体现了格力电器长期以来在 A 股市场上作为绩优"白马股"的形象。

案例引入中，万科"任意"地提取任意盈余公积，从法律上讲并没有限制提取任意盈余公积的比例，万科大比例计提并不违规，但计提的结果却可以影响对股东的现金股利分配，因为对投资者的股利分配是在提取盈余公积金之后。分红与盈余公积此长彼消，盈余公积金提取过多会影响企业利润分配政策，尤其是对于只享受现金分红的小股东们无疑是一种权益损害。

同步测试

一、单项选择题

1. 下列项目中，会引起所有者权益总额增加的是(　　)。
   A. 资本公积转增资本　　　　　　B. 盈余公积转增资本
   C. 盈余公积弥补亏损　　　　　　D. 企业获得净利润

2. 为了清楚地反映构成所有者权益的各组成部分的增减变动情况，所有者权益变动表采用的格式是(　　)。
   A. 账户式　　　　　　　　　　　B. 报告式
   C. 矩阵式　　　　　　　　　　　D. 单步式

3. 所有者权益结构是指所有者权益各项目金额占(　　)的比重，揭示了企业的经济实力和风险承担能力。

A. 所有者权益总额　　　　　　B. 资产总额

C. 负债总额　　　　　　　　　D. 负债及所有者权益总额

4. 所有者权益是指企业(　　)对企业净资产的享有权。

A. 所有者　　　　　　　　　　B. 经营者

C. 债权人　　　　　　　　　　D. 债务人

5. "所有者投入资本"项目，反映企业接受所有者投入形成的实收资本(或股本)和资本溢价(或股本溢价)，并对应列在(　　)栏。

A. 实收资本和盈余公积　　　　B. 实收资本和资本公积

C. 实收资本和未分配利润　　　D. 资本公积和盈余公积

6. 资本公积的主要用途是(　　)。

A. 弥补亏损　　　　　　　　　B. 分派股利

C. 转增资本　　　　　　　　　D. 对外投资

7. 我国《公司法》规定，公司制企业应当按照当期实现净利润(减弥补以前年度亏损)的(　　)提取法定盈余公积。

A. 10%　　　　　　　　　　　B. 30%

C. 25%　　　　　　　　　　　D. 50%

8. 所有者权益变动表的核心部分是(　　)。

A. 上年期末余额　　　　　　　B. 对上年期末余额的调整

C. 所有者权益内部结转　　　　D. 本年增减变动

9. (　　)既能增加注册资本和股东权益，又可增加公司的现金资产，是对公司发展最有利的增股方式。

A. 资本公积转增资本　　　　　B. 盈余公积转增资本

C. 利润分配转入　　　　　　　D. 发行新股

10. 根据最新企业会计准则的规定，企业必须对外报送的财务报表由三张改为四张，增报的是(　　)。

A. 资产负债表　　　　　　　　B. 利润表

C. 现金流量表　　　　　　　　D. 所有者权益变动表

二、多项选择题

1. 下列各项中，应在所有者权益变动表中单独列示的项目有(　　)。

A. 会计估计变更　　　　　　　B. 会计政策变更

C. 综合收益　　　　　　　　　D. 所有者投入资本

2. 企业实收资本增加的途径有( )。
   A. 资本公积转入   B. 盈余公积转入
   C. 利润分配转入   D. 发行新股

3. 下列项目中，属于所有者权益内部结转的有( )。
   A. 资本公积转增资本   B. 盈余公积转增资本
   C. 盈余公积弥补亏损   D. 企业获得净利润

4. 企业进行利润分配以后的留存收益包括( )。
   A. 利润总额   B. 未分配利润
   C. 资本公积   D. 盈余公积

5. 下列所有者权益中，属于投资者投入资本的是( )。
   A. 未分配利润   B. 资本公积
   C. 实收资本   D. 盈余公积

6. 按照规定，需要在所有者权益变动表中单独列示的所有者权益内部结转项目有( )。
   A. 向投资者分配利润   B. 资本公积转增资本
   C. 盈余公积转增资本   D. 盈余公积弥补亏损

7. 对所有者权益变动表进行重点项目分析的内容有( )。
   A. 股本变动情况分析   B. 资本公积变动情况分析
   C. 盈余公积变动情况分析   D. 未分配利润变动情况分析

8. 不引起所有者权益总额变动的项目是( )。
   A. 利润分配   B. 资本公积转增资本
   C. 盈余公积转增资本   D. 盈余公积补亏

9. 经股东会(或股东大会)决议，盈余公积可用于( )。
   A. 弥补亏损   B. 转增资本
   C. 分派股利   D. 对外投资

三、判断题

1. 根据规定，公司制企业经股东会或股东大会决议，可以提取任意盈余公积。   (   )
2. 如果上年度所有者权益变动表规定的各个项目的名称和内容与本年度不一致，不需要对上年度所有者权益变动表各项目的名称和数字按本年的规定进行调整。   (   )
3. 企业资本公积减少的主要原因是转增资本和弥补亏损。   (   )
4. 所有者权益变动表列示了所有者权益的比较信息。   (   )
5. 盈余公积的提取实际上是企业当期实现的净利润向投资者分配利润的一种限制。(   )

实践训练

实训目的：对所有者权益变动表进行全面分析。

实训资料：上网收集所选上市公司的报表及相关资料。

实训要求：每个小组选择一家上市公司，对其近三年的所有者权益变动表进行全面分析并上交作业报告，报告包括 PPT 和 Word 电子文档，并在班级演示。

第六章 财务综合分析法

【知识目标】

- 理解杜邦财务分析体系的原理；
- 能运用杜邦财务分析体系进行绩效评价；
- 能运用沃尔综合评分法进行绩效评价。

【能力目标】

- 能够利用现代媒体等手段收集企业报表分析所需资料；
- 能够运用数据统计等方法选取、加工、整理资料；
- 具备一定的文字表达能力，能根据分析结果撰写财务分析报告。

【素质目标】

- 能够与不同的报表使用者进行沟通与协调；
- 能够与企业管理层进行沟通，并能够及时提供其所需要的相关信息；
- 培养良好的团队合作意识。

案例引入

创业板造假第一案：万福生科财务造假案

万福生科(湖南)农业开发股份有限公司(以下简称万福生科)，成立于2003年，2009年完成股份制改造，于2011年9月在深圳证券交易所挂牌上市。2012年8月，湖南证监局在对万福生科的例行检查中偶然发现两套账本，万福生科财务造假问题便由此浮现。证监会对该造假案件的行政调查结果显示，一方面，万福生科涉嫌欺诈发行股票和违法信息披露。万福生科上市前2008—2010年分别累计虚增销售收入约46 000万元，虚增营业利润约11 298万元；上市后披露的2011年年报和2012年半年报累计虚增销售收入44 500万元，虚增营业利润10 070万元，同时隐瞒重大停产事项。另一方面，相关中介机构未能勤勉尽责。保荐机构平安证券、审计机构中磊会计师事务所和法律服务机构湖南博鳌律师事务所在相关业务过程中未能保持应有的谨慎性和独立性,出具的报告存在虚假记载。

一、"万福生科"财务造假手法及其表现

1. 高估收入,虚增利润

万福生科2008—2012年主营业务收入分别为22 824万元、32 765万元、43 359万元、55 324万元和29 616万元,主营业务收入增长率分别为43.55%(2009年)、32.33%(2010年)、27.60%(2011年)和-46.47%(2012年),几年间的变动幅度过大。而证监会经过对其2012年的营业收入和净利润的调查后,发现实际上该企业营业收入和营业利润都不真实,2012年万福生科实际的营业收入、营业利润和净利润分别为821.69万元、-1 436.53万元和-2 655.31万元,比上年同期分别减少了64.61个百分点、147.6个百分点和143.78个百分点。

2. 虚增资产,平衡报表

(1) 虚增应收账款和预付账款。根据万福生科2012年半年报更正公告,其应收账款从1 288万元更正为412万元,减少876万元;预付账款从14 570万元更正为10 101万元,减少4 469万元。半年报显示,万福生科应收账款排名前五的客户分别为常德市湘原贸易有限公司、湖南双佳农牧科技有限公司、乐哈哈食品厂、佛山南海娥兴粮油经营部、衡阳市炎健商贸有限责任公司。更正后,这五大客户从应收账款前五名客户名单中消失。由此可以基本判断,其应收账款金额前五名单位完全是虚假记载,其应收账款存在严重的伪造销售合同、虚拟销售业务等造假行为。

万福生科的预付账款2008—2010年变动不大,但是2011年猛增到11 938万元,比上年期末增长了449.44%;2012年半年报预付账款达到14 570万元,比上年同期增长412.13%,变动异常。该半年报显示的预付账款排名前五位中有三位自然人,更正后三位自然人消失,且名单上第二名为自然人童大全,预付金额1 003万元,未结算原因为预付工程设备款,工程尚在建设中。而根据其2011年年报显示,公司与粮食经纪人童大全签订稻谷采购意向性合同,意向采购稻谷4000吨。经过万福生科策划,童大全从公司的粮食经纪人变成工程承包商和设备供应商。

(2) 虚增在建工程。万福生科2012年半年报显示,万福生科在在建工程没有项目转入固定资产的情况下,其在建工程从8 675万元增加至17 998万元,增加了8 323万元。但是现金流量表中"购建固定资产、无形资产和其他长期资产支付的现金"只有5 883万元,据此可以推测预付工程款或者应付工程款增加。报表中显示的预付账款增加了2 632万元,但应付账款却只增加了379万元。应付账款和预付账款不仅包含投资活动的款项,还应包含经营活动的业务往来款项,两者的增加额与在建工程的增加相比实在微不足道,其中疑点颇多。

万福生科2011年年报和2012年半年报中对于在建工程的披露也存在重大矛盾之处,在建工程项目投入了大量资金后,工程进度反而降低了。例如淀粉糖改扩工程和厂区绿化工程,在分别投入了2 601万元和74万元之后,工程进度却分别从90%、100%降低到30%、85%。

3. 隐瞒重大停产事项

公司在2012年半年报中存在重大遗漏,隐瞒了上半年公司循环经济型稻米精深加工生产线项目因技改出现长时间停产,对其业务造成重大影响的事实。万福生科在《关于重要信息披露的补充和2012年中报更正的公告》中称,公司募投项目——循环经济型稻米精深加工生产线项目上半年因技改停产,其中普米生产线累计停产123天,精米生产线累计停产81天,淀粉糖生产线累计停产68天。公司循环经济型稻米精深加工生产线项目由于常德地区降雨导致技改工期延长,项目停产时间延长,公司上半年销售收入大幅度减少。

二、财务造假识别方法——财务指标分析和同行业比较

万福生科与金健米业2008—2012年的销售毛利率、销售净利率和净资产收益率对比如表6-1所示。

表6-1 万福生科与金健米业2008—2012年的财务指标对比

公司名称	项目	2008年	2009年	2010年	2011年	2012年
万福生科	销售毛利率	22.78%	24.66%	23.93%	21.21%	14.41%
	销售净利率	11.24%	12.08%	12.81%	10.89%	-1.15%
	净资产收益率	36.23%	24.81%	25.84%	8.99%	-0.68%
金健米业	销售毛利率	11.82%	16.53%	15.89%	10.62%	13.49%
	销售净利率	-16.97%	0.44%	0.53%	-4.96%	0.47%
	净资产收益率	-35.65%	0.69%	1.02%	-13.75%	1.06%

除2012年,万福生科2008—2011年的销售毛利率维持在23%左右,销售净利率维持在12%左右,变动幅度不明显,而整个农业行业实际上利润都较薄,利润率指标偏低。同属于农产品加工行业的、首批农业产业化国家重点龙头企业的湖南金健米业股份有限公司,其销售毛利率只有百分之十几,销售净利率在2018年和2011年为负,其余年份也只有百分之零点几,万福生科与金健米业相比,不可谓不优秀。而金健米业2009—2012年的主营业务收入增长率分别为2.27%、1.99%、13.86%和3.23%。两者同在湖南省常德市,且主营业务同为稻米精深加工,但是各指标相差悬殊,让人难以置信。

金健米业在2011年年报中披露,行业由于受到国家宏观政策的影响,"就粮油食品产业而言,一方面国家对粮食的托市收购和通胀引起原料价格上涨和生产成本急剧上升,另一方面产品销价却受到国家对粮油价格调控的影响,产品成本上升和产品销价受压的两头受挤状况使粮油食品产业在产销量增长的情况下,经营毛利却明显下降"。但是万福生科同期的销售毛利率却达到金健米业的两倍,盈利指标畸高。净资产收益率是企业盈利能力的核心指标,事件未曝光之前,与金健米业相比,万福生科的净资产收益率更是高得离谱。

图 6-1 是万福生科 2012 年的杜邦分析体系图，居高不下的成本是没法作假的，离开了虚增的收入、虚增的利润，万福生科销售净利率、总资产净利率差也就不足为奇了，这也是万福生科 2012 年净资产收益率悬崖式下降的原因。

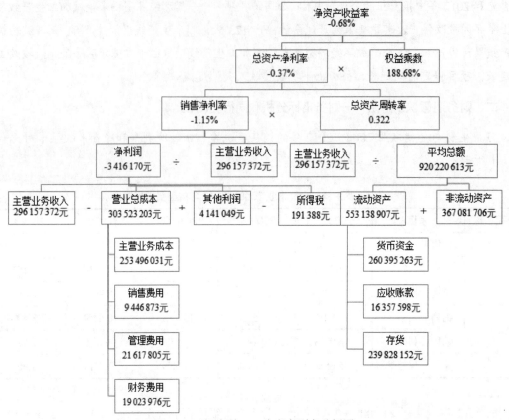

图 6-1　万福生科 2012 年杜邦财务分析图

一家地处湘西的粮食加工企业，在近 5 年的时间内，利用大量个人账户，将公司自有资金进行体外循环，虚增收入 9 亿多元，虚增利润 2 亿多元，最终实现了上市的目的。如果只看它的财务数据，即使是最专业的会计人员，也很难仅从数据上看出其中的猫腻，其造假手段可谓相当地隐蔽。但再完美的数据也经不起推敲，在用看似完美的数据计算出来的财务指标进行同行业比较的时候，终究露出了马脚，只能说万福生科"机关算尽太聪明，反误了卿卿性命"。

（资料来源：https://zhuanlan.zhihu.com/p/47571218）

思考：案例中是如何对净资产收益率展开分析的？

【任务导入】

李英在阅读和分析了格力电器 2018 年的资产负债表、利润表、现金流量表、所有者权益变动表后，自以为已经完全掌握了格力电器的偿债能力、盈利能力等财务信息，但指导老师杨经理告诉她还不够，如果只是单独地分析这四张报表，容易割裂报表之间的联系，也不能全面地认知企业的财务状况。那么，如何分析一家企业的综合财务状况呢？格力电器 2018 年的综合财务状况如何？与 2017 年相比，格力电器的综合财务状况是持续改善还是有所下降？格力电器在家电行业中处于什么水平？杨经理告诉李英，这就需要对格力电器进行综合财务分析，将企业的偿债能力、盈利能力等方面的分析纳入一个有机的分析系统之中。带着这些疑问，李英开始学习如何对格力电器的财务进行综合分析。

第一节 财务报表综合分析概述

财务综合分析是指在单项财务分析的基础上，利用财务综合分析方法将反映企业营运能力、偿债能力、盈利能力和发展能力等各方面的指标纳入一个有机的分析系统之中，全面地对企业财务状况和经营状况进行揭示、解剖、分析与披露，从而对企业经济效益做出较为准确的评价与判断，得出总体判断与分析结论。

一、财务报表综合分析的概念与内容

财务分析的最终目的在于全方位地了解企业经营状况，并对企业经济效益的优劣做出系统、合理的评价。要想对企业财务状况和经营成果有一个总体评价，就必须进行相互关联的分析，采用适当的标准进行综合性的评价。

(一) 财务报表综合分析的概念

财务报表综合分析是对财务报表的综合把握，是在各专项或专题分析的基础上将它们作为一个整体，系统、全面、综合地对企业财务状况和经营情况进行剖析、解释和评价，以对企业整体财务状况和经济效益做出更全面、更准确、更客观的判断。只有将企业偿债能力、营运能力、获利能力及发展能力等各项分析有机地联系起来，作为一套完整的体系，相互配合使用，做出系统的综合评价，才能从总体意义上把握企业财务状况和经营情况。综合分析正是在专项分析的基础上，将企业各方面的分析纳入一个有机的分析系统之中，从而做出更全面的评价的过程。财务报表综合分析方法有很多，主要有杜邦财务分析体系、沃尔综合评分法和雷达图分析法等。

(二) 财务报表综合分析的内容

(1) 财务目标与财务环节相互关联的综合分析。企业财务管理的目标是企业价值最大化，而企业价值增长的核心在于资本收益能力的提高，而资本收益能力受企业各方面、各环节财务状况的影响。财务目标与财务环节相互关联的综合分析正是以净资产收益率为核心，通过对净资产收益率的分解，找出企业经营各环节对其影响及影响程度，从而综合评价企业各环节的经营业绩。杜邦财务分析体系是进行这一分析的最基本方法，将在本章第二节详细介绍。

(2) 企业经营业绩综合分析评价。虽然财务目标与财务环节相互关联的综合分析可以解决单项指标分析或单方面分析给综合评价带来的困难，但由于没能用某一单项计量手段给关联指标以综合评价，因此，往往难以准确地做出公司经营改善与否的定量结论。企业经营业绩综合分析评价是从解决这一问题出发，利用综合评分法对各项重要的财务指标完成情况进行定量分析，最后以唯一的综合指数或综合分数高低来评价企业的经营业绩。沃尔综合评分法正是这一内容的体现，将在本章第三节详细介绍。

二、财务报表综合分析的特点

财务报表综合分析的特点体现在其对财务指标体系的要求上。一个健全、有效的综合财务指标体系必须具备以下三个基本条件。

(1) 评价指标要全面。所设置的评价指标要尽可能涵盖偿债能力、营运能力和盈利能力等各方面的内容，仅仅分析企业某一方面的财务指标不能称为综合分析。

(2) 主、辅指标功能要匹配。在综合分析中要强调两个方面：一是在确立营运能力、偿债能力和盈利能力等诸方面评价的主要指标与辅助指标的同时，进一步明晰总体结构中各项指标的主辅地位；二是不同范畴的主要考核指标所反映的企业经营状况、财务状况的不同侧面与不同层次的信息有机统一，应当能够全面而详实地揭示企业经营理财的实绩。

(3) 满足多方面信息需求。要求评价指标体系必须能够提供多层次、多角度的信息资源，设置的指标评价体系既要能满足企业内部管理当局实施决策的需要，又要能满足外部投资者和政府管理机构凭以决策及实施宏观调控的要求。

综合分析与前面所学的单项分析相比，具有以下特点。

第一，分析方法不同。单项分析是把企业财务活动的总体分解为每个具体部分，逐一加以分析考察，具有实务性和实证性，能够真切地认识每一个具体的财务现象；而综合分析是通过归纳综合，在分析的基础上从总体上把握企业的财务状况，具有高度的抽象性和概括性，着重从整体上概括财务状况的本质特征。

第二，分析重点与比较基准不同。单项分析的分析重点和比较基准是财务计划、财务理论标准，把每个分析的指标视为同等重要的角色来处理，不太考虑各指标之间的相互关系；而综合分析的分析重点和比较基准是企业的整体发展趋势，各指标有主辅之分，要抓住主要指标，在对主要指标分析的基础上，再对其他辅助指标进行分析，才能分析透彻，把握准确、详尽。

第三，分析目的不同。单项分析的目的在于找出某一方面存在的问题，以找出解决方法；而综合分析的目的在于全面评价企业的财务状况和经营成果，并提出具有全局性的改进意见。

三、财务报表综合分析的作用

财务报表综合分析以企业财务报告反映的财务指标为主要依据，对企业的财务状况和经营成果进行评价和剖析，以反映企业在运营过程中的利弊得失、财务状况及发展趋势。财务报表综合分析既是对已完成财务活动的总结和评价，又是对企业发展趋势的财务预测，是报表使用者深刻认识企业财务状况的"探测仪"。

财务报表综合分析通过收集、整理企业财务报表的有关数据，并结合其他有关的补充信息，对企业的财务状况、经营成果和现金流量等情况进行综合比较与评价，为报表使用者提供决策依据，其主要作用如下。

(一) 能合理评价企业经营者的经营业绩

不仅报表使用者需要进行财务报表分析，企业经营者在编制完财务报表后，一定会先于报表使用者做财务报表分析。通过财务报表综合分析，企业经营者可以确认企业的偿债能力、营运能力、盈利能力和现金流量等状况，合理地评价自己的经营业绩，并促进管理水平的提高。

(二) 是企业经营者实现理财目标的重要手段

企业生存和发展的根本目的是实现企业价值最大化，企业经营者通过财务报表综合分析，能促进自身目标的实现。

(三) 能为报表使用者做出决策提供有效依据

财务报表综合分析能帮助报表使用者(如企业投资者、企业债权人、供应商)正确评价企业的过去，全面了解企业现状，并有效地预测企业的未来发展，这就为其做出决策提供了有效的依据。

企业投资者或潜在投资者通过对企业财务报表的综合分析，可以了解企业获利能力的高低、营运能力的大小以及发展能力的强弱，这样可以进一步确认投资的收益水平和风险程度，从而决定是否投资。企业债权人通过对企业财务报表的综合分析，可以了解企业偿债能力的高低、现金流的充足程度，从而确认债权的风险程度，并决定是否马上收回债权或要求企业提供担保等。企业的供应商通过对企业财务报表的分析，可以了解企业营运能力的大小、偿债能力的高低，从而确认是否需要与企业长期合作。

(四) 能为国家相关部门制定宏观政策提供依据

国家作为市场经济的调控者，通过对统计部门核算出的整个国民经济的财务数据进行分析后，可以有效地了解目前经济的发展趋势、存在的不足，有针对性地调整税收政策和货币政策等，从而促进整个国民经济的平稳发展。

第二节 杜邦财务分析体系

杜邦财务分析体系是美国杜邦公司经理人员通过深入研究企业各种财务比率之间的内在关系而建立起来的一个模型。应用杜邦财务分析体系进行分析就是利用这种内在的联系，建立企业的综合评价体系，对企业的财务状况、经营成果和盈利能力进行综合的分析与评价。

一、杜邦财务分析体系的产生及意义

视频9 杜邦财务分析法

运用趋势分析法和财务比率分析法,虽然可以了解企业各方面的财务状况,但是不能反映企业各方面财务状况之间的关系。企业的财务状况是一个完整的系统,内部各因素都是相互依存、相互作用的,任何一个因素的变动都会引起企业整体财务状况的改变。因此,在进行财务状况综合分析时,必须深入了解企业财务内部的各项因素及其相互之间的关系,这样才能比较全面地揭示企业的财务状况。

财务管理是公司管理的重要组成部分,公司的管理层负有实现企业价值最大化的责任。管理层需要一套实用、有效的财务分析体系,据此评价和判断企业的经营绩效、经营风险、财务状况和获利能力等。在公司财务分析中,仅观察财务报表无法洞察财务状况的全貌,只观察单一的财务比率也难以了解公司财务状况的全面情况,为此,需要把各种财务比率结合起来进行分析。杜邦财务分析体系就是一种综合分析方法,它利用若干相互关联的指标对企业的营运能力、偿债能力和盈利能力等进行综合分析与评价,是一种比较实用的财务比率分析体系。这种分析方法首先由美国杜邦公司的经理创立并首先在杜邦公司成功运用,它是利用财务指标间的内在联系,对企业综合经营理财能力及经济效益进行系统的分析和评价的方法。

杜邦财务分析体系从评价企业绩效最具有综合性和代表性的指标——净资产收益率(权益净利率)出发,以总资产净利率和权益乘数为核心,层层分解至企业最基本生产要素的使用、成本与费用的构成和企业风险,从而满足经营者通过财务分析进行绩效评价的需要,能够在经营目标发生异动时及时查明原因并加以修正,为改善企业内部经营管理提供有益的分析框架。

二、杜邦财务分析体系的原理

在杜邦财务分析体系的模型中,净资产收益率是核心,它具有综合性,能够表明企业财务管理的目标,进一步将净资产收益率分解为总资产净利率和权益乘数的乘积。杜邦分析模型所使用的权益乘数也叫杠杆率,是资产总额与所有者权益总额的比率。杜邦财务分析体系的原理并不复杂,该原理的思维方法体现了基本的综合财务分析的原理和指标之间的相互关系。杜邦财务分析体系与其他财务分析方法一样,关键不在于指标的计算而在于对其原理的理解和运用。

杜邦财务分析体系的核心指标是净资产收益率,用公式表示为

$$\begin{aligned}
\text{净资产收益率} &= \text{净利润}/\text{所有者权益} \\
&= (\text{净利润} \times \text{资产总额})/(\text{资产总额} \times \text{所有者权益}) \\
&= \text{总资产净利润} \times \text{权益乘数} \\
&= (\text{净利润} \times \text{销售收入})/(\text{销售收入} \times \text{资产总额}) \times \text{权益乘数} \\
&= \text{销售净利率} \times \text{总资产周转率} \times \text{权益乘数}
\end{aligned}$$

杜邦财务分析体系模型如图 6-2 所示。

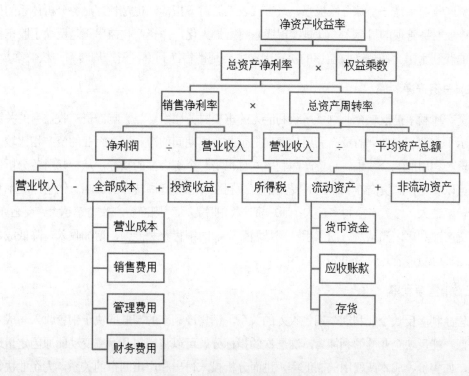

图 6-2 杜邦财务分析体系模型

可以看出，杜邦财务分析体系各指标之间的关系如下：

- 净资产收益率=总资产净利率×权益乘数=销售净利率×总资产周转率×权益乘数
- 销售净利率=净利润/销售收入，净利润可以分解为

$$净利润=销售收入-全部成本+投资收益-所得税$$
$$全部成本=营业成本+管理费用+销售费用+财务费用$$

- 总资产周转率=销售收入/平均资产总额，总资产可以分解为

$$总资产=流动资产+长期资产$$
$$流动资产=货币资金+应收账款+存货+其他流动资产$$

- 权益乘数=资产总额/所有者权益总额=1/(1-资产负债率)

三、杜邦财务分析体系的内容

利用杜邦财务分析体系进行综合分析需要注意以下内容。

(一) 净资产收益率

净资产收益率是一个综合性极强、最有代表性的财务指标,也是杜邦财务分析体系的核心所在。企业财务管理的目标之一就是实现股东财富最大化,净资产收益率正是反映了股东投入净资产的获利水平。净资产收益率的决定因素主要是销售净利率、资产周转率与权益乘数。

(二) 总资产净利率

总资产净利率是反映企业总资产获利能力的重要财务比率,是影响净资产收益率的关键指标,揭示了企业一定期间的资产利用效率,把企业一定期间的净利润与企业的资产相比较,表明企业资产利用的综合效果。总资产净利率本身也是一个综合性的指标,从杜邦财务分析体系模型中可以看出,总资产净利率同时受到销售净利率和总资产周转率的影响。销售净利率和总资产周转率越大,总资产净利率越大;而总资产净利率越大,则净资产收益率越大,反之亦然。提高总资产净利率应当从两方面入手:一是增强企业的销售获利能力,增加收入,降低成本费用;二是加强资产管理,降低资金占用。

(三) 销售净利率

销售净利率反映企业利润与销售收入的关系,销售净利率的高低取决于销售收入与成本总额的高低,能反映企业的盈利能力。深层次的指标分解可以将销售利润率变动的原因定量地揭示出来,如售价、成本或费用的高低等,进而分析投入付出和产出回报的关系,为企业决策服务。当然还可以根据企业的一系列内部报表和资料进行更详尽的分析。提高销售净利率的主要途径如下。

(1) 扩大销售收入,既有利于提高销售净利率,又可提高总资产周转率。

(2) 降低成本费用。这是提高销售净利率的一个重要因素,从杜邦财务分析体系模型可以看出成本费用的基本结构是否合理,从而找出降低成本费用的途径和加强成本费用控制的办法。如果企业财务费用支出过高,就要进一步分析其负债比率是否过高;如果管理费用过高,就要进一步分析其资产周转情况等。

(3) 提高其他利润。为了详细地了解企业成本费用的发生情况,在具体列示成本总额时,还可根据重要性原则,将那些影响较大的费用单独列示,以便为寻求降低成本的途径提供依据。

(四) 总资产周转率

总资产周转率反映企业资产的使用效率,是反映企业通过资产运营实现销售收入能力的指标,揭示了企业资产结构及其运用效率。总资产周转率可以再细分为存货周转率、应收账款周转率等几个指标,从而衡量企业的资产构成是否存在问题。除营业收入外,影响总资产周转率的一个重要因素是平均资产总额,平均资产总额由流动资产与非流动资产组成,两者的结构合理与否将直接影响资产的周转速度。

总资产周转率的计算公式为

$$总资产周转率(天数)=营业收入／平均资产总额$$
$$平均资产总额=(期初总资产+期末总资产)／2$$
$$总资产周转天数=计算期天数／总资产周转率$$

式中，计算期天数通常为一年，按360天计算。

一般来说，流动资产直接体现企业的偿债能力和变现能力，而非流动资产则体现了企业的经营规模、发展潜力，两者之间应该有一个合理的比例关系。如果发现某项资产比重过大，影响资金周转，就应该深入分析其原因。例如企业持有的货币资金超过业务需要，就会影响企业的盈利能力；如果企业占有过多的存货和应收账款，那么既会影响获利能力，又会影响偿债能力。因此，还应进一步分析各项资产的占用数额和周转速度。

(五) 权益乘数

权益乘数能反映企业的负债程度与资本结构，它主要受资产负债率的影响。企业负债程度越高，负债比率越大，权益乘数越高，说明企业的负债程度较高，给企业带来较多的杠杆利益，同时也给企业带来了较多的风险。

财务杠杆具有正反两方面的作用。在收益较好的经营周期，它可以使股东获得的潜在报酬增加，但股东要承担因负债增加而引起的风险；在收益不好的经营周期，则可能使股东潜在的报酬下降。从投资者角度而言，只要资产报酬率高于借贷资本利息率，负债比率越高越好。企业的经营者则应该审时度势，全面考虑，在制定借入资本决策时，必须充分估计预期的利润和增加的风险，在两者之间权衡，从而做出正确决策。因此，在安排企业资本结构时，既要充分利用财务杠杆效应，又要合理规避风险，确定适合企业的资产负债率，从而达到提高净资产收益率的目的。

在资产总额不变的条件下，适度开展负债经营，可以减少所有者权益所占的份额，达到提高净资产收益率的目的。最终不断把"蛋糕做大"，促进企业成长，拓宽企业发展空间。

(六) 企业收入与费用

企业的各项收入和费用决定企业最终的净利润，增加企业收入是提高企业盈利水平的重要途径，企业各项收入的结构是否合理直接影响企业收入的稳定性和可持续性。其中，主营业务收入是所有收入中最重要的部分。努力开拓市场、不断开发新产品、加强产品质量控制等，是增加企业主营业务收入的重要举措。降低成本费用是提高企业盈利水平的另一条重要途径。企业各项成本费用的结构是否合理、控制是否严格，直接影响企业成本费用水平的高低。

(七) 企业资产、负债和所有者权益

企业的资产、负债和所有者权益状况影响企业的资产效率、企业的负债安全及企业的自有资本实力等。因此，对企业资产、负债和所有者权益状况进行深入分析有利于进一步了解企业的营运能力、偿债能力及盈利能力等。

企业资产的规模是否适当、结构是否合理,关系企业整体的流动性和营利性。资产规模过大,可能存在闲置或低效现象;资产规模过小,则可能影响企业营业规模的扩展。流动资产比例过高,可能影响企业的盈利水平;流动资产比例过低,则可能影响企业的流动性,进而影响企业的短期偿债能力。流动资产的效率与效益也对企业的发展有着重要的影响。

企业负债的规模是否适当、结构是否合理,关系企业负债的安全性,以及负债与资产的匹配程度。负债规模过大,则企业风险太高;负债规模过小,又影响财务杠杆作用的发挥。流动负债比例过高,则还款压力过大;非流动负债比例过高,又会增加企业的利息成本。

企业的所有者权益规模代表了企业的自有资本实力,它影响着企业的偿债能力和筹资能力。所有者权益规模过大,说明企业安全有余、财务杠杆程度不足;所有者权益规模过小,则说明企业的风险太高,稳定性不够。所有者权益的结构分析也有着重要的意义。实收资本和资本公积的比重越大,说明企业的资本实力越强;盈余公积和未分配利润的比重越大,说明企业的积累程度越高。

综上,杜邦财务分析体系将企业的盈利能力、营运能力、风险与偿债能力等都联系在一起,涉及企业营业规模,成本费用水平,资产、负债和所有者权益规模与结构等方方面面,全面、系统地反映了企业整体的财务状况和经营成果,并揭示各个因素之间的相互关系。企业净资产收益率与企业的筹资结构、销售规模、成本水平、资产管理等因素密切相关,这些因素构成一个完整的系统,系统内部各因素之间相互作用,只有协调好系统内部各个因素之间的关系,才能使净资产收益率提高,从而实现股东财富最大化的理财目标。

四、杜邦财务分析体系的优点和缺点

杜邦财务分析体系作为一种对企业进行综合分析的方法,被广泛用于企业的财务分析和业绩评价中,有其自身的优点。但杜邦财务分析体系同样存在一些不足,有很大的局限性,在实际运用中需要加以注意,必须结合企业的其他信息加以分析。

(一) 杜邦财务分析体系的优点

(1) 杜邦财务分析体系可使财务比率分析的层次更清晰、条理更突出,为报表分析者全面、仔细地了解企业的经营和盈利状况提供方便。

(2) 杜邦财务分析体系将若干个用以评价企业经营效率和财务状况的比率按其内在联系有机地结合起来,形成一个完整的指标体系,并最终通过净资产收益率来综合反映,全面、系统、直观地反映企业的财务状况,大大节省了财务报表使用者的时间。

(3) 杜邦财务分析体系有助于企业管理层更加清晰地看到净资产收益率的决定因素,以及销售净利率与总资产周转率、债务比率之间的关系,给企业经营决策提供了依据。

(二) 杜邦财务分析体系的缺点

(1) 缺乏对现金流量的分析。传统的杜邦财务分析体系中的数据来源于资产负债表和利润表,以净资产收益率为核心,忽视了对现金流量表中现金流量数据的分析。企业现金流量在很大程度上决定着企业的偿债能力和盈利能力,通过对现金流量的分析,可以了解企业的现金流量来源、结构、数量、用途等信息,从而可以对企业经营资产的真实效率和创造现金的能力做出正确判断。

(2) 净资产收益率不能完全反映股东财富最大化的目标。反映上市公司经营绩效的主要财务指标有每股收益、每股净资产、净资产收益率等,在普通股股数不变的情况下,每股收益比净资产收益率更能反映股东财富最大化的目标。

(3) 不能满足企业加强内部管理的需要。传统的杜邦财务分析体系主要是面向企业外部的报表使用者,以提供综合信息为主,是一种有效的财务综合分析方法。但是它不能满足企业加强内部管理的需要,首先,杜邦财务分析体系偏重事后财务分析,事前预测、事中控制的作用较弱,不利于计划控制和决策;其次,数据和资料仅来源于财务报表,没有充分利用管理会计提供的数据和资料展开分析,不利于加强内部控制;最后,没有按照成本形态反映成本信息,不利于成本控制。

五、杜邦财务分析体系的应用

杜邦财务分析体系的应用主要体现在以下三个方面。

(1) 给企业管理层提供了一张考察企业资产管理效率和是否最大化股东投资回报的路线图。具体路径有:第一,提高销售利润率,使收入增长幅度高于成本和费用,或降低成本费用;第二,提高总资产周转率;第三,不危及公司财务安全的前提下,增加债务规模。

(2) 找出指标变动原因和趋势,为采取措施指明方向。

(3) 分析同业差距。

在具体应用杜邦财务分析体系时,应注意这一方法不是另外建立新的财务指标,而是一种对财务比率进行分解的方法。它既可以通过净资产收益率的分解来说明问题,也可以通过分解其他财务指标如总资产净利率来说明问题。杜邦财务分析体系和其他财务分析方法一样,关键不在于指标的计算而在于对指标的理解和运用。

杜邦财务分析体系是一个多层次的财务比率分解体系,通过该体系自上而下的分析,可以了解企业财务状况的全貌以及各项财务指标之间的结构关系,查明各项主要财务指标增减变动的影响因素及存在的问题。它提供的财务信息较好地解释了指标变动的原因和趋势,这为进一步采取具体措施指明了方向,而且还为决策者优化经营结构和理财结构,提高企业偿债能力和经营效益提供了基本思路,即提高净资产收益率的根本途径在于扩大销售、改善经营结构、节约成本费用开支、合理配置资源、加速资金周转、优化资本结构等。

杜邦财务分析体系主要应用于两方面的分析:一是企业内部的财务状况,二是同行业或同类企业的财务状况变动趋势。其作用主要包括:第一,解释指标变动的原因和变动趋势,为采取措施指明方向;第二,通过与本行业平均指标或同类企业相比,有助了解释变动的趋势。

【任务实施6-1】李英运用杜邦财务分析对格力电器2017年和2018年的财务状况进行综合分析与评价。

首先进行纵向比较。图6-3和图6-4中格力电器2018年、2017年的净资产收益率是用杜邦财务分析体系即用总资产净利率、总资产周转率和权益乘数三个指标相乘计算出来的结果，与第三章中用净利润除期末的净资产余额计算出来的结果略有差异。这是因为杜邦财务分析体系的总资产周转率是用资产的平均余额计算出来的，用的是平均值，而摊薄的净资产收益率是用净利润除年末的净资产计算出来的，用的是时点指标。用平均值和时点指标计算出来的结果进行比较，产生差异是在所难免的，而且比较这种差异一般没有实际意义。因为运用杜邦财务分析体系的目的，重点并不在于计算收益率等数据，而是要进行横向和纵向比较，然后根据一家企业前期和本期或者两家企业同期杜邦财务分析体系下的数据差异，得出差异所在并分析产生差异的原因。通过分解差异构成，最终得出企业经营当中哪些地方需要加强，哪些地方需要坚持下去等指导性意见，即通过财务分析来了解企业财务情况，这才是杜邦财务分析体系的意义所在。

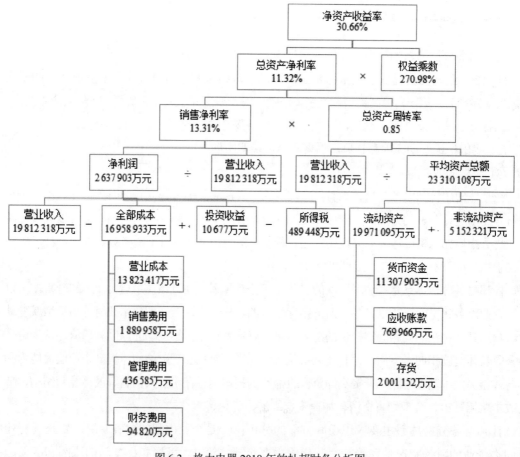

图6-3 格力电器2018年的杜邦财务分析图

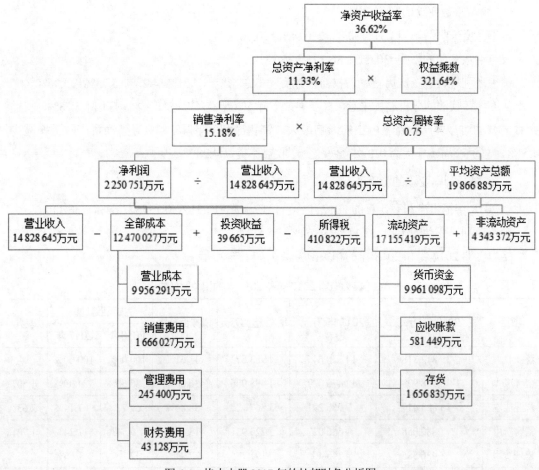

图 6-4　格力电器 2017 年的杜邦财务分析图

根据杜邦财务分析体系，净资产收益率等于销售净利率、总资产周转率和权益乘数的乘数，则：

2018 年的净资产收益率=13.31%×0.85×270.98%=30.66%

2017 年的净资产收益率=15.18%×0.75×321.64%=36.62%

净资产收益率的变动=30.66%-36.62%=-5.96%

用因素分析法来分析各因素变动对净资产收益率变动的影响程度如下。

(1) 基数：上年净资产收益率=15.18%×0.75×321.64%=36.62%

(2) 销售净利率变动的影响：

按 2018 年销售净利率计算的 2017 年净资产收益率=13.31%×0.75×321.64% = 32.11%

销售净利率变动的影响=32.11%-36.62%=-4.51%

(3) 总资产周转率变动的影响：

按本年销售净利率、总资产周转率计算的上年净资产收益率=13.31%×0.85×321.64%=36.39%

总资产周转率变动的影响=36.39%-32.11%=4.28%

(4) 权益乘数变动的影响：

本年净资产收益率=13.31%×0.85×270.98%=30.66%

权益乘数变动的影响=30.66%-36.39%=-5.73%

销售净利率、总资产周转率、权益乘数变动的总影响=-4.51%+4.28%-5.73%=-5.96%

从连环替代法的分析过程来看，权益乘数下降50.66%导致净资产收益率下降5.73%，权益乘数的波动对净资产收益率产生的影响最大。销售净利率下降1.87%导致净资产收益率减少4.51%。总资产周转率提高0.1次会使净资产收益率提高4.28。

1. 销售净利率变动的影响

按2018年销售净利率计算的2017年净资产收益率=13.31%×0.75×321.64%=32.11%

销售净利率变动的影响=32.11%-36.62%=-4.51%

格力电器2017年和2018年的相关财务数据如表6-2所示。

表6-2 格力电器2017年和2018年的相关财务数据

项目	2018年/万元	2017年/万元	增减金额/万元	增减百分比	占营收比重		差异
					2018年	2017年	
营业收入	19 812 318	14 828 645	4 983 673	33.61%	100.00%	100.00%	0
全部成本	16 958 933	12 470 027	4 488 906	36.00%	85.60%	84.09%	1.50%
营业成本	13 823 417	9 956 291	3 867 125	38.84%	69.77%	67.14%	2.63%
销售费用	1 889 958	1 666 027	223 931	13.44%	9.54%	11.24%	-1.70%
管理费用	436 585	245 400	191 185	77.91%	2.20%	1.65%	0.55%
财务费用	-94 820	43 128	-137 948	-319.86%	-0.48%	0.29%	-0.77%
净利润	2 637 903	2 250 751	387 152	17.20%	13.31%	15.18%	-1.86%

(1) 从营业收入的角度来看，格力电器2018年营业收入增长了4 983 673万元，增长率为33.61%，但净利润只是较2017年增长了387 152万元，增长率为17.20%，远低于营业收入的增长率。销售净利率的计算公式为净利润除营业收入，而格力电器2018年的营业收入增长率高于利润的增长率，因此销售净利率由2017年的15.15%下降至13.31%，减少了1.86%。

(2) 从成本费用的角度来看，全部成本较2017年增长36%，成本的增长幅度超过了营业收入的增长幅度，全部成本占营业收入的比重增长了1.5%，其中营业成本增长38.84%、销售费用增长13.44%，管理费用更是较2017年增长了77.91%。成本费用的增长超过了营业收入的增长幅度，这也是格力电器2018年销售净利润下降的主要原因。

2. 总资产周转率变动的影响

按本年销售净利率、总资产周转率计算的上年净资产收益率=13.31%×0.85×321.64%=36.39%

总资产周转率变动的影响=36.39%-32.11%=4.28%

总资产周转率等于营业收入除资产平均余额,对比格力电器 2017 年和 2018 年的营业收入,2018 年的营业收入增长了 4 983 673 万元,增长率为 33.61%。而平均资产余额只增加了 344 亿元(2017 年的资产平均余额约 1 986.69 亿元,2018 年的资产平均余额约 2 331.01 亿元),增长率为 17.33%,低于营业收入的增长率,因此格力电器 2018 年的总资产周转率由 2017 年的 0.75 次提高到 0.85 次,说明格力利用资产获利的能力有所增强,营运能力增强了。

3. 权益乘数变动的影响

本年净资产收益率=13.31%×0.85×270.98%=30.66%

权益乘数变动的影响=30.66%-36.39%=-5.73%

格力电器 2018 年的权益乘数为 270.98%,与 2017 年相比有所下降,下降了 50.66%。权益乘数对提高净资产收益率起到杠杆的作用,权益乘数越大,净资产收益率越高,但企业财务风险也会相应增加,偿债能力下降。格力电器 2018 年减少了负债规模,资产负债率和权益乘数都较 2017 年有所下降,负债所带来的杠杆效应也相应减少。

通过纵向比较发现,格力电器 2018 年的净资产收益率下降了 5.96 个百分点,其中销售净利率和权益乘数都较 2017 年有所下降,只有总资产周转率由 0.75 提高到 0.85 次,那么格力电器 2018 年净资产收益率的下降是公司行为还是受外部环境影响呢?这就需要进行同行业比较,下面以同属于家电行业的美的集团和海尔智家为例进行对比。格力电器、美的集团和海尔智家号称"中国家电行业三巨头",三家企业 2017 年和 2018 年的财务指标如表 6-3 所示。

表 6-3　格力电器、美的集团、海尔智家 2017 年和 2018 年财务指标

企业	年份	销售净利率	总资产周转率	权益乘数	净资产收益率
格力电器	2017 年	15.18%	0.75	321.64%	36.62%
	2018 年	13.31%	0.85	270.98%	30.66%
美的集团	2017 年	7.73%	1.15	299.19%	26.60%
	2018 年	8.34%	1.01	285.22%	24.03%
海尔智家	2017 年	5.68%	1.13	323.99%	20.73%
	2018 年	5.33%	1.15	302.37%	18.57%

由表 6-3 的数据来看,三家企业 2018 年的净资产收益率较 2017 年有所降低,格力电器、美的集团、海尔智家三家企业 2018 年的净资产收益率分别为 30.66%、24.03%和 18.57%,格力电器的净资产收益率最高,其次为美的集团,海尔智家的净资产收益率最低。

从销售净利率的对比来看,美的集团 2018 年的销售净利率较 2017 年有所提高,海尔智家基本维持不变,格力电器 2018 年的销售净利率虽然有所下降,但在三家企业的销售净利率中排第一,美的集团随后,海尔智家的销售净利率最低,格力电器的盈利能力最强。

反映企业总体营运能力的指标是总资产周转率,三家企业 2018 年的总资产周转率海尔智家最高,美的集团随后,格力电器 2018 年总资产周转率虽然提高了 0.1 次,但依然落后于海尔智

家和美的集团,说明格力电器的资产营运能力有待提高。

权益乘数对提高净资产收益率起到杠杆的作用,权益乘数越大,企业净资产收益率越高,2018年三家企业的权益乘数为270.98%、285.22%和302.37%,格力电器的权益乘数最低,对提高净资产收益率起到的杠杆作用是最小的,但长期偿债能力却是最强的。

第三节 沃尔综合评分法

一、沃尔综合评分法的产生及意义

财务比率反映了企业财务报表各项目之间的对应关系,可以揭示企业的财务状况。但是,一项财务比率只能反映企业某一方面的财务状况。为了进行综合财务分析,可以编制财务比率汇总表,将反映企业财务状况的各类财务比率集中在一张表中,能够清晰、明了地反映企业各方面的财务状况。并且,在编制财务比率汇总表时,可以结合比较分析法,将企业财务状况的综合分析与比较分析相结合。

传统横向比较法是将企业的财务比率与同行业平均财务比率或同行业先进的财务比率进行横向比较,可以了解到企业在同行业中所处的水平,以便综合评价企业的财务状况。这种评价方法尽管在企业综合财务分析中也经常使用,但是它存在两个缺点:第一,它需要找到同行业的平均财务比率或同行业先进的财务比率等资料作为参考标准,但在实际工作中,这些资料有时可能难以找到;第二,这种比较分析法只能定性地描述企业的财务状况,例如比同行业的平均水平略好,或与同行业平均水平相当,而不能用定量的方式来评价企业的财务状况究竟处于何种程度。

财务状况比率综合评分法的先驱者之一是亚历山大·沃尔,他在20世纪初出版的《信用晴雨表研究》和《财务报表比率分析》中提出了信用能力指数的概念,把若干个财务比率用线性关系结合起来,以此评价企业的信用水平,被称为沃尔综合评分法,又称沃尔分析法(Wall analysis)。

二、沃尔综合评分法的原理

沃尔综合评分法就是指将选定的财务比率用线性关系结合起来,并分别给定各自的分数比重,然后通过与标准比率进行比较,确定各项指标的得分及总体指标的累计分数,从而对企业的信用水平做出评价的方法。采用沃尔综合评分法能克服传统横向比较法的两个缺点,能够直观和客观地向投资者反映企业财务状况总体水平,揭示企业所面临风险的大小和所拥有的成长空间,因而后来被广泛采用。

基于当时的时代特征,沃尔在他的分析体系中选择了7种财务比率,分别是流动比率、产权比率、固定资产比率、存货周转率、应收账款周转率、固定资产周转率和净资产周转率,并分别给定了其在总评价中所占的权重和标准值,用企业实际值与标准值的比,计算标准系数,标准系数与权重的乘积就是该指标的得分,最后计算这 7 种指标的总分,该总分被用来综合评价企业信用水平的高低。

三、沃尔综合评分法的基本步骤

沃尔综合评分法的基本步骤如图 6-5 所示。

图 6-5 沃尔综合评分法的基本步骤

(1) 选择评价企业财务状况的财务指标。

不同的分析者所选择的财务指标可能不尽相同,选择财务指标的原则如下:第一,所选择的指标要具有全面性,反映偿债能力、盈利能力、营运能力等的指标都应包括在内,只有这样才能反映企业的综合财务状况;第二,所选择的指标要具有代表性;第三,所选择的指标最好具有变化方向的一致性,当指标增大时表示财务状况改善,当指标减小时表示财务状况恶化。比如,在选择反映偿债能力的指标时,就最好选择股权比率而不是资产负债率,因为通常认为在一定的范围内,股权比率高说明企业的偿债能力强,而资产负债率高则说明企业的负债安全程度低。一般选取以下指标进行分析:

- 流动比率=流动资产/流动负债
- 产权比率=负债/所有者权益总额
- 固定资产比率=资产/固定资产
- 应收账款周转率=赊销额/应收账款
- 存货周转率=销售成本/存货
- 固定资产周转率=销售额/固定资产
- 净资产周转率=销售额/净资产

(2) 确定各项财务指标的权重。按重要程度确定各项指标的评分值,评分值之和为 100。如何将 100 分的总分合理地分配给所选择的各个财务指标,是实施沃尔综合评分法过程中的一个非常重要的环节。分配的标准是依据各个指标的重要程度,越重要的指标分配的权重越高。

(3) 确定各项财务指标的标准值。财务指标的标准值是判断财务指标高低的比较标准,可以是企业的历史水平,也可以是竞争企业的水平,还可以是同行业的平均水平,其中最常见的是选择同行业的平均水平作为财务指标的标准值。

(4) 计算企业在一定时期各项指标的实际值。

(5) 求出各指标实际值与标准值的比率：关系比率(相对比率)=实际值/标准值。

(6) 求得各项指标的综合得分及合计得分，其中：

- 综合得分=评分值×关系比率
- 合计得分=Σ评分值×关系比率

企业财务状况的合计得分反映了企业综合财务状况是否良好，合计得分越高，企业价值越好。如果合计得分等于或接近 100 分，说明企业的财务状况是良好的，达到了预先的标准；如果合计得分远远低于 100 分，说明企业的财务状况较差，应当采取适当的措施加以改善；如果合计得分远远超过 100 分，则说明企业的财务状况很理想。此外，各指标相对比率大于 1 为好，如果某指标相对比率小于 1，则应为企业关注的重点。

四、沃尔综合评分法的优点和缺点

同任何的分析方法一样，沃尔综合评分法也有其优点和缺点。

(一) 沃尔综合评分法的优点

沃尔综合评分法将彼此孤立的偿债能力和营运能力指标进行了组合，做出了较为系统的评价，它的优点在于简单、扼要、便于操作。各财务指标权重根据定性分析及过去的评价经验主观给出，并通过几项财务评价指标的线性组合，确定财务综合评价结果，这给实际评价工作带来了很大的方便。评价指标体系较为完整，基本上能反映企业的财务状况，能较好地反映企业的获利能力、偿债能力和营运能力。通过财务指标实际值与标准值的对比分析，便于找出影响企业对财务状况的主要因素，以明确改善企业财务状况的方向。该方法提出了一种评分的思想，将反映企业财务状况的各项指标通过评分进行量化，从而为分析者提供统一的数量标准。

(二) 沃尔综合评分法的缺点

沃尔综合评分法从理论和实际应用上都存在一些缺点，主要表现在几个方面。

(1) 未能证明为什么要选择这 7 个指标，而不是更多或更少些，或者选择其他财务指标。这 7 个指标是否具有代表性，以及如何证明每个指标所占比重的合理性，这两个问题至今仍然没有从理论上解决。不同行业不同企业在指标的选择上都会有自己的特点，所以无法确定一个固定的体系作为评判体系。另外，受自身方法的限制，基准值取行业平均数为标准，超过了就取满分，很难判断出平均水平以上企业中的优秀企业。因此，在运用沃尔综合评分法进行分析时，投资者应对其所做出的结论谨慎采纳。

(2) 在给每个指标评分时，没有规定上限和下限，会导致个别指标异常时对总分造成不合理的影响。当某一单项指标的实际值畸高时，会导致最后总分大幅度增加，掩盖情况不良的指标，影响最后评价的总得分，从而给管理者造成假象。

(3) 沃尔综合评分法无法提供赋予权重大小的依据，无法证明每个指标所占权重的合理性，指标权重的赋予具有很大的主观随意性。

(4) 在评分规则方面，由于"各项评价指标的得分=各项指标的权重×(指标的实际值/指标的标准值)"，这意味着当某项指标实际值大于标准值时，该指标的得分就越高，也就是指标的实际值越高，其单项得分就越高，企业的总体评价就越好，这并不符合企业的实际和常识。比如，流动比率并非越高越好，因为这将对企业的盈利能力与发展能力造成不利影响，并削弱其长期偿债能力。

总体来看，沃尔综合评分法是评价企业总体财务状况的一种比较可取的方法，这一方法的关键在于指标的选定、权重的分配及标准值的确定等。

五、沃尔综合评分法的发展与完善

现代社会与沃尔的时代相比已有很大变化。对于沃尔综合评分法，无论是指标体系的构成内容，还是指标的计算方法和评分标准，都有必要进行改进和完善。为了克服沃尔综合评分法的上述弱点，在实际使用过程中，对所选取的指标进行了重新选择，形成了新的沃尔分析体系。目前一般认为，在选取指标时，偿债能力、运营能力、盈利能力及发展能力指标均应在选择范围内，除此之外，还应该适当选择一些非财务指标作为参考。

鉴于我国的实际情况，财政部曾于1995年1月9日发布《企业经济效益评价指标体系(试行)》，制定了一套企业经济效益评价指标体系，包括销售利润率、总资产报酬率、资本收益率、资本保值增值率、资产负债率、流动比率(或速动比率)、应收账款周转率、存货周转率、社会贡献率、社会积累率10项指标。该企业经济效益评价指标体系主要是从企业投资者、债权人以及企业对社会的贡献等三个方面来考虑的，其主要特点：一是中国特色与国际惯例相结合，既符合改革后的企业税收制度和财务会计制度的要求，又尽可能参照国际上通行的指标体系和评价方法；二是注重综合评价，从企业投资者、债权人以及企业对社会的贡献等三个方面，反映企业盈利能力、资本保值增值情况、企业资产负债水平和偿债能力、企业对国家或社会的贡献水平；三是兼顾企业经济效益和社会效益两个方面，反映企业对国家或社会的贡献情况，改变过去几十年用实现税利或上缴税利多少来衡量企业贡献大小的做法。

【任务实施6-2】李英运用沃尔综合评分法对格力电器2017年和2018年的财务状况进行综合分析与评价。

李英借鉴陈强(2015)构建的指标体系及权重，选取了净资产收益率、总资产报酬率、盈余现金保障倍数等13项指标，如表6-4所示。表6-4中所列的实际值根据指标公式计算所得或直接从网易财经、新浪财经等财经网站上获取，标准值采用的是家用制造业的行业优秀水平所对应的比值，行业数据来源于国务院国资委财务监督与考核评价局制定的2018年企业绩效评价标准值。

表 6-4 格力电器 2018 年财务绩效表

财务比率	权重	标准值	实际值	关系比率	综合得分
净资产收益率/%	26	11.1	28.69	2.58	67.20
总资产报酬率/%	11	7.3	10.50	1.44	15.82
盈余现金保障倍数	5	6.7	1.02	0.15	0.76
总资产周转率/次	11	1.6	0.85	0.53	5.84
应收账款周转率/次	3	14.9	29.32	1.97	5.90
存货周转率/次	5	8.4	7.56	0.90	4.50
资产现金回收率/%	3	12.3	11.56	0.94	2.82
资产负债率/%	12	49.5	63.10	1.27	15.30
速动比率/%	7	120.8	113.96	0.94	6.60
现金流动负债比率/%	5	14.0	17.09	1.22	6.10
营业利润增长率/%	5	15.4	18.65	1.21	6.06
资本保值增值率/%	4	110.2	138.72	1.26	5.04
总资产增长率/%	3	12.1	16.87	1.39	4.18
合计得分	100				146.13

表 6-4 中所有指标的标准值均以行业优秀水平为标准值，从评价结果可以看出，格力电器总体财务绩效良好，合计得分 146.13 分，优于评价标准。巨潮资讯数据显示，格力电器 2018 年的每股收益、每股净资产、每股未分配利润、每股经营现金流量在空调行业中均排名第一，净资产收益率排第四，营业收入增长率排第二，这些排名说明格力电器在盈利能力和成长能力等方面均领先于行业水平。但同时也需要注意的是，在选取指标时，尽量选取正指标，因为选取的各项指标为正指数时，则单项指数越高越好。表 6-4 中，资产负债率为逆指标，速动比率既不是正指标也不是逆指标。

知识点总结

本章主要对企业的财务状况进行综合分析，财务综合分析方法主要有杜邦财务分析体系和沃尔综合评分法。在利用综合方法对企业的财务进行综合分析时，首先需要了解杜邦财务分析体系和沃尔综合评分法的产生、意义、原理、步骤、优点与缺点等，只有掌握了方法才能利用杜邦财务分析体系和沃尔综合评分法将反映企业营运能力、偿债能力、盈利能力和发展能力等各方面的指标纳入一个有机的分析系统之中。图 6-6 是本章的知识结构体系图。

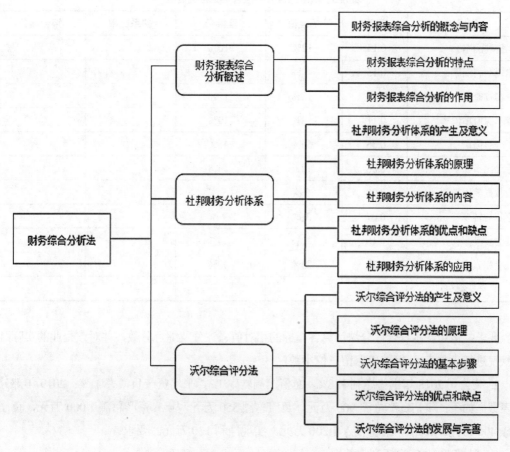

图 6-6 财务综合分析法知识结构体系图

李英对格力电器 2018 年的财务进行了综合分析后，认为格力电器 2018 年的净资产收益率虽然有所降低，但同行业的美的集团和海尔智家也面临同样的问题，这与家电行业所处的大环境有关。2018 年，由于我国房地产销售下滑对家电销售产生影响，以及 2017 年销售增速较快导致需求提前释放等影响，我国家电产销量增速同比出现明显下降。从销售净利率、总资产周转率和权益乘数来看，格力电器的盈利能力、长期偿债能力最强，但资产的营运能力还有待增强。

同步测试

1. 某企业采用行业平均值为评价的标准值，其所处行业各指标的权重、标准值及该企业实际值分别如表 6-5 所示。

表 6-5 沃尔综合分析法各指标相关数据

指标	权重	标准值	实际值	关系比率	综合得分
销售利润率	0.13	12%	10%		
总资产利润率	0.15	10%	11%		
资本收益率	0.14	13%	12%		
资本保值增值率	0.11	8%	10%		
资产负债率	0.06	50%	45%		
流动比率	0.06	1.9	1.8		
应收账款周转率	0.08	6 次	5 次		
存货周转率	0.07	3 次	2.9 次		
社会贡献率	0.10	22%	24%		
社会积累率	0.10	25%	30%		
合计得分	1	—	—		

要求：运用沃尔综合评分法计算各指标的相对值、评分及综合分数，并对该企业的实际财务状况进行评价。(计算结果保留三位小数)

2. 某公司 2018 年销售净利率 8%，总资产周转率 1.3，平均资产负债率 41%；2019 年部分报表数据如下：年初资产总额 900 万元，负债总额 350 万元，年末资产总额 1 000 万元，负债总额 400 万元。2019 年销售收入 1 200 万元，实现净利 120 万元。要求：

(1) 计算 2018 年净资产收益率；

(2) 计算 2019 年销售净利率、资产周转率、平均资产负债率、加权平均净资产收益率；

(3) 运用杜邦财务分析体系，定性分析说明该公司净资产收益率变动的原因。

3. 根据表 6-6 中的财务数据，用杜邦财务分析体系计算 A 企业 2017 年和 2018 年的净资产收益率，并用因素分析法分析销售净利率、总资产周转率及权益乘数变动对净资产收益率的影响。

表 6-6 A 企业财务数据

单位：万元

指标	2017 年	2018 年
营业收入	37 424	40 278
净利润	3 473	3 557
资产总额	46 780	49 120
所有者权益总额	25 729	25 051

实践训练

实训目的：对财务报表进行综合分析。

实训资料：上网收集所选上市公司报表及相关资料。

实训要求：每个小组选择一家上市公司，运用杜邦财务分析体系对其 2017 年和 2018 年的财务报表进行综合分析，最后上交作业报告，报告包括 PPT 和 Word 电子文档，并在班级演示。

第七章
财务报表分析综合案例

【知识目标】
- 能够利用财务报表资料计算各种财务指标;
- 能够根据指标的计算结果,对企业的偿债能力、营运能力、盈利能力和发展能力等方面进行分析;
- 能够利用杜邦财务分析体系对企业进行综合分析。

【能力目标】
- 能够利用现代媒体等手段收集企业报表分析所需资料;
- 能够运用数据统计等方法选取、加工、整理资料;
- 具备一定的文字表达能力,能根据分析结果撰写财务分析报告。

【素质目标】
- 能够与不同的报表使用者进行沟通与协调;
- 能够与企业管理层进行沟通,并能及时提供其所需要的相关信息;
- 培养良好的团队合作意识。

📖 案例引入

传统思维已不适合互联网时代

2015年的6月,正是中国股市从异常疯狂上涨到开始暴跌的转折点,从6月15号开始的一路暴跌,开启了中国历史上最为疯狂的股灾,多少人一夜之间倾家荡产,血本无归。其中最为耀眼的明星之一就是乐视网。贾跃亭在2004年创建乐视网,2010年以"视频行业国内第一股"为概念在创业板上市。不过在上市之初,资本市场并不看好,股价一路下跌并跌破发行价,后于2013年依靠"互联网电视"概念崛起,首创"平台+内容+应用+终端"商业逻辑,吸引了一批投资者。随后由于政策监管趋紧,以及贾跃亭涉嫌令计划一案,股价连续下跌。贾跃亭在2015年回归后,试图以手机、汽车、体育等新的资本故事吸引投资者,乐视网市值最高攀升至

1 700 亿元。如果从 2014 年年末股价的最低点 6.37 元算起,到 2015 年 5 月的最高点 44.72 元,乐视网在短短几个月内上涨了 7 倍,堪称疯狂,但由于概念过于宏大,乐视也被质疑者称为"PPT 公司"。

与乐视"大战"的主角刘姝威,是写蓝田股份的女英雄,让普通老百姓知道了蓝田股份的黑幕。可是这一次,刘老师挑战乐视时,却面临了前所未有的压力。

一、事出起因

事情起源于刘姝威在 2015 年 6 月 17 日在微博发表的一篇文章《严格控制上市公司实际控制人减持套现》。文章发表之后,刘姝威在网络上遭到了几乎一边倒的攻击,甚至是侮辱性的人身攻击,认为她看不懂新经济的模式,甚至认为她该被淘汰了。刘姝威被激怒,在 2015 年 6 月 18 日下"战书",称"将下周三(6 月 24 日)发表乐视网分析报告"。

没有等到 24 日,在 6 月 23 日晚间,刘姝威就发表了《乐视网分析报告》,文章太长,我们把其中的主要观点摘录如下:

(1) 乐视网的董事会和高管人员的专业与学历构成,不足以支撑现有的业务;

(2) 乐视网的盈利能力出现了下滑,生态体系已经出现问题,"烧钱"模式不能持续;

(3) 乐视网的内容生态难以收回成本并产生利润;

(4) 靠讲故事,不讲回报,大股东以各种冠冕堂皇的理由任意减持套现巨额资金是不可持续的。

二、社会公众部分反应

文章发表之后,遭到了很多人的质疑,包括很多非常知名的媒体和大 V,部分内容摘录如下。

知名媒体人迟宇宙:"当刘老师对一家互联网公司的分析,依旧遵循着工业时代的逻辑,依旧使用着格雷厄姆以来的传统分析工具,依旧信奉那些对互联网公司早已失真的指标,依旧与那些三流分析师一样,使用着不准确的数据和断章取义时,我开始怀疑,工业时代造就的明星是否还应该在互联网时代获得尊重;或者说,他们所坚持的怀疑精神、所赖以自尊自重的操守,是否因为镁光灯的照耀、公众的恭维、媒介的尊崇,而成为傲慢与偏见。"

自媒体人信海光:"刘姝威分析互联网公司的专业知识却没跟上世界前进的脚步,她指出了一些问题,但基本上还是从看传统企业的视角来分析模式创新的互联网公司,以旧理论来衡量新事物,而且她多半没有用过乐视超级电视。否则怎么会拿摩尔定律去衡量电视业呢。

刘姝威还质疑了乐视网实施'通过销售乐视 TV,扩大用户规模'的'烧钱'模式,问乐视网的投资者们是否愿意为乐视网'烧钱'继续提供资金?在国内外,被'烧钱'模式'烧死'的公司已经不少了。但事实是,在互联网业,资本对公司为了追求长远价值而付出的容忍度与传统行业是远远不同的,不止是乐视,其实太多互联网公司都对盈利问题'漠不关心',与高速扩张相比,在盈利问题上,大家都是'慢性子'。美国的亚马逊亏损了 7 年,中国的京东到现在已经 10 年了还没盈利,去哪儿网创立 10 年上市 2 年也没盈利,而且根本不打算近期盈利,在互联网的世界里,资本需要的逻辑是不一样的,这已众所周知,不需要质疑了。"

北京商报:"乐视网可以去虚增用户数,可以去播放涉黄、盗版的视频,但绝不会愚蠢到去财务造假,因为这对其股价没有任何好处。乐视网可能比较喜欢讲故事,投资者也喜欢听故事,可是故事并不需要大量的财务数据作为支撑。骂乐视网也要骂对地方,刘姝威图什么?沉寂了十多年,刘姝威或许也有些耐不住寂寞,想在公众面前赚取到一些眼球,故选择在小米、乐视掐架时站出来吸引公众的关注。"

清华大学政治经济学研究中心高级研究员李江涛:"针对刘教授的问题。在这里我们要问,这是一个经济问题还是道德问题。

乐视是一个真正的互联网公司,乐视是一个真正的综合性平台公司,乐视是一个真正意义上的中国本土上市公司,乐视是一个全产业链运作的公司,难怪马云、王健林会入股乐视体育。

我看好乐视,我看好贾跃亭,我看好乐视的未来!"

前《哈佛商业评论》中文版社群总监陈雪频:"乐视和蓝田最大的不同是,刘姝威看明白了蓝田造假,但没看明白乐视在干什么。"

虽然遭到媒体和网友几乎一边倒的嘲笑,刘姝威教授在6月28日继续发表文章《乐视网涉嫌违规隐瞒公司盈亏信息》,指出:"乐视网涉嫌违规隐瞒公司最基本的盈亏信息,而贾跃亭掌握乐视网的完整信息。在信息不对称的条件下,上市公司的实际控制人、董事长兼总经理巨额减持套现,这种行为动机是否颇为可疑?"

可惜,由于股市暴跌,而刘姝威曾提出了股指万点论,因此刘姝威的言论几乎被万众唾骂,淹没在大V、公知和人民群众的海洋中。

乐视的后续我们也很清楚,2016年11月初,乐视欠供应商100多亿元的传言不胫而走,贾跃亭自爆资金链危机,开始反思乐视"烧钱"模式。而厄运似乎就缠上乐视不放手了,讨债危机、市值大跌、孙宏斌入主、贾跃亭造车……乐视网频繁登上新闻头条,而此前贾跃亭引以为豪的乐视七大生态也相继陷入危机,乐视系迎来"至暗时刻",乐视网2017年亏损138亿元,2018年亏损41亿元,自2019年5月13日起暂停上市。

(资料来源:https://www.sohu.com/a/192126194_260089)

思考:乐视的结局让人们嘘唏,刘姝威与乐视网的对战给我们带来了哪些思考?传统的财务分析方法是否真的已经不适合互联网时代了?

【任务导入】

李英已经系统地学习了如何对一家企业的财务报表进行分析,企业指导老师杨经理要求她对格力电器做出详细的财务分析。李英接到任务后,决定从公司的偿债能力、营运能力、盈利能力、发展能力和杜邦财务分析体系等方面进行全面分析,还选取了格力电器的竞争对手美的集团做对比。格力电器与美的集团同属于家电行业,是A股中的两大"白马股",也是中国家电行业的两大巨头。李英也很好奇格力与美的之争是不是一场实力不相上下的"瑜亮之争"呢?到底哪家企业的成长性更好呢?带着这些疑问,李英开始了对这两家企业的全方位比较。

第一节 偿债能力分析

企业的偿债能力是指企业用其资产偿还长期债务与短期债务的能力或保证程度,是反映企业财务状况的重要标志,企业偿债能力包括短期偿债能力和长期偿债能力。企业的偿债能力分析包括短期偿债能力分析和长期偿债能力分析,短期偿债能力指标主要有营运资金、流动比率、速动比率、现金比率及现金流量比率等。长期偿债能力指标主要有资产负债率、权益乘数、产权比率、有形净值债务比率及利息保障倍数,图7-1所示为企业偿债能力分析指标体系。

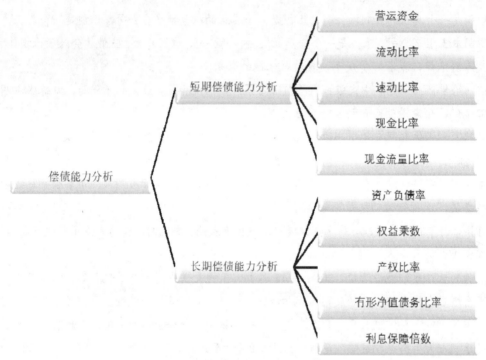

图7-1 偿债能力分析指标体系

在前面的章节中已经对偿债能力指标的概念、公式和如何利用计算结果进行偿债能力分析进行了详细的介绍,此处就不再做过多的赘述,表7-1所示是偿债能力指标及其计算公式。

表7-1 偿债能力指标及其计算公式

指标		计算公式
短期偿债能力	营运资金	营运资金=流动资产－流动负债
	流动比率	流动比率=流动资产/流动负债×100%
	速动比率	速动比率=(流动资产－存货)/流动负债×100%
	现金比率	现金比率=现金及现金等价物/流动负债×100%
	现金流量比率	现金流量比率=经营活动现金流量净额/流动负债×100%

(续表)

指标		计算公式
长期偿债能力	资产负债率	资产负债率=负债总额/资产总额×100%
	权益乘数	权益乘数=资产总额/所有者权益总额×100%
	产权比率	产权比率=负债/所有者权益总额×100%
	有形净值债务比率	有形净值债务比率=负债总额/有形净资产×100%
	利息保障倍数	利息保障倍数=息税前利润/利息费用

【任务实施7-1】李英对格力电器和美的集团2016—2018年的偿债能力进行分析。

格力电器和美的集团2016—2018年的资产负债表和利润表中的部分数据如表7-2所示，根据这些财务数据可以计算偿债能力指标，对两家企业的偿债能力进行对比分析。

表7-2 格力电器和美的集团2016—2018年的部分财务数据

单位：万元

项目	格力电器			美的集团		
	2016年	2017年	2018年	2016年	2017年	2018年
货币资金	9 561 313	9 961 098	11 307 903	1 719 607	4 827 420	2 788 828
存货	902 491	1 656 835	2 001 152	1 562 690	2 944 417	2 964 502
流动资产	14 291 078	17 155 419	19 971 095	12 062 132	16 981 068	18 268 944
流动负债	12 687 628	14 749 079	15 768 613	8 918 400	11 909 186	13 023 109
经营活动现金流量净额	1 485 995	1 633 808	2 694 079	2 669 501	2 444 262	2 786 108
资产总额	18 236 971	21 496 800	25 123 416	17 060 071	24 810 686	26 370 115
负债总额	12 744 610	14 813 320	15 851 945	10 162 402	16 518 169	17 124 663
所有者权益总额	5 492 360	6 683 480	9 271 471	6 897 670	8 292 517	9 245 452
无形资产	335 528	360 447	520 450	686 854	1 516 704	1 618 668
长期待摊费用	105	221	424	62 597	85 911	119 137
利润总额	1 853 119	2 661 573	3 127 351	1 891 460	2 185 477	2 577 306
利息费用	-484 555	43 128	-94 820	-100598	81 595	-182 304

一、短期偿债能力分析

企业短期偿债能力指标包括营运资金、流动比率、速动比率、现金比率及现金流量比率，根据表7-1中相关指标的计算公式，可以得出格力电器和美的集团两家企业2016—2018年的短期偿债能力，计算结果如表7-3所示。

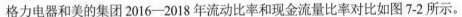

表 7-3 短期偿债能力指标计算结果

指标	格力电器			美的集团		
	2016 年	2017 年	2018 年	2016 年	2017 年	2018 年
营运资金/万元	1 603 450	2 406 340	4 202 482	3 143 732	5 071 882	5 245 835
流动比率	112.64%	116.32%	126.65%	135.25%	142.59%	140.28%
速动比率	105.52%	105.08%	113.96%	117.73%	117.86%	117.52%
现金比率	75.36%	67.54%	71.71%	19.28%	40.54%	21.41%
现金流量比率	11.71%	11.08%	17.09%	29.93%	20.52%	21.39%

格力电器和美的集团 2016—2018 年流动比率和现金流量比率对比如图 7-2 所示。

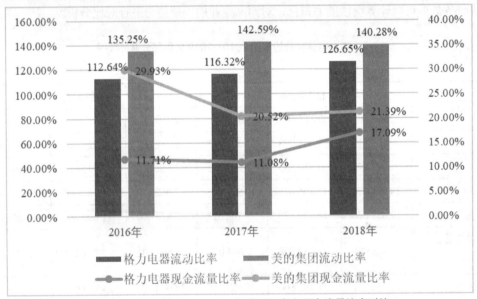

图 7-2 两家企业 2016—2018 年流动比率和现金流量比率对比

从衡量企业短期偿债能力的绝对数指标营运资金来看,美的集团 2016—2018 年流动资产在偿还了流动负债后的剩余资金更多,美的集团 2018 年的营运资金为 525 亿元,格力电器为 420 亿元。

2016—2018 年的流动比率、速动比率也是美的集团高于格力电器,格力电器 2016—2018 年的流动比率分别为 112.64%、116.32%和 126.65%,美的集团的流动比率分别为 135.25%、142.59%和 140.28%。但格力电器现金比率远远高于美的集团,2018 年格力电器的现金比率为 71.71%,美的集团的现金比率为 21.41%,低于格力电器 50.30%,说明格力电器的即刻偿债能力非常强。

现金流量比率衡量的是经营活动产生的现金流量对当期流动负债的偿还能力,图 7-2 中的折线即为格力电器和美的集团 2016—2018 年的现金流量比率,格力电器 2017 年现金流量比率 11.08%较 2016 年 11.71%有小幅下降,然后大幅增长到 2018 年的 17.09%;美的集团与之相反,由 2016 年 29.93%下降到 2017 年的 20.52%,随后 2018 年有小幅提升,但美的集团 2016—2018 年的现金流量比率依然高于格力电器。

总体来说,美的集团短期偿债能力高于格力电器。

二、长期偿债能力分析

衡量企业长期偿债能力指标主要有资产负债率、权益乘数、产权比率、有形净值债务比率及利息保障倍数,根据表 7-1 中相关指标的计算公式,可以得出格力电器和美的集团两家企业 2016—2018 年的长期偿债能力,计算结果如表 7-4 所示。

表 7-4 长期偿债能力指标计算结果

指标	格力电器			美的集团		
	2016 年	2017 年	2018 年	2016 年	2017 年	2018 年
资产负债率	69.88%	68.91%	63.10%	59.57%	66.58%	64.94%
权益乘数	332.04%	321.64%	270.98%	247.33%	299.19%	285.22%
产权比率	232.04%	221.64%	170.98%	147.33%	199.19%	185.22%
有形净值债务比率	247.15%	234.21%	181.15%	165.29%	246.91%	228.10%
利息保障倍数	-2.82	62.71	-31.98	-17.80	27.78	-13.14

格力电器和美的集团 2016-2018 年产权比率和资产负债率对比如图 7-3 所示。

图 7-3 两家企业 2016—2018 年产权比率和资产负债率对比

图 7-3 中,格力电器的资产负债率呈递减趋势,从 2016 年的 69.88%下降到 2018 年的 63.10%,表明格力电器的短期偿债能力在不断增强;美的集团 2016 年的资产负债率为 59.57%,低于格力电器 10 个百分点,2017 年这一比率增加到 66.58%,2018 年资产负债率稍有下降达到 64.94%,

与格力电器资产负债率之间的差距进一步缩小，更是近些年来首次超过格力电器。但家电行业的平均资产负债率都不低，在第二章中做过同行业比较，2018年五家企业中格力电器、美的集团、海尔家电、海尔智家的资产负债率分别为63.10%、64.94%、63.86%、66.93%，只有老板电器的资产负债率较低，仅为35.10%。由此可知，格力电器和美的集团的资产负债率差异并不大，与行业平均保持一致。

两家企业产权比率的趋势也与资产负债率一致，格力电器产权比率不断下降，2018年以前格力电器的产权比率高于美的集团，美的集团产权比率先上升后下降从2018年开始超过格力电器。有形净值债务比率实际上是更保险的产权比率，从所有者权益中去除无形资产和长期待摊费用。

资产负债率、权益乘数、产权比率、有形净值债务比率这四个指标都是越低则保障程度越高，格力电器2016—2018年的长期偿债能力在不断增强，美的集团的各项指标先增后减，两家企业的长期偿债能力并没有非常大的差异。

利息保障倍数反映企业经营收益为所需支付的债务利息的多少倍，只要利息保障倍数足够大，企业就有充足的能力支付利息。我国的会计实务中将利息费用计入财务费用，并不单独记录，所以通常用财务费用代替利息费用进行计算，计算结果存在一定的误差。从两家企业的利息保障倍数计算结果来看，两家企业的利息保障倍数都比较高，利息保障程度都较大。

第二节　盈利能力分析

盈利能力是指企业获取利润的能力，追求利润是投资者的直接目的，而且利润也是企业生产、发展和壮大的直接动力，盈利能力的直观表现就是资产的增值。我们考虑企业的盈利能力，就是要考核通过生产、经营，企业增值了多少，分别通过什么项目增值等。一般企业的盈利能力指标包括体现销售盈利能力的销售毛利率和销售净利率，以及体现资产盈利能力的总资产净利率和净资产收益率。

对于上市公司而言，股份公司通过上市，使其股票具有最强的流通性和变现性，便于投资者通过购买股票的方式直接实现对企业的投资，企业也能更便捷地在资本市场上实现增值和融资。如果通过购买股票的方式投资某一企业，除了考虑其行业特点外，最重要的是期望这个企业在未来的一定期间内能带来较好的收益。如果已经购买了某一公司的股票，就需要关注它的经营状况和盈利能力，以确定是否长期持有，在未来分得较多的红利。要得出这些结论，就需要对上市公司的盈利能力进行分析。对上市公司的盈利能力的分析主要指的是分析每股收益和每股股利，如图7-4所示。

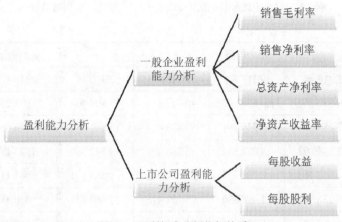

图 7-4　盈利能力分析指标体系

一、一般企业盈利能力分析

在第三章盈利能力分析的比率分析中，已详细介绍了销售毛利率、销售净利率、总资产净利率和净资产收益率、每股收益和每股股利的概念、计算公式，根据指标来判断企业的盈利能力并分析企业经营管理中存在的问题，此处不再一一介绍每个指标的计算方法与运用。

(一) 销售盈利能力分析

盈利能力指标及其计算公式如表 7-5 所示。

表 7-5　盈利能力指标及其计算公式

指标		计算公式
一般企业盈利能力分析	销售毛利率	销售毛利率=销售收入 - 销售成本/销售收入×100%
	销售净利率	销售净利率=净利润/销售收入×100%
	总资产净利率	总资产收益率=净利润/平均资产总额×100%
	净资产收益率	净资产收益率=净利润/净资产总额×100%
上市公司盈利能力分析	每股收益	每股收益=(净利润 - 优先股股利)/普通股股数
	每股股利	每股股利=(现金股利总额 - 优先股股利)/普通股股数

【任务实施 7-2】李英根据格力电器和美的集团 2016—2018 年的财务数据对两家企业的盈利能力进行对比分析。

格力电器和美的集团 2016—2018 年的资产负债表和利润表中的部分数据如表 7-6 所示，根据这些财务数据可以计算盈利能力指标，对两家企业的盈利能力进行对比分析。

表 7-6 格力电器和美的集团 2016—2018 年的部分财务数据

单位：万元

项目	格力电器			美的集团		
	2016 年	2017 年	2018 年	2016 年	2017 年	2018 年
销售收入	10 830 257	14 828 645	19 812 318	15 904 404	24 071 230	25 966 482
销售成本	7 288 564	9 956 291	13 823 417	11 561 544	18 046 055	18 816 456
销售毛利	3 541 692	4 872 354	5 988 901	4 342 860	6 025 175	7 150 026
净利润	1 552 463	2 250 751	2 637 903	1 586 191	1 861 119	2 165 042
资产期末数	18 236 971	21 496 800	25 123 416	17 060 071	24 810 686	26 370 115
资产期初数	16 169 802	18 236 971	21 496 800	12 884 194	17 060 071	24 810 686
平均资产总额	17 203 386	19 866 885	23 310 108	14 972 132	20 935 378	25 590 400
期末净资产	5 492 360	6 683 480	9 271 471	6 897 670	8 292 517	9 245 452

衡量销售盈利能力的指标是销售毛利率和销售净利率。

如图 7-5 所示，格力电器 2016—2018 年的销售毛利率分别为 32.70%、32.86%、30.23%，与前两年相比，2018 年的销售毛利率稍有下降；美的集团的销售毛利率由 2016 年的 27.31% 下降到 2017 年的 25.03%，2018 年重新回到 27.54%；两家企业 2016—2018 年的销售净利率趋势与销售毛利率一致，格力电器 2017 的销售净利率有所增加，2018 年下降到 13.31%，近三年的销售净利率维持在 13% 以上，美的集团的销售净利率 2016 年达到 9.97%，在 2017 年有所下降，2018 年为 8.34%，与格力电器相差 5 个百分点。

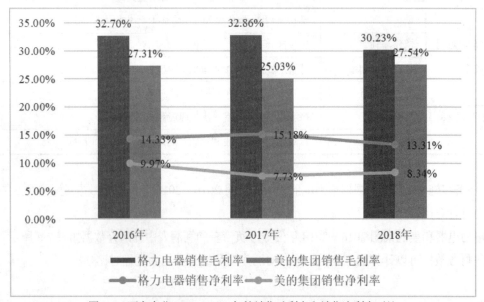

图 7-5 两家企业 2016—2018 年的销售毛利率和销售净利率对比

美的集团的销售毛利率和销售净利率都低于格力电器，可能与其多元化业务发展、外延式并购增长有关。同时，美的集团的销售费用、管理费用、财务费用三项期间费用之和占总收入之比逐年升高，2016年期间费用占营业收入的16.53%，2018年这一比例提高到18.18%；与此同时，格力电器的三项期间费用占营业收入的比重在逐年下降，2016年格力电器的三项期间费用占15.81%，低于美的集团0.72%，而2018年两者之间的差距扩大到3.39%，两家企业2016—2018年三项期间费用占营业收入的比重如图7-6所示。

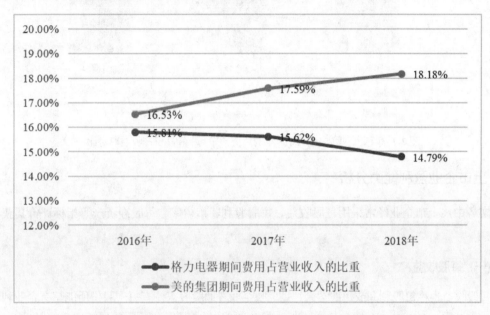

图7-6 两家企业2016—2018年三项期间费用占营业收入的比重

(二) 资产盈利能力分析

衡量资产包括总资产和净资产盈利能力的指标是总资产净利率和净资产收益率。

如图7-7所示，美的集团2016年的总资产净利率为10.59%，高于格力电器1.37%，随后开始下降，2018年下降到8.46%；格力电器2016年总资产净利率为9.02%，2017年增长至11.33%，2018年与2017年持平，整体高于美的集团。格力电器2016—2018年净资产收益率分别为28.27%、33.68%和28.45%，均高于美的集团，较高的净资产收益率很大程度源自格力在空调行业中的龙头地位。美的集团三年的净资产收益率虽低于格力电器，但依然维持在20%以上，对于投资者而言不失为一家优秀的企业。

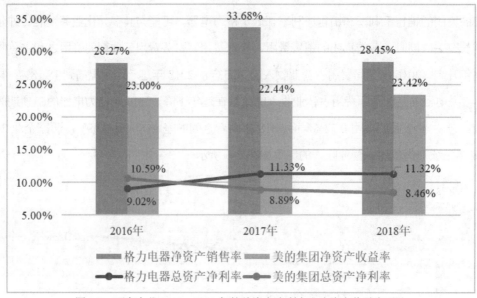

图 7-7　两家企业 2016—2018 年的总资产净利率和净资产收益率对比

二、上市企业盈利能力分析

实务中，上市企业经常采用每股收益、每股股利、市盈率、每股净资产等指标评价其获利能力。

（一）每股收益

每股收益也称每股利润或每股盈余，是反映企业普通股股东持有每一股份所能享有企业利润或承担企业亏损的业绩评价指标。格力电器和美的集团 2016—2018 年的每股收益数据如表 7-7 所示。

表 7-7　格力电器和美的集团 2016—2018 年的每股收益

单位：元

指标	2016 年	2017 年	2018 年
格力电器每股收益	2.57	3.72	4.36
美的集团每股收益	2.29	2.66	3.08

从每股收益来看，格力电器的每股所能获得的税后净利润会更高，格力电器 2016—2018 年的每股收益分别为 2.57 元、3.72 元和 4.36 元，呈逐年增长趋势。美的集团 2016—2018 年的每股收益也是逐年递增，分别为 2.29、2.66 和 3.08 元，但从数值来看，美的集团的每股收益 2016—2018 年均低于格力电器。

(二) 每股股利

上市企业实现的净利润往往不会全部用于分派股利，每股股利反映的就是上市企业每一普通股获取股利的大小，每股股利除了受上市公司获利能力大小影响以外，还取决于公司的股利发放政策。格力电器和美的集团2016—2018年的每股股利数据如表7-8所示。

表7-8 格力电器和美的集团2016—2018年的每股股利

单位：元

指标	2016年	2017年	2018年
格力电器每股股利	1.8	0	2.1
美的集团每股股利	1.0	1.2	1.3

每股收益高并不意味着每股股利高，这取决于公司的股利分配政策。由表7-8可知，美的集团的每股股利更稳定且逐年增加，2016年每10股发放现金股利10元，2017年每10股发放现金股利12元，2018年每10股发放现金股利13元。格力电器2016年的分配方式是每10股发放现金股利18元，2017年并未分红，2018年上半年向全体股东每10股发放现金股利6元，年度报告中披露了2018年度利润分配预案：向全体股东每10股派发现金15.00元，2018年股本并未发生变化，因此格力电器2018年全年向股东每10元派发现金股利21元。

从2016—2018年的数据来看，格力电器的盈利能力强于美的集团，这得益于格力电器的主营业务——空调。但市场是瞬息万变的，前面的章节已经对两家企业的营业收入结构进行了分析，格力电器的营业收入过于单一，主要依靠空调收入，风险承受能力较弱。美的集团的生活电器以及智能装备收入占营业收入的比重在2018年已经超过了50%，表明美的集团已经完成产品的多元化布局，对行业的周期抗波动能力更好，抗风险能力较强。

第三节 营运能力分析

企业营运能力是指企业充分利用现有资源创造社会财富的能力，表现为企业资产所占用资金的周转速度，反映企业资金利用的效率，表明企业管理人员经营管理、运用资金的能力。其实质就是要以合理的资金占用，用尽可能短的时间周转，生产出尽可能多的产品，创造尽可能多的营业收入。因此，企业营运能力分析是了解企业财务状况稳定与否和获利能力强弱的关键环节。

一、营运能力分析指标

反映资产周转快慢的指标一般有周转率和周转天数两种形式。周转率(周转次数)代表一定时间内资产完成的循环次数，

视频10 流动资产营运能力分析

周转天数(周转期)代表资产完成一次循环所需要的天数。

企业营运能力的财务分析指标有应收账款周转率、存货周转率、流动资产周转率、固定资产周转率和总资产周转率等。这些指标揭示了企业资金运营周转的情况，反映了企业对经济资源管理、运用的效率高低。企业资产周转越快，流动性越高，企业的偿债能力越强，资产获取利润的速度就越快。企业营运能力分析指标体系如图7-8所示。

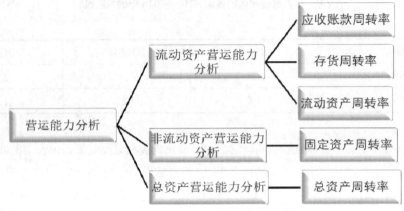

图7-8 企业营运能力分析指标体系

(一) 应收账款周转率

应收账款在流动资产中具有举足轻重的地位，公司的应收账款如果能及时收回，公司的资金使用效率便能大幅提高。应收账款周转率就是反映公司应收账款周转速度的比率，说明一定期间内公司应收账款转为现金的平均次数。用时间表示的应收账款周转速度为应收账款周转天数，也称平均应收账款回收期或平均收现期，表示公司从获得应收账款的权利到收回款项、变成现金所需要的时间。应收账款周转率是企业在一定时期内赊销净收入与平均应收账款余额之比，是衡量企业应收账款周转速度及管理效率的指标。理论上，应收账款周转率的计算公式为

$$应收账款周转率(次数)=赊销收入净额 / 应收账款平均余额$$

式中：

$$赊销收入净额=营业收入-销售退回-现金销售收入$$

$$应收账款平均余额=(期初应收账款+期末应收账款)/2$$

应收账款周转天数计算公式为

$$应收账款周转天数=计算期天数 / 应收账款周转率$$

式中，计算期天数通常为一年，一般按360天计算。但在实际运用时，应收账款周转率的计算公式为

$$应收账款周转率=销售净收入 / 应收账款平均余额$$

式中，销售净收入=销售收入-销售退回，如果当期没有发生销售退回，则销售净收入即为

销售收入。

(二) 存货周转率

存货周转率是表明存货流动性的主要指标，同时也是衡量和评价企业存货购入、投入生产、销售收回等各环节的综合指标，是衡量企业资产管理能力高低的一个重要指标。存货周转率的计算公式为

$$存货周转率(天数)=营业成本/存货平均余额$$

$$存货平均余额=(期初存货+期末存货)/2$$

存货周转天数的计算公式为

$$存货周转天数=计算期天数/存货周转率$$

式中，计算期天数通常为一年，一般按 360 天计算。

存货周转天数反映的是平均多少天存货可以周转一次，或者说，是企业从购入原材料、投入生产到将产成品销售出去所需的天数。一般来说，存货周转率越高越好。因为存货会占用企业大量的流动资金，加快存货周转，就能将这部分资金解放出来转投到下一循环的生产中，或者投入其他领域，如扩充生产线、对外投资等，无疑都会创造出更大的价值。一个企业的存货周转率提高，通常说明企业的生产、销售形势比原来好了，因为生产出的产品能够立刻销售出去。

当然这个指标也不是越高越好，存货周转率太高意味着企业的存货可能过低，而存货既包括原材料、半成品也包括产成品。从原材料来看，如果其存货过低，企业可能会出现"巧妇难为无米之炊"的局面。所以，规模化生产的企业都制定了原材料的安全库存，也就是库存低于一定数量时，马上就购买，而不是等到没有原材料了才去购买。而对于成品，适当的库存一方面能帮助企业缓冲交货期，避免出现因延期交货带来的违约损失；另一方面也便于企业应对市场上可能出现的突发性需求，不会因为手中一时无货而错失商机，所以适当的库存是企业持续经营的必备条件。

我们在分析企业存货周转率时，可以参照比较的标准有两个：企业历史标准和行业平均水平标准。

(1) 企业历史标准。某股票观察员发现，他一直关注的 S 集团下属的一家上市公司最近 2~3 年存货周转率明显降低，而企业的销售业绩没有明显变化。通过分析企业的存货绝对值发现，其存货较前几年提高了好几倍。是企业的营销策略改变了还是出现了滞销？但是该上市公司的销售收入却没有明显下滑的趋势。正在该观察员百思不得其解时，证监会公布了该企业股东挪用上市公司资金的通告。原来，上市公司的大股东 S 集团与上市公司属于同一行业，S 集团利用上市公司的资金为自己购买生产用原材料，体现在上市公司的报表上为存货增加，而在上市公司的营业成本没有明显提高的情况下，其存货周转率理所当然地降低了。这一舞弊行为是通

过存货监盘发现的,但是如股票观察员发现的那样,企业的财务比率已经充分地说明了这个事实。所以,报表使用者在分析这个指标时,既可以与企业历史水平进行纵向比较,也可以与同行业的其他企业进行横向比较,以确认企业存货周转率反映企业营运能力的真实性。

(2) 行业平均水平标准。在对企业的存货周转率进行分析时,还需要关注行业特征对营运能力的影响,不同行业特征会使行业内公司具有不同的财务特征,盲目地将不同行业的公司加以比较得出的结论可能是错误的。

(三) 流动资产周转率

流动资产周转率是反映企业流动资产周转速度的指标,是企业营业收入与流动资产的平均占用额之间的比率。流动资产周转率的计算公式为

$$流动资产周转率(次数) = 营业收入 / 流动资产平均余额$$

$$流动资产平均余额 = (期初流动资产余额 + 期末流动资产余额) / 2$$

流动资产周转天数的计算公式为

$$流动资产周转天数 = 计算期天数 / 流动资产周转率$$

式中,计算期天数通常为一年,一般按 360 天计算。

流动资产周转率主要用于分析企业流动资产的周转速度。在一定时期内,企业流动资产周转率越高,表明企业以相同的流动资产完成销售额(或者说周转额)越多,企业流动资产的利用效率就越高。而流动资产周转天数反映的是流动资产周转一次所需要的时间,周转一次需要的时间越少,表明企业流动资产在经历生产和销售各阶段所占用的时间越短,企业在生产、经营的任何一个环节上提高了效率,都能缩短流动资产周转天数。

当然这一指标并非越高越好,提高销售收入和降低流动资产都可以提高流动资产周转率,在销售收入既定的情况下,不能单纯地以大幅降低流动资产为代价去追求高周转率。因为流动资产的多少直接反映了企业短期偿债能力的强弱,企业应保持一个较稳定的流动资产水平,以保证其短期偿债能力,在此基础上再提高其使用效率。

(四) 固定资产周转率

固定资产周转率是指企业年销售收入与固定资产平均净值的比率,是反映企业固定资产周转情况,从而衡量固定资产利用效率的一项指标。固定资产周转率的计算公式为

$$固定资产周转(次数) = 营业收入 / 固定资产平均净值$$

$$固定资产平均净值 = (期初固定资产净值 + 期末固定资产净值) / 2$$

固定资产周转天数的计算公式为

$$固定资产周转天数 = 计算期天数 / 固定资产周转率$$

式中，固定资产净值是固定资产原值减去累计折旧。计算期天数通常为一年，一般按360天计算。通俗地讲，固定资产周转天数可以理解成固定资产回收期，就是企业多久能销售出相当于固定资产的收入，或者说企业多久的收入可以再买回这些固定资产。

固定资产周转率主要用于分析企业对厂房、机器设备等固定资产的利用效率。该比率越高，说明固定资产的利用效率越高，管理水平越高。如果一个企业的固定资产周转率与同行业平均水平相比偏低，则说明企业对固定资产的利用率较低，可能会影响企业的获利能力。

利用固定资产周转率进行财务分析时，应注意固定资产总额的增加通常不是渐进的，而是陡然上升的，增加固定资产会导致固定资产周转率的变化。另外，固定资产的不同来源和折扣率的高低也会对该比率的大小产生影响。

(五) 总资产周转率

总资产周转率是反映总资产周转情况的指标，指企业在一定时期内销售收入同平均资产总额的比值。总资产周转率是综合评价企业全部资产的经营质量和利用效率的重要指标。总资产周转率的计算公式为

$$总资产周转率(天数)=营业收入 / 平均资产总额$$
$$平均资产总额=(期初总资产+期末总资产) / 2$$

总资产周转天数的计算公式为

$$总资产周转天数=计算期天数 / 总资产周转率$$

式中，计算期天数通常为一年，一般按360天计算。

总资产周转率综合反映了企业整体资产的营运能力，一般来说，资产的周转次数越多或周转天数越少，表明其周转速度越快，企业的销售能力越强，企业利用全部资产进行经营的效率越高，进而使企业的偿债能力得到增强；反之，则表明企业利用全部资产进行经营活动的能力差，效率低，最终还将影响企业的盈利能力。在此基础上，应进一步从各个构成要素进行分析，以便查明总资产周转率升降的原因。

二、营运能力指标分析的特点

企业的营运能力实际就是企业的总资产及各个组成要素的营运能力。本书共分析了5个与经营能力相关的财务指标，分别是应收账款周转率(天数)、存货周转率(天数)、流动资产周转率(天数)、固定资产周转率(天数)和总资产周转率(天数)。

(1) 所有指标的资产负债表项目均采用了"(期初+期末)/2"的均值，这是因为资产负债表反映的是企业在某一特定时期(如12月31日)的财务状况，而需要分析的是企业一定期间内的营运能力，分析时的数据采用"(期初+期末)/2"的均值，可以在一定程度上避免某一个日期的特殊事项对各个指标的绝对影响。

(2) 所有指标在分析时，与企业利润中的成本相关的项目，如存货的本期领用和消耗会增加营业成本，则分析其使用效率时，与销售成本比较；而与企业利润中的收入相关的项目，如应收账款，因为是实现销售收入时产生的，所以在分析其使用效率时，与营业收入比较；而涉及整个企业的营运状态的，直接与营业收入比较，如流动资产周转率、固定资产周转率和总资产周转率等。了解这些指标的根源之后，就可以更好地理解相关公式了。企业营运能力指标及其计算公式如表 7-9 所示。

表 7-9 企业营运能力指标及其计算公式

指标	计算公式
应收账款周转率	应收账款周转率=销售净收入/应收账款平均余额
存货周转率	存货周转率=营业成本/存货平均余额
流动资产周转率	流动资产周转率=营业收入/平均流动资产总额
固定资产周转率	固定资产周转率=营业收入/固定资产平均净值
总资产周转率	总资产周转率=营业收入/平均资产总额

【任务实施 7-3】 李英根据格力电器和美的集团 2016—2018 年的财务数据对两家企业的营运能力进行对比分析。

格力电器和美的集团 2016—2018 年的资产负债表和利润表中的部分数据如表 7-10 所示，根据这些财务数据可以计算营运能力指标，对两家企业的营运能力进行对比分析。

表 7-10 格力电器和美的集团 2016—2018 年的部分财务数据

单位：万元

项目	格力电器			美的集团		
	2016 年	2017 年	2018 年	2016 年	2017 年	2018 年
营业收入	10 830 257	14 828 645	19 812 318	15 904 404	24 071 230	25 966 482
营业成本	7 288 564	995 6291	13 823 417	11 561 544	18 046 055	18 816 456
应收账款平均余额	291 987	438 751	675 708	1 191 311	1 549 161	1 845 945
存货平均余额	924 942	1 279 663	1 828 993	1 303 792	2 253 553	2 954 459
流动资产平均余额	13 193 005	15 723 249	18 563 257	10 699 451	14 521 600	17 625 006
固定资产平均余额	1 655 673	1 758 188	1 793 394	1 989 334	2 182 876	2 251 897
总资产平均余额	17 203 386	19 866 885	23 310 108	14 972 132	20 935 378	25 590 400

1. 应收账款周转分析

格力电器 2016—2018 年的应收账款周转率分别为 37.09、33.80 和 29.31 次，呈逐年递减趋势，在利用应收账款增加销售的同时也要谨防应收账款带来的风险。美的集团 2016—2018 年的应收账款周转率分别为 13.35、15.54 和 14.07，在三年内并没有发生太大的变动。在应收账款周转方面，格力电器表现尤为亮眼，其应收账款周转率是美的集团的 2 倍多。格力电器超高的应收账款周转率主要是因为：一方面与公司的销售模式息息相关，格力采取的"先付款后发货"的营销模式大大减少了企业应收账款的存量，该政策之所以可以得以实施，与格力产品品牌和质量深受客户信赖有关，增强了公司对销售渠道的掌控权；另一方面与公司的信息管理系统密不可分，格力电器拥有自主开发的项目管理信息平台，采用群项目管理方式对应收账款和客户进行有效管理，对客户的信用情况进行严格的评价，对应收账款时间、质量等进行严密监控，保障对应收账款的管控。

2. 存货周转分析

格力电器和美的集团 2016—2018 年的应收账款和存货周转率趋势如图 7-9 所示。格力电器 2016—2018 年的存货周转率分别为 7.88、7.78 和 7.56 次，三年的存货周转率维持在一个固定的水平，这同样得益于公司"先打款后发货"的销售政策，在某种程度上可以部分实现"以销定产"。美的集团 2016—2018 年的存货周转率分别为 8.87、8.01 和 6.37 次，存货周转率持续下滑。美的集团 2016 年和 2017 年存货周转率高于格力电器，主要是公司管理者在内部实施了"T+3"等运营优化措施并取得良好成效，促使存货变现能力有所上升。

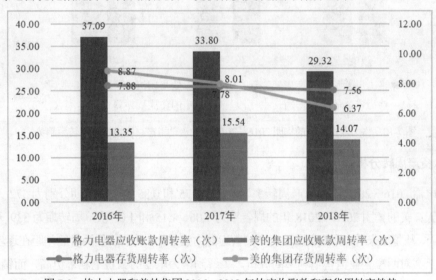

图 7-9 格力电器和美的集团 2016—2018 年的应收账款和存货周转率趋势

3. 流动资产和固定资产周转分析

在流动资产周转方面，格力电器 2016—2018 年流动资产周转率分别为 0.82、0.94 和 1.07 次，三年持续上升，而美的集团 2016—2018 年的流动资产周转率分别为 1.49、1.66 和 1.47，与美的集团相比，格力电器流动资产的周转效率相对较低。深入分析其原因主要是格力电器资产负债率较高且其流动负债占比较大，故公司为控制财务风险会加大流动资产的存量，流动资产的高存量必然会影响到其周转效率，延长其周转的天数。从格力电器资产负债率的变化趋势来看,公司也在调整其资本、资产的结构,格力电器流动资产的周转率也呈现上升趋势。格力电器和美的集团流动资产周转率之间的差距在逐渐缩小,2016年两者之间的差距为0.67次,到了2018年两家企业流动资产周转率之间的差距只有0.41次。

在固定资产周转方面,格力电器2016—2018年固定资产变化不大,2016年为177亿元、2017年为174亿元、2018年为185亿元,但营业收入却从2016年的1 083亿元增长到2018年的1 981亿元,营业收入增长了近一倍,也使得格力电器的固定资产周转率从2016年的6.54次增长到2018年的11.05,与美的集团固定资产周转率之间的差距在逐步缩小。

格力电器和美的集团2016—2018年的流动资产、固定资产周转率趋势如图7-10所示。

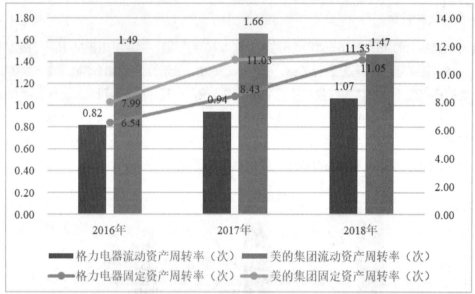

图7-10 格力电器和美的集团2016—2018年的流动资产、固定资产周转率趋势

4. 总资产周转分析

格力电器2016—2018年的总产周转率为0.63、0.75和0.85次,周转期分别为572天、482天和424天;美的集团2016—2018年的周转率为1.06、1.15和1.01次,周转期为339天、313天和355天,从整体来看,美的集团总资产的营运能力强于格力电器,但两者的差距在逐步缩小。

通过上文对两家企业销售毛利率的分析,了解到格力电器的销售毛利率更高,而销售毛利率高的企业通常具有很高的议价能力,可以向供应商要更宽松的账期,甚至向客户预收款项,格力电器的"先打款后发货"就是一种很好的验证,因此,格力电器的应收账款周转率非常高,账款回收较好。可知格力电器实行的是差异化战略,对产品的定位高端、质量更好、功能更强、服务更优。

美的集团同一类型空调的定价较格力电器更低些,价格低些买的人自然更多,这也是美的集团的存货周转率整体上高于格力电器的原因,产品销售更快,库存相对也会更少。美的集团除了产品价格低、性价比更高外,还给客户提供了更好的信用条件、更长的赊销期限,反映在报表上就是应收账款的比重大,应收账款周转率小、周转期长。由此可知,美的集团的产品定位大众，价格更低，销售能力也更强，所以美的集团的销售毛利率虽然不如格力电器高，但周转率高于格力电器。

格力电器和美的集团2016—2018年的总资产周转率和周转期趋势如图7-11所示。

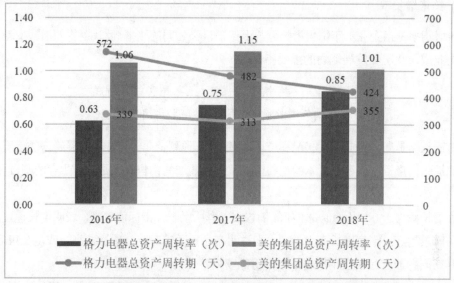

图7-11　格力电器和美的集团2016—2018年的总资产周转率和周转期趋势

第四节　发展能力分析

企业的发展能力也称企业的成长性，是指企业在生存的基础上扩大规模、壮大实力的潜在能力。发展能力是企业持续发展的动力，是未来价值的源泉，是企业的生存之本、获利之源。报表使用者不管是投资者、债权人还是企业的管理者、供应商等，都希望企业能健康发展，以保证自己在企业的权益能得到有效保障和延续。

企业的发展表现为企业转化资源能力的提高。在评价企业的发展能力时，基本从销售发展情况、资产增加情况和净资产积累水平三个不同角度来分析，具体包括销售增长率、净利润增长率、总资产增长率及资本积累率。企业发展能力分析指标体系如图7-12所示。

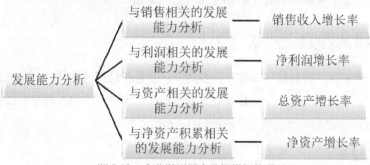

图7-12　企业发展能力分析指标体系

一、与销售相关的发展能力分析

与销售增长情况相关的发展能力指标主要有销售收入增长率和三年销售平均增长率。

(一) 销售增长率

销售增长率是指企业本年销售增长额与上年销售额之间的比率,反映销售的增减变动情况,是评价企业成长状况和发展能力的重要指标。

$$销售增长率=(本年销售增长额/上年销售额)\times100\%$$

$$本年销售增长额=本年销售额-上年销售额$$

销售增长率是衡量企业经营状况和市场占有能力、预测企业经营业务拓展趋势的重要指标,也是企业扩张增量资本和存量资本的重要前提。不断增加的销售收入是企业生存的基础和发展的条件。

销售增长率大于 0,表示企业本年的销售收入有所增长,指标值越高,表明增长速度越快,企业市场前景越好;销售增长率小于 0,则说明产品不适销对路、质次价高,或是在售后服务等方面存在问题,产品销售不出去,市场份额萎缩。

(二) 3 年销售收入平均增长率

销售增长率作为相对量指标,也存在受增长基数影响的问题,如果增长基数即上年销售收入额特别小,即使销售收入出现小幅度的增长,也会出现较大数值的增长率,不利于企业之间进行比较。因而在分析过程中还需要使用销售收入增长额及三年销售收入平均增长率等指标进行综合判断。三年销售收入平均增长率的计算公式为

$$三年销售收入平均增长率=\left(\sqrt[3]{本年销售收入总额/三年前销售收入总额}-1\right)\times100\%$$

销售收入的增长能充分说明企业市场占有率情况和业务规模的拓展情况,但是,企业最终实现的是"薄利多销"还是"厚利多销",需要通过利润率指标或者获利能力指标的分析才能确认。也就是说,企业获取的营业收入的多少并不能代表企业财富同样增长了多少,要确认企业全面或实质上的发展水平,仅仅考核销售增长率是不够的。

二、与利润相关的发展能力分析

净利润是一个企业经营的最终成果,净利润多,企业的经营效益就好;净利润少,企业的经营效益就差,它是衡量一个企业经营效益的重要指标。因此可以用净利润增长率和 3 年净利润平均增长率作为企业利润增长能力分析的核心指标。

(一) 净利润增长率

净利润增长率是以净利润为基础计算的一项指标,指的是相较于上期净利润额而言,公司

当期净利润额的增长幅度，反映公司的实际盈利能力，最能反映一个公司的成长状况。净利润增长率越高，则表明该公司处于高速成长阶段、实现价值的扩张速度较快。净利润增长率的计算公式为

$$净利润增长率=本年净利润增长额/上年净利润×100\%$$
$$本年净利润增长额=本年净利润-上年净利润$$

任何事情都具备两面性，净利润增长率也存在一定的问题。在利用净利润增长率这个指标进行分析时，投资者需要警惕其背后存在的"陷阱"，注意甄别出"伪成长"公司，不要被净利润增长率所"欺骗"。具体来看，净利润增长率背后主要存在以下4个"陷阱"。

1. 偶发性暴涨

一个上市公司此前净利润增长率表现平平，但是某一年净利润增长率或者季净利润增长率突然出现"爆表"，通常称为偶发性暴涨，按照以往的历史经验，这种大幅度的急剧变化都不符合正常逻辑，有可能是公司出现一些特殊的情况，后续再回到原来的增长轨道的概率较大。

比如*ST宝鼎，*ST宝鼎发布2018年中报显示，2018年1—6月，公司实现营收1.39亿元、净利润2 255.84万元，同比分别增长23.86%、373.65%。

从净利润增长率来看，2018年上半年，*ST宝鼎净利润增长超3倍，可以说是"高速成长"。不过，翻看其历年财务报表及季度报表可发现，自2008年以来，*ST宝鼎每年净利润增长率均未超过40%，显然，其本期净利润增长率变化幅度明显较大，不符合公司历年发展情况。事实上，查看其2018年中报可发现，*ST宝鼎之所以能实现"高速成长"，主要是前期收购标的上海复榆原股东业绩承诺补款带来2 074.53万元的投资收益，占净利润总额的80.59%，不具备可持续性。

2. 主业不济被"隐"

主营收入在公司的营收中占比较重，是影响公司经济效益的重要因素之一，一般而言，主营收入增长率与净利润增长率保持正相关性。不过，有些公司却出现相反的情况，净利润增长率可能增长较快，但是主营收入增长率却很低或者为负，这也就意味着，这些公司的主营业务可能处于萎靡或者更糟的状态，其发展缺乏内生动力的支撑，净利润快速增长主要依靠投资收益、政府补贴等，主业不济的事实被较高的净利润增长率所"隐藏"。

比如群兴玩具，群兴玩具2018年中报显示，公司上半年实现营收910.99万元，同比下滑83.11%；实现净利润368.29万元，同比上涨129%。事实上，由于近几年一心谋划"卖壳"，群兴玩具几乎已经"放弃"主业，其2017年第二季度至2018年一季度的主营收入分别为4.68万元、0元、0元和27.94万元，合计36.62万元，与此同时，其上年同期亏损约1 270万元。正所谓"主营不够、投资来凑"，群兴玩具2018年上半年净利润增长率之所以较高，主要是由于理财产品和国债逆回购带来的660.62万元投资收益。

3. 净利润"虚"增

如果投资者在对一个公司进行分析时，简单地以营收、净利润同比的高增长来预测其未来的高增长，则有可能陷入净利润"虚"增的"陷阱"，即有的公司营收、净利润均高速增长，按理说，其净资产收益率(ROE)在不增资的情况下亦该同步上升，但相反，其净资产收益率却始终在一个区间内徘徊甚至出现下降，那么，这说明该公司净利润增长率比较"虚"，不是靠自身净利润支撑，而是依靠不断扩充资本金等方式来实现。

比如广宇发展，广宇发展2018年上半年实现营收99.08亿元、净利润16.69亿元，同比分别增长111.55%、465.1%，业绩表现十分亮眼。不过，与靓丽的业绩相比，其净资产收益率却比较暗淡，为16.84%，与净利润增长率的高速增长态势相比，其净资产收益率显得不对称。那么，是什么支撑广宇发展净利润的高速增长呢？对此，广宇发展2018年中报显示，净利润较上年同期大幅上升，主要是因公司在上年实施了重大资产重组并全面完成股份发行，因此纳入合并范围的资产规模等发生了较大增长，当期净利润等均较重组前大幅增长。

的确，广宇发展近几年一直在靠并购不断扩大自己的规模，继收购了重庆鲁能、宜宾鲁能、顺义新城等5家公司部分股权之后，再将福州鲁能、天津鲁能全部纳入囊中，收购完成之后，其总资产规模、净利润纷纷跟涨，这也就不难理解其净利润快速增长、净资产收益率却增长较缓的原因。另外，值得一提的是，2011—2014年，广宇发展的净资产收益率均保持在24%以上的水平，但自2015年开始均降至20%，这说明其公司自身为股东创造价值的能力实际在不断减弱。

4. 对比基数藏"猫腻"

净利润增长率代表的是企业当期净利润比上期净利润的增长幅度，因此，公司上期净利润额是一个重要的参考指标，也是一个需要关注的核心因素。值得注意的是，有许多上市公司本期净利润额较高，但上期净利润额比较低甚至为负，这也就导致其本期净利润增长率非常高，从而跻身"高成长"行列。

比如悦达投资，悦达投资披露的2018年中报显示，公司2018年1—6月实现净利润1亿元，同比增长1072.33%，而2017年同期，悦达投资净利润值为854.54万元，在这一基数上，其2018年上半年净利润增长了超10倍；而历年财报显示，悦达投资净利润增长率在2018年之前已经连续四年出现下滑，2017年更是亏损2.8亿元，因此，其成长性有待观察和考验。

(二) 三年净利润平均增长率

在分析净利润增长率时，为了避免因少数年份净利润不正常增长而对企业发展潜力的错误判断，分析时还可以计算三年净利润平均增长率指标，该指标能够反映企业的净利润增长趋势和效益稳定程度，较好地体现了企业的发展状况和发展能力。三年净利润平均增长率的计算公式为

$$三年净利润平均增长率=\left(\sqrt[3]{本年净利率/三年前净利率}-1\right)\times 100\%$$

三、与资产相关的发展能力分析

在财务分析实务中,与资产增加相关的企业发展能力的指标主要有总资产增长率,同时计算三年资产的平均增长率,由此通过资产情况判断企业的规模扩张情况。

(一) 总资产增长率

总资产增长率又名总资产扩张率,是企业本年总资产增长额同年初资产总额的比率,反映企业本期资产规模的增长情况,是分析企业当年资本积累能力和发展能力的主要指标。总资产增长率的计算公式为

$$总资产增长率 = 本年总资产增长额 / 上年末资产总额 \times 100\%$$

$$本年总资产增长额 = 本年资产总额 - 上年资产总额$$

(二) 三年平均总资产增长率

为了避免某一年的资产增长率受资产短期波动因素的影响,可以通过计算连续三年的平均资产增长率来反映企业较长时期内的资产增长情况,从资产的长期增长趋势和稳定程度判断企业的发展能力。三年平均总资产增长率的计算公式为

$$三年平均总资产增长率 = \left(\sqrt[3]{年末资产总额 / 三年前年末资产总额} - 1\right) \times 100\%$$

虽然企业的发展必然会带动企业总资产的增长,但是一个企业总资产的增长并不一定直接带来企业同比率或者同速度的发展。资产只是为企业的发展准备了资源条件,只有同时保证了资产的使用效率,企业才会真正发展。如果只是企业的总资产增长了,但并没有保持资产的使用效率,或者说资产的使用效率明显降低,即便企业的资产规模再大,投入的资源再多,也不能带来企业的快速发展。因此,使用总资产增长率作为评价企业发展能力的指标,还需要同时结合企业的盈利能力指标,只有总资产增长率和盈利能力双升的企业,才是真正有发展潜力的企业。

四、与净资产积累相关的发展能力分析

净资产是指股东所拥有的资产,净资产积累越多,企业资本的保全性越强,其应对风险的能力和持续发展的能力就越强。

在净资产收益率增长或保持不变的情况下,企业净资产规模与收入之间存在同向变动的关系。净资产规模的增长反映企业不断有新的资产或收益留存增加,这就表明了所有者对企业的信心增强,或者说,在过去的经营活动中有较强的盈利能力,这就意味着企业在发展。常用的分析企业发展潜力的净资产积累的指标有净资产增长率,并同时计算三年平均净资产增长率。

(一) 净资产增长率

净资产增长率是指企业本年净资产增加额与上年净资产总额的比率。净资产增长率是代表企业发展能力的一个指标，反映企业资产保值增值的情况。在企业经营中，净资产收益率较高代表了较强的生命力。如果在较高净资产收益率的情况下，又保持较高的净资产增长率，则表示企业未来发展更加强劲。净资产增长率的计算公式为

净资产增长率=本年净资产增长额/上年净资产总额×100%

本年净资产增长额=本年净资产总额-上年净资产总额

(二) 三年平均净资产增长率

计算三年平均净资产增长率是为了排除个别年份企业资本积累率忽高忽低而引入的，用来衡量企业权益资本连续三年的增长情况，能够较好地体现企业发展水平和发展趋势。三年平均净资产增长率的计算公式为

$$三年平均净资产增长率=\left(\sqrt[3]{年末净资产总额/三年前年末净资产总额}-1\right)\times 100\%$$

净资产增长率指标体现的是企业净资产的增长幅度，能从所有者权益角度体现企业的发展，但是净资产增长率指标本身不能区分企业净资产的增加是投资者增加对企业的投入引起的，还是留存收益增加导致的。如果只是简单的投资增加，并不能说明企业的发展潜力巨大，只有通过企业自身创造价值，使留存收益增加，才是企业具有发展潜力的体现。

衡量企业发展能力的指标主要有销售收入增长率、净利润增长率、总资产增长率及净资产年增长率，计算公式如表 7-11 所示。

表 7-11　企业发展能力指标及其计算公式

指标	计算公式
销售收入增长率	销售收入增长率=本年销售收入增长额/上年销售收入总额×100%
净利润增长率	净利润增长率=本年净利润增长额/上年净利润×100%
总资产增长率	总资产增长率=本年总资产增长额/上年末资产总额×100%
净资产增长率	净资产增长率=本年净资产增长额/上年净资产总额×100%

【任务实施 7-4】李英根据格力电器和美的集团 2015—2018 年的财务数据对两家企业的发展能力进行对比分析。

格力电器和美的集团 2015—2018 年的资产负债表和利润表中的部分数据如表 7-12 所示，根据这些财务数据可以计算发展能力指标，对两家企业的发展能力进行对比分析。

表 7-12　格力电器和美的集团 2015—2018 年的相关财务数据

单位：万元

企业		营业收入	净利润	资产总额	所有者权益总额
格力电器	2015 年	9 774 514	1 262 373	16 169 802	4 856 661
	2016 年	10 830 257	1 552 463	18 236 971	5 492 360
	2017 年	14 828 645	2 250 751	21 496 800	6 683 480
	2018 年	19 812 318	2 637 903	25 123 416	9 271 471
美的集团	2015 年	13 844 123	1 362 466	12 884 194	5 603 162
	2016 年	15 904 404	1 586 191	17 060 071	6 897 670
	2017 年	24 071 230	1 861 119	24 810 686	8 292 517
	2018 年	25 966 482	2 165 042	26 370 115	9 245 452

1. 营业收入增长率分析

如图 7-13 所示，格力电器和美的集团 2016—2018 年的营业收入都较同期有所增长，只是增长的幅度不同。2016 年和 2017 年美的集团营业收入的增长率大于格力电器，尤其是在 2017 年，美的集团的营收较 2016 年增长了 51.35%，达到 2 407 亿元，而同期格力电器的营收为 1 483 亿元，增长率为 36.92%。美的集团 2018 年的营收增幅放缓，增长率为 7.87%，与美的集团 2017 年营业收入规模太大有一定的关系；而格力电器的营业收入依然保持了 33.61% 的增长率，营业收入达到 1 981 亿元，营业总收入超过 2 000 亿元。如图 7-14 所示，从两家企业三年平均销售增长率来看，格力电器为 26.56%，美的集团为 23.32%，格力电器略高于美的集团，但从营业收入规模来看，美的集团的营收规模更大。

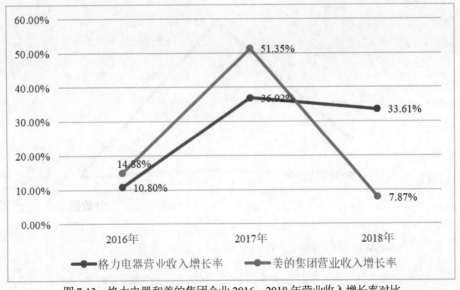

图 7-13　格力电器和美的集团企业 2016—2018 年营业收入增长率对比

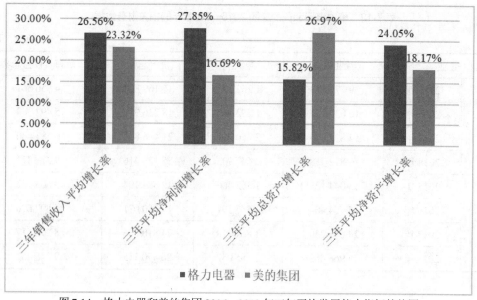

图7-14　格力电器和美的集团2016—2018年三年平均发展能力指标趋势图

2. 净利率增长率分析

如图7-15所示，从营收数据对比可知，美的集团的营收规模更大，营收增长率在2017年达到51.35%，但净利润并没有相应的增长，2017年的净利润只是较2016年增长了17.33%，再次验证了美的集团"薄利多销"的策略。格力电器虽然2016年和2017年的营收增速不如美的集团，但净利润的增长率却远远高于美的集团。排除了某一年的净利率增长率受净利润短期波动因素影响的三年平均净利润计算结果显示，格力电器为27.85%，美的集团为16.69%，通过上文盈利能力的分析可知是因为格力电器的销售毛利率和销售净利率都高于美的集团。

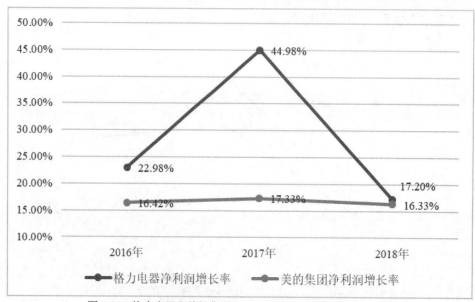

图7-15　格力电器和美的集团2016—2018年净利润增长率对比

3. 总资产增长率分析

如图 7-16 所示，美的集团的资产总额从 2015 年年末的 1 288 亿元激增至 2018 年的 2 637 亿元，三年平均总资产增长率为 26.97%，2017 年的资产增长率高达 45.43%，2018 年资产增速放缓。格力电器的资产以一个比较稳定的比率增长，三年平均总资产增长率为 15.82%，资产的增速低于美的集团。

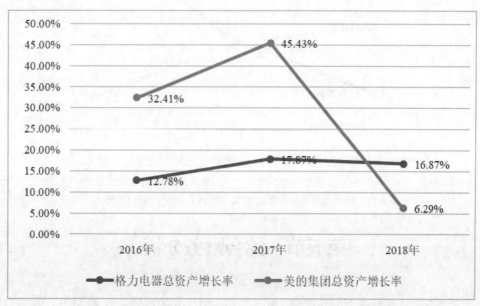

图 7-16　格力电器和美的集团 2016—2018 年总资产增长率对比

4. 净资产增长率分析

如图 7-17 所示，格力电器和美的集团两家企业在 2016—2018 年的净资产增长率呈现了截然相反的趋势，美的集团净资产增长率不断下降，格力电器的净资产增长率不断上升，2018 年年末的净资产为 927 亿元，较 2017 年增长 38.72%，格力电器三年平均净资产增长率为 24.05%，美的集团为 18.17%。根据第五章对格力电器所有者权益变动表的分析可知，格力电器在 2016—2018 年股本没有发生变动，并没有发行新股也没有送股等，所以净资产的增加是由留存收益增加导致的。从净资产增长率情况来看，格力电器资本的积累更多。

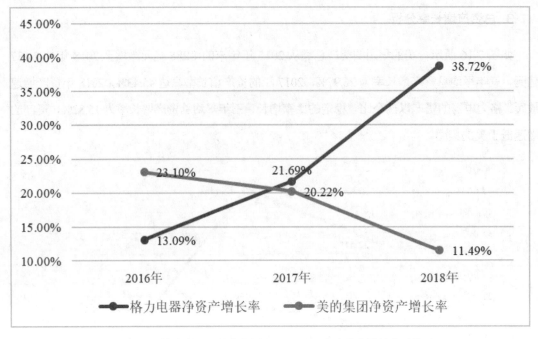

图 7-17　格力电器和美的集团 2016—2018 年净资产增长率对比

第五节　综合财务分析

本章的前四节已经对格力电器和美的集团 2016—2018 年的偿债能力、盈利能力及营运能力进行了详细的分析，两家企业的综合实力如何呢？这就需要对两家企业进行综合分析，接下来主要运用杜邦财务分析体系对两家企业的综合能力进行分析。

杜邦财务分析体系主要是从评价企业绩效最具综合性和代表性的指标——净资产收益率出发，将企业的净资产收益率逐级分解为销售净利率、总资产周转率和权益乘数的乘积，层层分解至企业最基本生产要素的使用、成本与费用的构成和企业风险，从而满足通过财务分析进行绩效评价的需要。在经营目标发生异动时，经营者能及时查明原因并加以修正，同时为投资者、债权人及政府评价企业提供依据。

【任务实施 7-5】李英根据格力电器和美的集团 2018 年的财务数据对两家企业进行综合财务分析。

格力电器 2018 年的杜邦财务分析图如图 7-18 所示，美的集团 2018 年的杜邦财务分析图如图 7-19 所示。图 7-18 和图 7-19 中的净资产收益率是用归属于母公司的净利率除归属于母公司的年末净资产计算得来的，与企业盈利能力分析中用合并的数据计算出来的结果略有差异，也与用杜邦财务分析体系中总资产净利率、总资产周转率和权益乘数三个指标相乘计算出来的结果有差异。这是因为杜邦财务分析体系中的总资产周转率是用资产的平均余额计算出来的，用的是平均值，而摊薄的净资产收益率是用净利润除年末的净资产计算出来的，用的是时点指标。用平均值和时点指标比较，产生差异是在所难免的，而且比较这种差异一般没有实际意义。因为运用杜邦财务分析体系的目的并不在于计算收益率等数据，而是要进行横向和纵向比较，然后找到一家企业前期和本期或者两家企业同期采用杜邦财务分析体系进行分析时的数据差异，并分析产生差异的原因，通过分解差异构成，最终得出企业经营过程中哪些地方需要加强，哪些地方需要坚持下去等指导性意见，即通过财务分析来了解企业运营情况，这才是杜邦财务分析体系的意义所在。

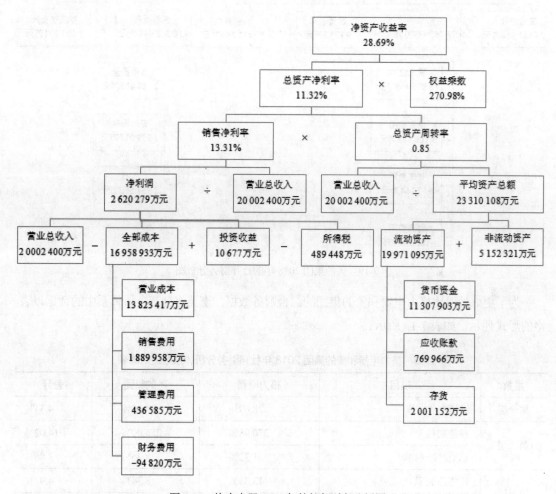

图7-18 格力电器2018年的杜邦财务分析图

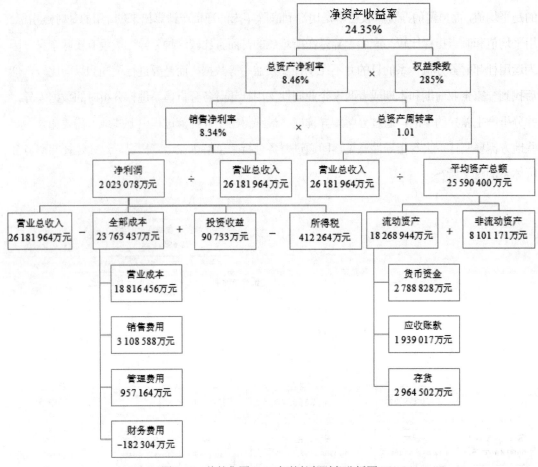

图 7-19 美的集团 2018 年的杜邦财务分析图

为了更好地对比格力电器和美的集团的综合财务数据，李英将杜邦分析体系中的数据以表格的形式列示，如表 7-13 所示。

表 7-13 格力电器和美的集团 2018 年杜邦财务分析体系数据对比表

层数	项目	格力电器	美的集团	差异
第一层	净资产收益率	28.69%	24.35%	4.34%
第二层	权益乘数	270.98%	285.00%	-14.02%
	总资产净利率	11.32%	8.46%	2.86%
第三层	销售净利率	13.31%	8.34%	4.97%
	总资产周转率	0.85	1.01	-0.16
第四层	归属于母公司的净利润/万元	2 620 279	2 023 078	597 201
	营业总收入/万元	20 002 400	26 181 964	-6 179 564
	平均资产总额/万元	23 310 108	25 590 400	-2 280 292

(续表)

层数	项目	格力电器	美的集团	差异
第五层	营业总收入/万元	20 002 400	26 181 964	-6 179 564
	全部成本/万元	16 958 933	23 763 437	-6 804 504
	投资收益/万元	10 677	90 733	-80 056
	所得税/万元	489 448	412 264	77 184
	流动资产/万元	19 971 095	18 268 944	1 702 151
	非流动资产/万元	5 152 321	8 101 171	-2 948 850
第六层	营业成本/万元	13 823 417	18 816 456	-4 993 039
	销售费用/万元	1 889 958	3 108 588	-1 218 630
	管理费用/万元	436 585	957 164	-520 579
	财务费用/万元	-94 820	-182 304	87 484
	货币资金/万元	11 307 903	2 788 828	8 519 075
	应收账款/万元	769 966	1 939 017	-1 169 052
	存货/万元	2 001 152	2 964 502	-963 350

(1) 净资产收益率对比。格力电器2018年的净资产收益率为28.69%，美的集团2018年的净资产收益率为24.35%，格力电器净资产收益率高于美的集团4.34个百分点。

(2) 资产负债率对比。权益乘数是所有者权益比率的倒数，而所有者权益比率与资产负债率之和为1。格力电器2018年的产负债率为63.10%，美的集团为64.94%，美的集团的资产总额中负债所占的比率略高于格力电器。

(3) 总资产周转率对比。美的集团2018年总资产周转率为1.01，而格力电器则为0.85，从经营效率的角度来看，美的集团在单位资产产生的营收上大大高于格力电器，体现了较高的经营管理水平和效率。

(4) 利润对比。格力电器2018年的销售净利率为13.31%，美的集团为8.34%，格力电器销售净利率高于美的集团4.97个百分比。从归属于母公司的净利润总额来看，格力电器2018年的净利润为262亿元，美的集团为202亿元，格力电器净利润高于美的集团60亿元。不论是从净利润的绝对值来看还是从销售净利率指标来看，格力电器的盈利能力都强于美的集团，充分体现出格力在空调行业的绝对龙头地位。

(5) 资产对比。从平均资产总额来看，美的集团资产总额高于格力电器，但格力电器的流动资产多于美的集团，尤其是流动资产中的货币资金，格力电器2018年的货币资金为1 131亿元，美的集团仅为279亿元，格力电器货币资金超过美的集团852亿元。通过本书的分析了解到格力电器的盈利能力非常强，可以说格力电器就是一个典型的可以赚取大量现金的"现金牛"。当然一家公司账上留有的现金太多不一定是好事，因为影响资产的使用效率。流动资产中应收账款的余额也是格力电器低于美的集团,格力电器 2018 年应收账款的周转率是美的集团的 2 倍多,受益于公司"先打款后发货"的销售模式,这离不开格力电器对品牌的深耕。

(6) 收入、成本对比。格力电器 2018 年实现营业总收入 2 000 亿元,美的集团的营业总收入为 2 618 亿元,美的集团营业总收入高于格力电器 618 亿元,但净利润却不如格力电器,可知美的集团实行的是"薄利多销"的策略。营业收入的增加势必会带来成本的增加,不论是从全部成本金额还是营业成本、销售费用和管理费用金额来看,都是美的集团的成本高于格力电器。如果仅比较成本的绝对金额而忽略各项成本占营业收入的比重的话,可能会认为美的各项成本的增加是由收入增加引起的,进而认为这种增加是合理的,但计算各项成本、费用占营业收入的比重就可知美的集团的成本占营业收入的比重高于格力电器。格力电器的成本更低,在成本控制上做得更好,美的集团想要提高净资产收益率,就需要更好地控制成本和费用。

知识点总结

本书第二～第六章已经分别对资产负债表、利润表、现金流量表、所有者权益变动表进行了细致、深入的分析,本章主要以格力电器和美的集团的财务数据为例,将企业的偿债能力、盈利能力、营运能力、发展能力等方面的分析纳入一个有机的整体,对企业的各个方面进行系统、全面、综合的分析,图 7-20 是本章的知识结构体系图。

李英通过对格力电器和美的集团两家企业的偿债能力、盈利能力、营运能力及发展能力的分析,发现两家企业都不失为优秀的企业,但仅从现有的数据来看,格力电器盈利能力和偿债能力好于美的集团,美的集团的经营管理效率高于格力电器。但市场是瞬息万变的,没有哪家企业可以躺在过去的功劳簿上,任何企业都应该居安思危。空调这一耐用消费品的市场规模经过了几十年的长期增长,不可避免将触及天花板。市场更关注的是这两家龙头企业谁能在转型升级中取得先机,更胜一筹。美的集团虽然在空调行业的生产经营上要略逊于格力电器,但美的集团的多元化之路比格力电器走得更远,某些产品在其行业中的市场占有率已经明显高于格力电器,这也是美的集团享有更高估值定价的主要原因。但这两家优秀的企业未来究竟会如何,让我们和李英一起持续地关注这两家企业吧!

回看 A 股市场,"讲故事"的企业不少,跨界定增、并购重组、编题材、炒概念,一个又一个的"高大上"的名词,一个又一个利好消息。这些企业也许可以在短时间内风光无限,但市场终究是无情的,A 股不是一个只"讲故事"的市场,如果没有实实在在的业绩支撑,是走不长远的。

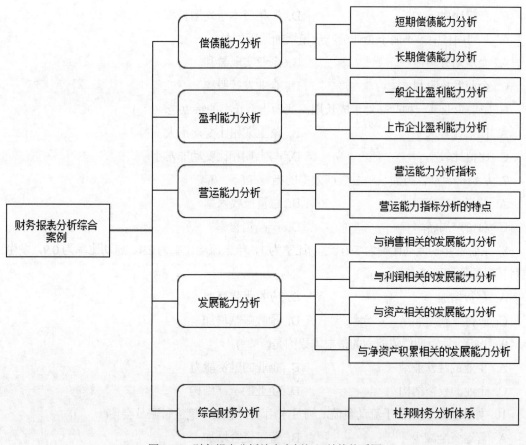

图 7-20　财务报表分析综合案例知识结构体系图

同步测试

一、单项选择题

1.(　　)指标越高，说明企业的资产盈利能力越强。

A. 总资产周转率　　　　　　B. 存货周转率

C. 总资产报酬率　　　　　　D. 应收账款周转率

2. 股利发放率的计算公式是(　　)。

A. 每股股利/每股市价　　　　B. 每股股利/每股收益

C. 每股股利/每股账面价值　　D. 每股股利/每股金额

3. 在企业各收入利润率中，(　　)通常是其他利润率的基础。

A. 产品销售利润率　　　　　B. 营业收入利润率

C. 总收入利润率　　　　　　D. 销售净利润率

4. 可以反映股东权益账面价值增加变化的指标是(　　)。

A. 权益乘数　　　　　　　　B. 股东权益增长率

C. 产权比率　　　　　　　　D. 三年资本平均增长率

5. 下列项目中，不属于企业资产规模增加原因的是(　　)。

A. 企业对外举债　　　　　　B. 企业实现盈利

C. 企业发放股利　　　　　　D. 企业发行股票

6. 如果企业某一种产品处于成长期，其销售增长率的特点是(　　)。

A. 比值比较大　　　　　　　B. 与上期相比变动不大

C. 比值比较小　　　　　　　D. 与上期相比变动非常小

7. 从资产流动性方面反映总资产效率的指标是(　　)。

A. 总资产产值率　　　　　　B. 总资产收入率

C. 总资产周转率　　　　　　D. 产品销售率

8. 某企业年初流动比率为2.2，速动比率为1，年末流动比率为2.4，速动比率为0.9。发生这种情况的原因可能是(　　)。

A. 存货增加　　　　　　　　B. 应收账款增加

C. 应付账款增加　　　　　　D. 预收账款增加

9. 影响企业短期偿债能力的最根本原因是(　　)。

A. 企业的经营业绩　　　　　B. 企业的融资能力

C. 企业的权益结构　　　　　D. 企业的资产结构

10. 如果流动资产大于流动负债，则月末用现金偿还一笔应付账款会使(　　)。

A. 营运资金减少　　　　　　B. 营运资金增加

C. 流动比率提高　　　　　　D. 流动比率降低

二、多项选择题

1. 反映企业营运能力的指标有(　　)。

A. 总资产周转率　　　　　　B. 固定资产周转率

C. 流动资产周转率　　　　　D. 存货周转率

E. 应收账款周转率

2. 影响存货周转率的因素有(　　)。

A. 材料周转率　　　　　　　B. 在产品周转率

C. 总产值生产费　　　　　　D. 产品生产成本

E. 产成品周转率

3. 应收账款周转率越高越好，因为它表明(　　)。

A. 收款迅速　　　　　　　　B. 减少坏账损失

C. 资产流动性高　　　　　　D. 营业收入增加

E. 利润增加

4. 存货周转率偏低的原因可能是( )。
   A. 应收账款增加　　　　　　　B. 降价销售
   C. 产品滞销　　　　　　　　　D. 销售政策发生变化
   E. 大量赊销

5. 下列项目中，属于速动资产的有( )。
   A. 现金　　　　　　　　　　　B. 应收账款
   C. 其他应收款　　　　　　　　D. 固定资产
   E. 存货

6. 衡量企业经营盈利能力的主要指标有( )。
   A. 销售毛利率　　　　　　　　B. 销售净利率
   C. 成本费用利润率　　　　　　D. 市盈率

7. 进行综合分析评价的目的是( )。
   A. 为政府决策提供依据　　　　B. 评价企业财务状况及经营业绩
   C. 为投资决策提供参考　　　　D. 为完善企业管理提供依据

8. 反映上市公司盈利能力的指标有( )。
   A. 每股收益　　　　　　　　　B. 每股股利
   C. 股利发放率　　　　　　　　D. 总资产报酬率

9. 企业单项发展能力包括( )。
   A. 资产发展能力　　　　　　　B. 利润发展能力
   C. 营业收入发展能力　　　　　D. 负债发展能力
   E. 股东权益发展能力

10. 下列各项中，属于影响权益乘数的因素有( )。
    A. 资产总额　　　　　　　　　B. 无形资产
    C. 待摊费用　　　　　　　　　D. 股东权益
    E. 负债总额

三、判断题

1. 总资产净利率越高，净资产收益率就越高。　　　　　　　　　　　　( )
2. 获利能力强的企业，其偿债能力也强。　　　　　　　　　　　　　　( )
3. 企业的盈利能力是影响企业最终偿债能力的最重要因素。　　　　　　( )
4. 企业的负债最终要以企业的资产去偿还。　　　　　　　　　　　　　( )
5. 应收账款周转率过高或过低对企业可能都不利。　　　　　　　　　　( )
6. 现金流动负债比率用于分析企业的短期偿债能力，所以现金流动负债比率越大越好。
   　　　　　　　　　　　　　　　　　　　　　　　　　　　　　　　( )
7. 仅仅分析某一项发展能力指标，无法得出企业整体发展能力情况的结论。　( )

8. 从稳健角度出发，现金比率用于衡量企业偿债能力最为保险。（ ）
9. 资产周转次数越多，周转天数越多，表明资产周转速度越快。（ ）
10. 在产品生命周期的成熟期，产品营业收入增长率一般趋于稳定，与上期相比变化不大。
（ ）

实践训练

实训目的：对财务报表进行综合分析。

实训资料：上网收集所选上市公司报表及相关资料。

实训要求：每个小组选择一家上市公司，对其 2018 年的财务报表进行综合分析，进行纵向和同行业横向比较，最后上交作业报告，报告包括 PPT 和 Word 电子文档，并在班级演示。

参考文献

[1] 曹军. 财务报表分析[M]. 北京：高等教育出版社，2018.

[2] 陈超，周朔. 运用沃尔评分法评价房地产企业财务绩效——以万科地产为例[J]. 经营与管理，2015(1):130-132.

[3] 陈强. 财务报表分析[M]. 北京：高等教育出版社，2016.

[4] 秦杰，张子杰. 格力电器偿债能力于盈利能力分析[J]. 中国经贸导刊，2019(9)：94-95.

[5] 宋娟. 财务报表分析从入门到精通[M]. 北京：机械工业出版社，2019.

[6] 魏亚慧. 珠海格力电器股份有限公司财务分析[D]. 东北石油大学，2019.

[7] 文杨. 一本书读懂财务报表：财务报表分析从入门到精通[M]. 北京：中国华侨出版社，2014.

[8] 肖逸伦. 昆明机床财务造假案例分析[J]. 时代金融，2019(07)：264-265.

[9] 续芹. 财务报表解读[M]. 北京：机械工业出版社，2019.

[10] 张军. 上市公司财务报表分析——以格力电器股份有限公司为例[D]. 西南交通大学，2016.